全国革命老区县发展史丛书·广东卷

潮州市湘桥区革命老区发展史

潮州市湘桥区革命老区发展史编委会 编

SPM 南方出版传媒·广东人民出版社

·广州·

图书在版编目（CIP）数据

潮州市湘桥区革命老区发展史 / 潮州市湘桥区革命老区发展史编委会
编 . —广州：广东人民出版社，2021.1
（全国革命老区县发展史丛书·广东卷）
ISBN 978-7-218-14745-1

Ⅰ . ①潮… Ⅱ . ①潮… Ⅲ . ①区(城市)—地方史—潮州
Ⅳ . ①K296.54

中国版本图书馆CIP数据核字（2020）第250118号

CHAOZHOU SHI XIANGQIAO QU GEMING LAOQU FAZHANSHI
潮州市湘桥区革命老区发展史
潮州市湘桥区革命老区发展史编委会　编　　　　版权所有　翻印必究

出 版 人：肖风华

责任编辑：陈泽航
装帧设计：张力平等
责任技编：吴彦斌　周星奎

出版发行：广东人民出版社
地　　址：广州市海珠区新港西路 204 号 2 号楼（邮政编码：510300）
电　　话：（020）85716809（总编室）
传　　真：（020）85716872
网　　址：http://www.gdpph.com
印　　刷：广州市浩诚印刷有限公司
开　　本：715mm×995mm　1/16
印　　张：23.625　　插　页：10　　字　数：290 千
版　　次：2021 年 1 月第 1 版
印　　次：2021 年 1 月第 1 次印刷
定　　价：88.00 元

如发现印装质量问题，影响阅读，请与出版社（020-85716849）联系调换。
售书热线：（020）85716826

广东省编纂《革命老区县发展史》丛书
指导小组

组　　长：陈开枝（广东省老区建设促进会会长）

副组长：林华景（广东省老区建设促进会常务副会长）

　　　　宋宗约（广东省农业农村厅副二级巡视员、广东省
　　　　　　　　老区建设促进会副会长）

　　　　刘文炎（广东省老区建设促进会副会长）

　　　　郑木胜（广东省老区建设促进会副会长）

　　　　姚泽源（广东省老区建设促进会副会长兼秘书长）

　　　　谭世勋（广东省老区建设促进会副会长）

　　　　廖纪坤（广东省农业农村厅总经济师）

办公室

主　　任：姚泽源（兼）

副主任：韦　浩（广东省农业农村厅扶贫协作与老区建设处
　　　　　　　　处长）

　　　　柯绍华（广东省老区建设促进会副秘书长）

　　　　伍依丽（广东省老区建设促进会副秘书长）

潮州市《革命老区县发展史》
编审小组

组　长：陈立佳（中共潮州市委党史研究室主任）

副组长：陈子新（潮州市地方志办公室主任）

副组长：刘庆和（中共潮州市委党史研究室副主任）

成　员：蔡钦洪（中共潮州市委党史研究室离休副处级干部）

　　　　郑佩佩（中共潮州市委党史研究室编研出版科科长)

　　　　沈　翘（中共潮州市委党史研究室副主任科员）

　　　　吴　馥（潮州市地方志办公室科员）

　　　　陆妍慧（中共潮州市委党史研究室办事员）

《潮州市湘桥区革命老区发展史》
编纂委员会

主　　　任：佘楚雄
常务副主任：庄湃澍
副　主　任：邱焕华　苏　昇　陈素玉　郭焕镇　苏锦浩
　　　　　　吴树新　蔡克秋
委　　　员：苏　鹏　庄洁维　苏少珊　余鹏程　丁阳生
　　　　　　张孝钊　陈宣泽　蔡丽斌　陈楚雄　陈旭湘
　　　　　　陈光辉

《潮州市湘桥区革命老区发展史》
编纂委员会办公室

主　　　任：郭焕镇
副　主　任：蔡克秋　苏　鹏　陈楚雄
成　　　员：林汉龙　罗如群　洪淡璇　苏和伟

《潮州市湘桥区革命老区发展史》
编修组

主　　　编：洪淡璇　谢丽丽
编　　　辑：刘宏沛（主笔）　林汉龙　罗如群　苏和伟
　　　　　　林　哲　蓝锐珠　谢梦钿　丁妙淑　曾　佳
图 片 编 辑：林　哲　蓝锐珠　谢梦钿　朱　健

在举国欢庆中华人民共和国成立 70 周年前夕，中国老区建设促进会王健会长请我为《全国革命老区县发展史》丛书作序，作为一名在老区战斗过并得到老区人民生死相助的老兵，回首往事，心潮澎湃，感慨万千，深感义不容辞，欣然应允。

中国革命老区，是以毛泽东为代表的中国共产党人在领导人民推翻帝国主义、封建主义和官僚资本主义三座大山，争取民族独立和人民解放伟大斗争中建立的革命根据地，在这片红色的土地上，诞生了无数可歌可泣的革命英雄儿女，为后人树起了一座不朽的丰碑，她是新中国的摇篮，是党和军队的根。

在艰苦卓绝的战争年代，老区人民把自己的命运与中华民族的命运紧紧地联系在一起，与中国共产党和人民军队的命运紧紧地联系在一起，他们生死相依，患难与共。我曾亲历过战争年代，并得到过老区红哥红嫂的救助，切身感受到发生在身边的一幕幕撼天动地的革命故事，在那极其艰难的条件下，老区人民倾其所有、破家支前，不怕艰难困苦，不怕流血牺牲。"最后一碗米送去做军粮，最后一尺布送去做军装，最后一件老棉袄盖在担架上，最后一个亲骨肉送去上战场"，这是当时伟大的老区人民为建立新中国做出巨大牺牲的真实写照，它将永远镌刻在中国共产党、中国人民解放军、中华人民共和国的历史丰碑上。他们的光辉业绩永载史册，他们的革命精神必将影响一代又一代的革命新人，造就一代又一代的民族脊梁。

在社会主义革命和建设时期，革命老区和老区人民响应党的号召，面对落后的面貌、脆弱的经济、恶劣的生态环境，他们本色不变，精神不丢，自力更生，艰苦奋斗，干一行爱一行。始终坚持"革命理想高于天"，自觉做共产主义远大理想的坚定信仰者和忠实实践者，勇于向恶劣的自然环境和贫穷落后宣战，他们在各条战线上为国建功立业，用平凡的双手创造了一个又一个不平凡的奇迹，彰显了老区人的崇高精神和人格力量。

在改革开放的伟大进程中，老区人民解放思想，勇于创新，发奋图强，攻坚克难，老区的经济社会建设取得了辉煌成就。特别是在改变中国的面貌、中华民族的面貌、中国人民的面貌、中国共产党的面貌的伟大实践中发挥了至关重要的作用。老区人民既是改革开放的参与者，也是改革开放的推动者。

艰苦练意志，危难见精神。老区人民在近百年的革命战争、社会主义建设和改革开放的伟大实践中，孕育形成了伟大的老区精神：爱党信党、坚定不移的理想信念；舍生忘死、无私奉献的博大胸怀；不屈不挠、敢于胜利的英雄气概；自强不息、艰苦奋斗的顽强斗志；求真务实、开拓创新的科学态度；鱼水情深、生死相依的光荣传统。这是党和人民宝贵的精神财富、丰厚的政治资源，是凝心聚力、振奋民族精神的重要法宝，也是社会主义核心价值观的重要内容。

中国老区建设促进会怀着强烈的政治责任感和历史使命感，组织全国各地老促会人员克服困难，尽心竭力编纂《全国革命老区县发展史》丛书，记录老区的光辉历史和辉煌成就，传承红色基因，弘扬老区精神，是功在当代、利及千秋的一件大事。手捧这部丛书的部分书稿，读着书中的故事，倍感亲切，深感这部丛书具有资政、育人、存史的社会功能，有着重要的时代和历史价值。它是不忘初心、牢记使命的源头活水，是赞颂共产党、讴歌老区人民的一部精品力作，是弘扬老区精神、传承红色记忆的丰厚载体，是一项继承优秀传统文化、弘扬革命文化、发展社会主义先进文化，坚定"四个自信"的宏大文化工程。它必将成为一种文化品牌，为各界人士了解老区宣传老区支持老区提供一部有价值的研究史料。希望读者朋友们能从中了解并牢记这些为党和民族的利益不断奉献的老区人民，从中得到教益，汲取人生奋斗的精神动力。

新时代赋予新使命，新起点开启新征程。让我们更加紧密地团结在以习近平同志为核心的党中央周围，坚持以习近平新时代中国特色社会主义思想为指导，增强"四个意识"，坚定"四个自信"，做到"两个维护"，弘扬老区精神，铭记苦难辉煌。为实现"两个一百年"奋斗目标，实现中华民族伟大复兴的中国梦做出新的更大的贡献！

边汉田

2019 年 4 月 11 日

　　2017 年 6 月，中国老区建设促进会组织全国各地老促会启动编纂《全国革命老区县发展史》丛书，按照"建立中国共产党、成立中华人民共和国、推进改革开放和中国特色社会主义事业"三大里程碑的历史脉络，系统书写革命老区百年历史，深入挖掘革命老区红色文化资源，这对于充实丰富中国革命史籍宝库、在新时代传承红色基因、弘扬革命精神、强固根本，对于激励人们在新的历史条件下夺取中国特色社会主义伟大胜利，实现中华民族伟大复兴的中国梦具有重要意义。

　　丛书编纂以习近平新时代中国特色社会主义思想为指导，以《中国共产党历史》《中国共产党的九十年》等重要文献为基本依据，以党的领导为核心，以老区人民为主体，以老区发展为主线，体现历史进程特征，突出时代发展特色，坚持辩证唯物主义和历史唯物主义相统一、历史真实性与内容可读性相统一的原则，书写革命老区从站起来、富起来到强起来的光辉革命史、不懈奋斗史、辉煌成就史，把老区人民的伟大贡献、伟大创造、伟大成就、伟大精神充分展示出来，形成一部具有厚重历史特征和鲜明时代特色的精品力作。这是一部培根铸魂、守正创新，既为历史立言，又为时代服务，字里行间流淌着红色血脉、催生着革命激情的传世之作。丛书的编纂出版将成为讴歌党讴歌人民讴歌时代、传播红色文化、为革命老区和老区人民树碑立传的重要载体。

　　丛书按照编年体与纪事本末体相结合、以编年体为主的编写体例确定框架结构；运用时经事纬、点面结合的方式记述史实；坚持人事结合、以事带人的原则处理人与事的关系；采取夹叙夹议、叙论结合、以叙为主的方法展开内容。做到了史料与史论、历史与现实、政治与学术统一，文献性、学术性、知识性相兼容。

　　为编纂好《全国革命老区县发展史》丛书，打造红色文化品牌，中国老区建设促进会认真组织积极协调，提出政治立场鲜明、史料真实准确、思想论述深刻、历史维度厚重、时代特色突出、编写体例规范、篇目布局合理、审读把关严格、出版制作精良的编纂出版总要求，力求达到革命史籍精品的精神高度、思想深度、知识广度、语言力度，增强丛书的权威性和社会影响力。各省（区、市）、市（州、盟）、县（市、区、旗）老促会的同志，以强烈的使命感、责任感和紧迫感，勇于担当，积极作为，认真实施，组织由老促会成员、专家学者等参加的十余万人编纂队伍。编纂工作主体责任在县，省、市组织协调、有力指导、审读把关。各方面人员以高度负责的精神和科学严谨的态度，满腔热情地投入工作，为丛书编纂出版做出了重要贡献。丛书编纂工作还得到了党和国家有关部委、地方各级党委政府及有关部门的大力支持和积极参与，社会各界也给予了热情帮助。中共中央政治局原委员、中央军委原副主席、原国务委员兼国防部长迟浩田上将，对老区人民怀有深厚感情，对革命老区建设发展十分关注，欣然为《全国革命老区县发展史》丛书作总序。

　　丛书由总册和1599部分册（每个革命老区县编纂1部分册）组成，共1600册。鉴于丛书所记述的史实内容多、时间跨度长和编纂时间紧，不妥之处，敬请批评指正。

中国老区建设促进会

● 一、湘桥区的沿革及其发展变化 ●

1936

1990

2008

2017

潮州中心城区(湘桥区)面貌的变化

1992年4月湘桥区
党政机关挂牌

1993年8月召开中国共产党潮州市湘桥区第一次代表大会

1992年10月召开潮州市湘桥区第一届人民代表大会第一次会议

1992年10月召开政协潮州市湘桥区第一届委员会第一次全体会议

韩江大桥

金山大桥

潮州大桥

位于革命老区的宁莞高速意溪大桥

位于革命老区磷溪镇的潮州东大道

位于官塘镇产业转移园的官塘大道

潮州木雕（湘桥区保护管理的国级非遗项目）

潮州花灯（湘桥区保护管理的国级非遗项目）

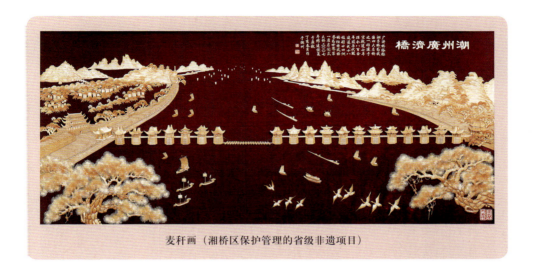

麦秆画（湘桥区保护管理的省级非遗项目）

潮州菜（湘桥区保护管理的省级非遗项目）

潮州大锣鼓（湘桥区保护管理的市级非遗项目）

潮州小吃（湘桥区保护管理的区级非遗项目）

● 二、革命遗址及红色文物 ●

转运物资进入中央苏区的潮汕铁路意溪站

修葺一新的李盾祠（黄埔军校潮州分校旧址）

整修后的中山路（曾是军校学员操练场地）

涵碧楼（曾是国民革命军、黄埔军校潮州分校学生军办事处、南昌起义军二十军三师指挥部旧址）今昔对比

西湖山（曾是国民革命军与敌人战斗的战场）今昔对比

开元寺（曾是革
命活动的旧址）
今昔对比

金山（曾是学生运动发
源地）今昔对比

广济桥（湘子桥，曾是团员
青年上山参加革命的要道）
今昔对比

牌坊街（太平路，曾是革命群众示威游行的街道，也是与日本侵略军展开巷战的地方）今昔对比

韩文公祠（曾是韩师进步学生活动的地方）今昔对比

位于西湖公园的纪念碑

涵碧楼前的周恩来塑像

● 三、革命老区换新颜 ●

意溪镇的东方茶都

今日的磷溪、官塘、铁铺革命老区村新貌

革命老区官塘镇的工业园区

革命老区铁铺镇的工业园区

湘桥区黄金塘革命历史纪念馆

红色根据地锡美村新貌

紫莲度假村（锡美村昔日与敌人战斗的山地丛林，现建成AAAA级度假村）

革命老区桂坑村

微信扫描二维码
您立即开展本书的
延伸阅读。

　　为了贯彻落实习近平总书记关于"发扬红色资源优势，深入进行党史、军史、老区革命史优良传统教育，把红色基因代代传下去"的指示，以及中发办〔2015〕64号文件提出的"积极支持老区精神挖掘整理工作……扶持创作一批反映老区优良传统、展现老区精神风貌的优秀文艺作品和文化产品"的要求，中共潮州市湘桥区委、湘桥区人民政府根据中国老区建设促进会及广东省老区建设促进会、广东省老区建设办公室下发的有关编纂《革命老区县发展史》的文件精神，成立编纂领导机构，于2018年4月启动编修《潮州市湘桥区革命老区发展史》（以下简称《发展史》）的工作，并于同年9月中旬组成编修组，正式开展编修《发展史》的工作。

　　修史是一个系统的工程，工作繁多复杂。编修组的同志在区委领导同志的关照下，克服任务重、时间紧、启动慢、人手少、经验无、资料缺等诸多困难，查阅大量志乘和相关书籍报刊，到有关单位采集原始资料，并深入基层走访知情者。对收集到的材料，尤其是有关湘桥区域的史料，以实事求是的态度，认真考证筛选，去伪存真，去粗取精，务求准确翔实。在文字上力求朴实无华，言简意赅，条理分明，注重可读性。经过同志们废寝忘食、孜孜以求的努力工作，完成各章的编写。其中第一章记述了革命老区的基本情况及其发展变化；第二章至第五章记载了湘桥区域在新民主主义革命时期的斗争史；第六、七章可以视为湘桥区域在社会主义初级阶段的革命建设简史；附录为历史上重要人物、重要事件及革命遗址、文物等的记录。在彩页插图方面，除了如实反映革命遗址、文物、场馆之外，对于湘桥区特别是革命老区的发展轨迹，尽量搜寻昔日的照片，以期形成鲜明的对比，使读者更有感性的认识，由于内容太多，故只选取较有代表性的予以展示。所有这些，起到了"存史、资政、育人"的作用。

在编修过程中，同志们坚持以习近平同志关于革命老区的系列讲话精神为动力，坚持以湘桥区域在共产党领导下的革命斗争史实为依据，坚持以革命老区的奋斗史为重点，坚持以湘桥区建制以来尤其是中共十八大以来在经济社会各方面取得的成就以及革命老区的进步为亮点，做到历史的真实性、事件的准确性与文章的可读性有机的统一。

从草稿至初稿，从初稿至定稿，从定稿至付梓，几度增删，数易章节，诚是来之不易。经过辛勤劳动，《潮州市湘桥区革命老区发展史》终于付印了。在此，我们谨向所有为编修《发展史》而建言献策、提供资料的各界人士，致以崇高的敬意和衷心的感谢！

《潮州市湘桥区革命老区发展史》编修组
二〇一九年八月

一、本书以习近平新时代中国特色社会主义思想为指导，运用辩证唯物主义和历史唯物主义的立场、观点和方法进行编写。

二、本书记述的时间，上限为1917年，下限为2017年。

三、本书记述的地域范围为今之潮州市湘桥区的行政区划，包括湘桥、西湖、金山、太平、南春、西新、桥东、城西、凤新等9个街道和意溪、磷溪、官塘、铁铺等4个镇。

四、虽然湘桥区建政时间（1991年12月）较短，但其辖区曾是潮州市（潮安县）的经济、政治、文化中心（历史上曾为郡、州、路、府之治所）。中华人民共和国成立之前，是潮安县的县城（也称潮州城）。1953年1月成立潮安市（同年7月改称潮州市），至1958年11月撤销，这段时间的潮州市为今之湘桥区辖区。1958年12月至1979年7月，今之湘桥区仍是潮安县的县城。1979年8月从潮安县析出潮州市，恢复潮州市建制，这段时间的潮州市为今之湘桥区辖区。1983年7月，潮安县并入潮州市（1990年1月定为副地级市），今之湘桥区仍为潮州市之中心区。1991年12月潮州市扩大区域升格为地级市，设置湘桥区，自此方有湘桥区的称谓。

所以，本书中中华人民共和国成立前所记述的"潮安"包含今之湘桥区；"潮州"是历史上的习惯称谓，也包含今之湘桥区；"潮州城"及"潮安县城"应属今之湘桥区。中华人民共和国成立后至 1991 年 12 月所记述的"潮安县""潮州市"如上所述，只记载今之湘桥区区划范围。

五、湘桥区内的乡镇、街道、村（社区）其区划多有调整，名称多有更改，本书则按当时的称谓、区划记述，必要时加以括注。

六、人物的记述一般附于事件之中，个别重要人物则单列记述。

七、本书参照《广东省〈革命老区县发展史〉丛书编纂大纲》，根据湘桥区的实际情况，分设章、节、目、小目进行编写。

1

第一章

区域和革命老区概况

第一节 基本情况

一、历史沿革及区划沿变

今潮州市湘桥区属地在秦时属南海郡地，汉为南海郡揭阳县地。

东晋咸和六年（331）分南海郡立东官郡，析揭阳地置海阳县隶属东官郡，湘桥地域属海阳县。

东晋义熙九年（413）分东官郡立义安郡，湘桥地域属义安郡海阳县。梁置东扬州，后改称瀛州，湘桥地域属瀛州之义安郡。

隋开皇十年（590）废义安郡，撤海阳县，在义安郡境置义安县，湘桥地域属义安县。开皇十一年（591）在义安郡境立潮州。历唐至清，湘桥地域均属潮州之海阳县。

1914年，因与山东省海阳县同名，海阳遂改为潮安，湘桥地域属之。

中华人民共和国成立初期，潮安行政区划及名称仍沿袭旧制。1950年，潮安原8个区按顺序改为第一、二、三、四、五、六、七、八（区），今湘桥属地城区及近郊为第一区。同年7月改为城关镇，置桥东、西关、南关、北关、第一、第二、第三、第四、第五、第六共10个办事处，其中意溪属第三区。1953年1月，城关镇、意溪镇区以及城关镇郊的厦寺乡和宫后村从潮安县划出，设立潮安市，同年7月改称潮州市，为省辖。1958年11

月，撤销潮州市建制。此时的潮州市为今湘桥属地。

1979年，从潮安县析出潮州市，恢复潮州市建制，隶属汕头地区。辖区为今湘桥属地。

1983年7月，潮安县并入潮州市。湘桥地域属之。

1989年1月，潮州市归省直接领导，并获市（地）一级经济管理权限。

1990年1月，潮州市定为副地级市。湘桥地域属之。

1991年12月，潮州市升格为地级市，辖新设立的潮安县、湘桥区和原汕头市管辖的饶平县。新设立的湘桥区辖原潮州市城区所辖的湘桥、西湖、金山、太平、南春、城西、西新、桥东等8个街道，以及意溪镇和枫溪镇、古巷镇的部分行政区域及红山林场。区政府驻太平路，1999年9月，迁至新洋路尾新址办公大楼。

1992年4月7日，湘桥区增设凤新街道，凤新街道管辖原枫溪镇的陈桥、凤山、花园、高厝塘、大新乡、莲云、竹围、田中、大园、西塘、云梯、池湖、蔡陇等13个管理区和原古巷镇的东埔管理区。

1995年12月13日，湘桥区凤新街道的池湖、蔡陇两个管理区划归回枫溪区管辖。

2005年12月，湘桥区辖管9个街道和1个镇，共49个社区和51个行政村。

2013年6月28日，经国务院批准，将潮安县的磷溪镇、官塘镇、铁铺镇三镇划归湘桥区管辖。

2014年起，湘桥区辖湘桥、西湖、金山、太平、南春、西新、桥东、城西、凤新等9个街道和意溪镇、磷溪镇、官塘镇、铁铺镇等4个镇，共52个社区和120个行政村。

经市委、市政府研究决定，2017年1月1日起，湘桥区铁铺镇人财物正式整体委托凤泉湖高新区党工委、管委会管理（地域仍属湘桥区）。

二、人口状况

2017年末全区常住人口55.08万人，比上年末增加0.18万人，常住人口城镇化率93.35%，全年常住人口出生6565人（计生口径，下同），出生率11.92‰，死亡人口3137人，死亡率5.70‰，自然增长率6.22‰。公安户籍人口47.47万人。

三、位置面积

湘桥区境域介于东经116°33′36″—116°49′39″、北纬23°46′10″—23°34′3″之间，全区总面积325.35平方千米。

湘桥区位于潮州市中心城区，东与饶平县、汕头市澄海区交界，西与潮安区、枫溪区相连，南与潮安区、汕头市澄海区相接，北与潮安区、饶平县接壤。主干河道韩江自西北向东南斜穿境区。

四、自然环境

（一）地貌地质

1．地貌：潮州市湘桥区总体地貌是北部高，南部低，自北向南倾斜，由山地、丘陵、平原逐渐过渡。

全区地形可分为山地、丘陵和平原三种。山地面积约80平方千米，约占全区总面积的53.3%；丘陵面积约20平方千米，约占全区总面积的13.3%；平原面积50平方千米，约占全区总面积的33.4%。

境内山脉多为北北西和北北东走向。以桥东和意溪为主要丘陵区，丘陵地貌较为零碎，分布也较分散。平原区主要是在韩江西岸的城区，以竹竿山为顶点，向南作扇状扩散展开。

湘桥区境内主要山峰海拔都在千米以下。意溪镇的草岚武山888.4米（与饶平交界）为最高山峰。

2．地质：①地层。潮州市出露地层有中生界及新生界。在湘桥区域内的中生界地层出露有侏罗系下统和上统，下统金鸡组分a、b段。金鸡a段主要分布在桥东一带，其岩性主要为粉砂质泥岩、粉砂岩夹细砂岩，底部长石、石英砂岩。含较多植物碎片，产植物化石苏铁杉。金鸡b段主要出露在凤新东埔一带，主要岩性为薄层泥质粉砂岩、泥岩夹长石石英砂岩，含磷质结核（含P_2O_5 0.5%～0.8%）。金鸡组的岩相特征表现为海陆交互相沉积。侏罗系上统高基坪群主要分布在东北部和东部，即意溪和桥东一带，它是一套陆相火山碎屑岩——熔岩和火山碎屑岩——沉积岩相。飞天燕瓷土矿矿体便赋存在火山碎屑岩——熔岩岩相中。②构造。潮州市大地构造单元属"东南低洼区"，按多旋回构造学说，属"华南准台地"。该构造线主要为北东向，北西向构造也相当发育，以断裂构造为主，摺皱构造不发育、不明显。通过湘桥区内的断裂构造有潮州断裂和韩江断裂。

（二）水系

湘桥区主要有：①韩江干流（市区段）。韩江是潮州市区的主要河道。潮州河段在湘子桥南分东、西、北三溪分流入海。以潮州市界为起止点计，干流韩江（入市境至北溪口）长31.4千米，西溪33.6千米，东溪13.1千米，北溪17.9千米，四流合计总长96千米。②桂坑水。流域总集雨面积117平方千米，河长31千米。③文祠水。流域总集雨面积63平方千米，河长18.6千米。④三利溪。三利溪是北宋时开挖的人工渠，在市区境内的人工河长5.5千米，集雨面积18.87平方千米。⑤岗山水库　集雨面积88平方千米，库容量达4066万立方米。水利灌溉受益面积2524.67

公顷。

五、自然资源

1. 土地资源：1997年（第一次全国农业普查）湘桥区总面积16555.93公顷。其中农业用地面积11988.64公顷，占总面积的72.41%；建设用地面积3355.66公顷，占20.27%；未利用土地169.71公顷，占1.03%。2005年，全区共有耕地面积4538公顷，有林业用地面积7186.4公顷。2017年土地面积325.35平方千米。土壤结构可分为6个土类，11个亚类，30个土属，67个土种。

2. 矿产资源：湘桥区的矿产资源主要有瓷土矿、建筑用石矿、砖瓦粘土矿和河砂。其中瓷土矿埋藏量丰富，探明储量3200多万吨。建筑用石矿和河砂矿量也丰富，主要分布在意溪镇、凤新街道和韩江河道一带。

3. 植物资源：湘桥区地处南亚热带，气候温暖，植物资源丰富。据调查，境内的植物有1500种以上（包括材用树种资源和中药材资源），其中野生种占多数。

4. 动物资源：湘桥区的野生动物种类繁多（包括无脊椎动物和脊椎动物），资源分布也广，有一定经济价值。

革命老区的评划

1. 根据潮州市民政局"潮民〔1994〕49号"文，批准湘桥区的意溪镇、磷溪镇、铁铺镇为革命老区镇。

意溪镇的锡美管理区（行政村，下同），磷溪镇的英山管理区、西坑管理区、芦庄管理区，铁铺镇的铺埔管理区、嫌水坑管理区、大坑管理区、詹罗田管理区为红色根据地。

桥东街道的黄金塘管理区为抗日根据地。

2. 根据广东省人民政府批准的省民政厅《关于开展评划解放战争游击根据地和确定老区乡镇、老区县工作方案》（粤民办〔1991〕18号）精神，经潮州市人民政府研究，同意下列55个管理区（行政村）评划为解放战争游击根据地：

凤新街道：池湖管理区、莲云管理区、陈桥管理区、东埔管理区、高厝塘管理区、凤山管理区。

桥东街道：六亩管理区、卧石管理区、社光管理区。

城西街道：北关管理区。

意溪镇：古庵管理区、后径管理区、永安管理区、四益管理区、桂坑管理区、西都管理区、莲上管理区、荆山管理区、四宁管理区、河北管理区、小陂管理区、书厝楼管理区。

磷溪镇：内坑管理区、美堤管理区、田心管理区、溪口一管理区、溪口二管理区、溪口三管理区、溪口四管理区、溪口五管理区、溪口七管理区、溪口八管理区、急水管理区、窖美管理区、旸山管理区、仙美管理区、仙河管理区、后洋堤管理区、北堤管理区的堤头村。

铁铺镇：梅州板管理区、仙岩管理区、小溪管理区、西陇管理区、坑门管理区、石板管理区、五乡管理区、坎下管理区、八角楼管理区、溪头管理区、灰荣管理区、东山前管理区、石垃头管理区、坑巷管理区、山后管理区、尚书管理区。

革命老区旧貌换新颜

中华人民共和国成立前，老区人民在帝国主义、封建主义、官僚资本主义三座大山的压迫下，生活处于水深火热之中。中华人民共和国成立后，在中国共产党的领导下，老区人民安居乐业，尤其是中共十一届三中全会之后，各项事业蓬勃发展，人民的生活水平如芝麻开花节节高。

一、红色根据地（土地革命战争时期）

今湘桥区域内有评划为红色根据地的行政村8个（自然村16个），本书仅选择较有代表性的予以记载。

（一）意溪镇锡美村

锡美行政村位于意溪镇东部，距镇政府9.5千米。民国时期属潮安县秋溪区。

2017年末，全村有户籍人口1170人，其中男性595人，女性575人；80岁以上20人，最长者91岁，女性；生活主要依靠农业收入的有200人；常年在城镇生活和打工的有435人；实际在村735人。村民皆为汉族。

锡美村传统生产经营以农业为主，主种水稻，兼种水果、茶树及池鱼养殖。现时经营以茶叶、果树为主。2017年，全村茶叶种植面积80公顷，总产量90吨；果树种植面积95公顷，总产量246吨；池鱼养殖面积2.3公顷，总产量65吨。该村特色农产品有茶叶。

中华人民共和国成立后，锡美村基础设施建设不断完善。1950年通电话，1962年通电，1989年通自来水，20世纪90年代初全村村道实现水泥硬底化，2010年通网络。省道S231线、县道X074线、乡道Y11线4经过该村。该村境内的紫莲山开发成旅游风景区，属国家AAAA级景区、省级森林公园，是游客悠闲的好去处。

中华人民共和国成立后建锡美小学。1979年后，锡美小学建有5间教室、5间教师宿舍。村还开办幼儿园2个班。现村建有篮球场1个，健身广场1个，文体活动中心1个，老年人活动室1间和藏书4500册的农家书屋1间。

锡美村是革命老区。在土地革命战争、抗日战争和解放战争时期，村先辈投身于人民解放事业，不惜抛头颅，洒热血，作出突出贡献。罗得金是锡美村革命斗争的带头人。罗爱民受罗得金影响，少年时参加红军，为革命转战南北，多次受伤致残。罗桂木全家参加革命，任秋溪区游击队队长；其兄罗桂炎曾任中共福建省诏安县委员，1937年7月在诏安"月港事件"中被国民党反动派枪杀；其母也被国民党反动派杀害。此外，该村还有罗永农、罗木森、赖汉芝、赖汉林等为革命壮烈牺牲。罗得金、罗锦树、罗炳成等为革命被捕入狱，经受严刑拷打仍坚贞不屈。罗家河于1947年从泰国历尽艰险，辗转回祖国参加解放战争，加入韩江纵队，战斗在凤凰山。1949年2月罗家河将长短枪10多支，粮食80石送到武工队，同时，动员罗清泉、罗潮木、罗应通等参加韩江纵队。

锡美村于2014年2月被广东省委农村工作办公室、广东省农业厅、广东省住房和城乡建设厅评为"广东名村"。

（二）铁铺镇大坑村

大坑行政村位于铁铺镇北面，距离镇政府约12千米。民国时期属潮安县秋东区。

2017年末，全村有户籍人口1050人，其中男性558人，女性492人；80岁以上有40人，最年长者99岁，女性；生活主要依靠农业收入的有350人；常年在城镇生活和打工的有700人；实际在村350人。非户籍外来人口10人。村民均为汉族。

该村传统经营以农业生产为主，种植水稻、柑、香蕉等水果。现时主种潮州柑、单丛茶、青梅、杨梅等作物及养殖三鸟。大部分村民外出务工，经营商业。村民主要收入来源为农业生产、商业经营及外出打工工资。特色农产品有潮州柑、生姜、青梅、白叶茶。

改革开放后，乡道埔大路经过本村。2005年通自来水、1992年通电，1994年通电话，2008年通网络。2017年，有大坑小学，3个级，3个班，在校学生70人，教职工4人。村有篮球场，村民活动中心有"红色戏台"广场。有农家书屋1间，藏书约1500册。教育基地有李梨英故居（李梨英故居被潮州市人民政府授予"爱国主义教育基地"称号）。

主要革命史迹：

1. 红军井：位于李梨英故居的东南边池墘。井面用切成方形的花岗岩条石砌成，井深约3米。1934年秋李梨英为了救治伤员，上山采草药煮汤、做饭、洗衣服等常用这口井。后来把此井命名为"红军井"。

2. 红军机械修配厂：位于大坑村田墘书斋，靠山坐北朝南。至今仅留下石门框和3根石柱及半截墙垣。在当年艰苦的环境下，就连丰顺、大埔的机枪也送到这里修理，为红军和游击队的武器维修做出了贡献。

3．红色戏台：位于大坑村寨埕，坐南向北，戏台比寨埕高出60厘米。1932年大坑村农会成立后，革命者常利用这个戏台进行宣传活动。有一次由于叛徒出卖，国民党军"围剿"大坑村，并以查户口为名，抓捕林锦森、林保梨两位革命同志。敌人用残忍的手段砍下两位烈士的头颅，并挂于戏台旁柿树上示众，鲜血染红了戏台。为昭示后人，故将它称为红色戏台。该戏台重建于2011年，建筑面积165平方米。

4．李梨英故居：位于大坑村西侧塘仔尾的地方，当年李梨英在这里生活。她受尽苦难和折磨，也是在这里受到革命思想的影响，立下"永远跟党走"的矢志，从这里走上革命征途的。当年反动军队和地主武装进村扫荡时，将李梨英的房屋和公厅彻底烧毁。现在遗址按原建筑格局进行复建。李梨英故居是一处以土地革命战争历史为背景的、展现革命母亲李梨英光辉人生的革命遗址。

5．红军医院：位于大坑村北面马鞍山饭包石下，从村里出发大约3千米路的距离，北与饶平樟溪青岚村交界，东与钱东镇礼堂村相接。这里其实是一个大石洞，有一个狭窄的入口，而石洞里可容纳100多人住宿。1931年至1935年间，设在饶平樟溪和尚田的红军医院，经常受到敌人破坏，故而红军部队决定把部分伤员转移到大坑村来。不久敌人探知有些伤员藏于大坑山后山，考虑到伤员的安全，李梨英和大坑游击队长林锦森经过商量后，选定了这个石洞作为伤员藏身和治疗之所。在这段时间，李梨英白天耕作种地，夜里经常带领地下党员翻山越岭到和尚田医院，或背或抬，把伤员秘密转移到此山洞中来。他们还经常为受伤的战士敷药、熬药，让伤员更快地康复。由于掩蔽到位，饭包石下的"红军医院"藏于深山没有暴露。直到1935年部队撤离时，红军医院坚持了长达5年的时间，安然无恙。

二、抗日根据地（抗日战争时期）

桥东街道黄金塘村（含黄金塘、王厝、温湖、陆厝、刘厝、康厝、曾厝、陈厝、卓厝、何厝等10个自然村）

黄金塘行政村位于桥东街道东南方，距离桥东街道办事处约3千米。民国时期属潮安县东厢乡。村民均为汉族。

2017年末，黄金塘自然村有户籍人口3096人，其中男性1511人，女性1585人；80岁以75人，最年长者95岁，女性；生活主要依靠农业收入的有290人；常年在城镇生活和打工的有680人；实际在村人口2416人。非户籍外来人口150人。

2017年末，王厝自然村有户籍人口122人，其中男性60人，女性62人；80岁以上6人，最年长者87岁，男性；生活主要依靠农业收入的有65人；常年在城镇生活和打工的有26人；实际在村96人。非户籍外来人口31人。

2017年末，温湖自然村有户籍人口325人，其中男性124人，女性201人；80岁以上4人，最年长者97岁，女性；生活主要依靠农业收入的有278人；常年在城镇生活和打工的有37人；实际在村288人。

2017年末，陆厝自然村有户籍人口85人，其中男性43人，女性42人；80岁以上1人，最年长者80岁，男性；生活主要依靠农业收入的有30人；常年在城镇生活和打工的有50人；实际在村35人。非户籍外来人口42人。

2017年末，刘厝自然村有户籍人口289人，其中男性142人，女性147人；80岁以上9人，最年长者94岁，女性；生活主要依靠农业收入的有207人；常年在城镇生活和打工的有82人；实际在村207人。非户籍外来人口107人。

2017年末，康厝自然村有户籍人口53人，其中男性21人，女性32人；80岁以上1人，最年长者83岁，女性；生活主要依靠农业收入的有20人；常年在城镇生活和打工的有20人；实际在村33人。非户籍外来人口39人。

2017年末，曾厝自然村有户籍人口95人，其中男性36人，女性59人；80岁以上1人，最年长者88岁，男性；生活主要依靠农业收入的有35人；常年在城镇生活和打工的有23人；实际在村72人。非户籍外来人口33人。

2017年末，陈厝自然村有户籍人口1825人，其中男性913人，女性912人；80岁以上45人，最年长者95岁，女性；生活主要依靠农业收入的有208人；常年在城镇生活和打工的有129人；实际在村1696人。非户籍外来人口150人。

2017年末，卓厝自然村有户籍人口170人，其中男性80人，女性90人；80岁以上6人，最年长者90岁，男性；生活主要依靠农业收入的有82人；常年在城镇生活和打工的有20人；实际在村为150人。非户籍外来人口92人。

2017年末，何厝自然村有户籍人口122人，其中男性61人，女性61人；80岁以上8人，最年长者85岁，男性；生活主要依靠农业收入的有40人；常年在城镇生活和打工的有26人；实际在村96人。非户籍外来人口61人。

黄金塘行政村改革开放后基础设施大为改善。村北面有省道S335经过本村，1985年全村村道实现水泥硬底化，2000年通自来水，20世纪末通电，20世纪60年代末通电话，20世纪90年代初通网络。

2017年末，该村有黄金塘小学，设6个年级，6个班，在校学生196人，教职工12人。有黄金塘幼儿园，在园幼儿85人，教职工8人。有篮球场、羽毛球馆、乒乓球桌等体育设施；有弦乐组、文化室等村民活动场所；有农家书屋，藏书3800册。

该村具有优良的革命传统。1925年黄金塘就有中国共产党地下组织活动。在抗日战争和解放战争中，黄金塘村设有党的联络站，许多黄金塘人在党组织的引导下，走上革命征途，其中有6位烈士为革命献出了宝贵的生命，他们是：陈初明、陈宽隆、陈延国、陈超凡、卓成宜、王大福。其中陈初明烈士的事迹尤为突出，"在闽西党与群众中，曾留下崇高形象，这是潮州人民可以自慰而引以为荣的"。陈初明于1934年冬在上海遭国民党逮捕入狱，翌年秋刑满出狱返汕头。1936年6月在汕参加"新文字研究学会"，任启明小学拉丁文专修班主任。8月，他利用暑假回家乡黄金塘村办夜校，通过开展学习新文字、教唱抗日歌曲等形式，在农民中宣传抗日救国的道理，并培养了陈炳洲、陈宽隆等青年抗日骨干。

该村2014年1月被广东省人民政府评为广东省文明村，1998年10月被全国绿化委员会评为全国造林绿化十佳村，2011年12月被广东省爱国卫生运动委员会评为广东省卫生村。

三、解放战争游击根据地（解放战争时期）

今湘桥区域内在解放战争时期的游击根据地共114个（自然村），其中意溪镇30个，磷溪镇29个，铁铺镇35个，城西街道2个，桥东街道8个，凤新街道10个。由于数量太多，本书仅选择较有代表性的予以记载。

（一）意溪镇桂坑村（含桂坑、寨内、东段、白石4个自然村）

桂坑行政村位于意溪镇东部，距镇政府约10千米。民国时期属潮安县秋溪区。桂坑行政村村民为汉族或畲族。

2017年末，桂坑自然村有户籍人口635人，其中男性312人，女性323人；80岁以上12人，最长者102岁，女性；生活主要依靠农业收入的有200人；常年在城镇生活和打工的有285人；实际在村约350人。

2017年末，寨内自然村有户籍人口310人，其中男性156人，女性154人；80岁以上6人，最长者90岁，女性；生活主要依靠农业收入的有110人；常年在城镇生活和打工的有100人；实际在村210人。

2017年末，东段自然村有户籍人口339人，其中男性124人，女性215人；80岁以上7人，最年长者91岁，女性；生活主要依靠农业收入的有150人；常年在城镇生活和打工的有119人；实际在村约220人。

2017年末，白石自然村有户籍人口192人，其中男性90人，女性102人；80岁以上5人，最长者85岁，女性；生活主要依靠农业收入的有80人；常年在城镇生活和打工的有72人；实际在村约120人。

桂坑自然村传统生产经营以农业为主，主种水稻和水果。2016年，该村水稻种植面积约27.5公顷，总产量约184吨；水果种植面积约1.4公顷，总产量约84吨。该村山地广阔，水果种类繁多，主要有橄榄、香蕉、杨桃和黄皮等。山草、柴炭曾是该村村民的一项重要经济收入。近年来，部分富余劳动力外出打工或经营小生意，村民收入大幅度提高，绝大部分村民都新建了住房。

寨内自然村传统生产经营以农为主，主种水稻、蔬菜和水果。2016年，水稻种植面积6.9公顷，总产量46吨；蔬菜种植面积约5.7公顷，总产量125.6吨；水果种植面积1.3公顷，总产量21吨。部分村民外出务工。

东段自然村传统生产经营以农为主，主种水稻和水果。2016年，水稻种植面积6.3公顷，总产量42吨；水果种植面积1.9公顷，总产量27.9吨。

白石自然村传统生产经营以农为主，主种水稻、蔬菜和水果。2016年，该村水稻种植面积4.8公顷，总产量32.4吨；蔬菜种植面积4公顷，总产量87.8吨。山地主要种有橄榄、杨桃、黄皮等。2010年以来，随着潮州金山大桥的建成，交通方便，部分劳动力外出进城打工，经济收入有所提高。

该行政村地处山区，交通不便，基础设施薄弱。改革开放后，交通和其他配套设施逐步完善。2007年8月建成长33米宽6米的钢筋水泥结构的桂坑桥1座；2014年在过水桥原址建成长50米宽7米的钢筋水泥结构的桥梁1座。20世纪80年代通电，90年代通电话，2006年通自来水，2009年通网络，2010年实现全村村道水泥硬底化。省道S231线和县道X074线经过该村。村有一批体育运动设施，有老人活动室、锣鼓队、农家书屋。

该村重视教育事业。1986年有小学、幼儿园各1所。1995年，投资36万元，建成占地面积约0.3公顷，建筑面积500多平方米的桂坑小学。1998年因生源人数较少而撤并，现该村适龄儿童就读于后径小学。

桂坑村是解放战争游击根据地。1946年秘密成立接待站，秘密成立农会和民兵组，刘丰深为农会主席，刘汉松为副主席，成员有刘龙泉、刘得炎、刘汉权等。接待站主要任务为游击队送信、送情报、筹粮送粮、收枪送枪。1947年筹粮30多石，组织村民70多人次把粮转交游击队。1947年至1948年期间先后收取枪支40多条，由刘龙泉、刘汉松、刘江坤等人分批把枪支送到游击队手中。1949年选送刘江坤、刘泰松2位民兵参加凤凰山解放军部队。

（二）磷溪镇后洋堤村（含后洋堤、下埔洲2个自然村）

后洋堤行政村位于磷溪镇南面，地处湘桥与澄海交界处，距镇政府约6千米。民国时期属饶平县隆都区。

2017年末，后洋堤自然村有户籍人口943人，其中男性463人，女性480人；80岁以上29人，最年长者95岁，女性；生活主要依靠农业收入的有809人；常年在城镇生活和打工的有134人；实际在村809人。非户籍外来人口3人。

2017年末，下埔洲自然村有户籍人口380人，其中男性202人，女性178人；80岁以上12人，最年长者95岁，女性；生活主要依靠农业收入的有212人；常年在城镇生活和打工的有28人；实际在村352人。后洋堤行政村世居村民皆汉族。

后洋堤自然村属潮汕平原，地处东厢围水尾，过去属涝区，遇涝成洋，常有水患为害。1956年，修建了阳坑水利工程，村实现了旱涝保收。传统经营以农为主，主种水稻，兼种花生及水果，盛产菱角。现时部分村民从事农业生产，水稻种植逐年减少，大力发展经济作物，如花生、菱角等，水果品种有香蕉、龙眼等。部分青壮年外出经商或务工，大大增加经济收入。

中华人民共和国成立前，该村基础设施落后。改革开放后，后洋堤村基础设施逐步完善。乡道西洋路经过该村。2012年全村村道实现水泥硬底化。2013年通自来水，1980年通电，1991年通电话，2006年通网络。教育设施有后洋堤小学，2017年该校有3个级、3个班，在校学生65人，教职工6人。文化娱乐设施有老年协会活动中心；有农家书屋1间，藏书约2000册。

下埔洲自然村地处潮汕平原，濒临韩江东溪，传统经营为纯农经济。所谓"靠山吃山，靠水吃水"，因得韩江之利，除农业生产外，村民兼在韩江捕鱼。现时部分村民从事农业生产，粮食生产已大幅度减少，大力发展水果种植，主要品种有青枣等；部分村民从事捕鱼作业，全村共有渔船82艘，形成一定规模；少数村民外出务工或经商。生活水平普遍提高。

中华人民共和国成立前，下埔洲村公共设施落后。改革开放后逐步配套完善。2008年全村村道实现水泥硬底化。1980年通电，1991年通电话，2006年通网络，2014年通自来水。该村适龄儿童在后洋堤小学就读。

1948年至1949年间，中共潮澄饶地下党组织李开胜、陈续豪、余卓芬、麦希等人曾驻扎该村，在潮澄一带乡村开展革命活动。其间，发动群众，建立妇女小组，宣传革命道理。在中共地下党同志的带动下，该村进步青年江世泽、江世才、江振波等人随地下党赴凤凰山参加游击队，为解放潮汕作出贡献。

（三）城西街道北关村（含埔头尾、田中园2个自然村，原新土地、老土地、北园已划归金山街道）

北关行政村地处潮州城区北郊，位于城西街道北面，距街道办事处约4千米。民国时期属潮安县北厢乡。

2017年末，埔头尾自然村有户籍人口2795人，其中男性1314人，女性1481人；80岁以上95人，最年长者100岁，女性；生活主要依靠农业收入的有76人；常年在城镇生活和打工的有60人；实际在村2735人。非户籍外来人口310人。

埔头尾村位于潮汕平原，北面为丘陵地带，东面为韩江。传统经营以农业为主，部分村民从事行船、放排、运输或经营小生意。现时经营以农业、工副业为主。主要种植蔬菜、水稻、芋头。所产芋头由于味道爽、品质"松"、香甜硕大而闻名。"浸水芥兰"也是该村的特产，以酥脆适口而远近闻名。现村民的主要收入来源为农业生产和商业经营的收入。2017年村经济总收入40190元。

2017年末，田中园自然村有户籍人口156人，其中男性77人，女性79人；80岁以上5人，最年长者83岁，女性；生活主要依靠农业收入的有61人；常年在城镇生活和打工的有28人；实际在村

128人。

田中园村位于潮汕平原，韩江在村东北面。传统经营以农业生产为主，主种蔬菜、水稻、芋头等。现时经营以农业、工副业为主，主种蔬菜、水稻、芋头。村民主要收入来源为农业生产、商业经营的收入及务工的工资收入。2017年村经济总收入20705元。

在中华人民共和国成立后，尤其是改革开放以来，田中园村基础设施较完善。县道北美路、北园路、金山大桥经过本村。2008年全村村道实现水泥硬底化，1978年通自来水，1976年通电，1990年通电话，2005年通网络。教育设施有北关小学，2017年，有6个级，12个班，在校学生600人，教职工29人。村设有田中园村民活动中心及农家书屋，书屋藏书2099册。

埔头尾村的基础设施也较完善。县道西荣路、北堤路和乡道宫前街北大巷经过本村。2008年全村村道实现水泥硬底化，1978年通自来水，1976年通电，1990年通电话，2005年通网络。2017年，该村教育设施有幼儿园3所。其中，北关幼儿园在园幼儿145人，教职工9人；康乐幼儿园在园幼儿78人，教职工6人；金山幼儿园在园幼儿140人，教职工8人。文化设施有忠园、琴园、东园、北园、南园等村民活动中心。有农家书屋在田中园村。

1945年下半年，中共潮安地下党领导人许拱明派地下党工作人员陈德生到北关乡埔头尾毓英小学搞地下联络工作，该村曾是中共潮汕地下党组织的重要交通站。其间，中共潮汕地下党组织领导人许士杰、陈汉、陈谦等曾先后到这里开展革命活动。

第二章

大革命洪流拍击韩江两岸

第一节 共产党组织建立前的概况

一、潮州城东青年图书社的成立及其发展

1915年9月，陈独秀在上海创办《青年》杂志（后改名《新青年》并迁北京），与李大钊等人发动了一场以科学与民主为旗帜的新文化运动，为传播适合中国社会发展需要的新思潮开辟了道路。

1917年12月，潮州城东发成号、万泰号、协茂号等10多家柴炭行的青年店员、学徒，自发组织了一个研究新文化的团体——城东青年图书社，集月费选购书刊，利用工余及夜间，聚集于一家炭行楼阁上阅读，交流不同的看法和感想。翌年，图书社扩大至20多人，除炭行青年店员外，还有一些手工业工人，如邮局练习生翁汉庭、医学生曾初民、缝衣工杨承宇和刘少汉、洗衣工洪馥芝和董揖庭、首饰工谢汉一、店员吴孟方、笔店东家陈增城、鞋店少东家郑勇衡以及方惟精、郭仰川等，他们迅速接受进步思想的启迪，同时采用在街道墙上办小型阅报栏等形式开展宣传，使进步思潮逐渐在潮安县人民，特别是在青年中得到传播。

1919年，城东青年图书社扩大为潮安青年图书社，他们不仅组织救国演讲团上街宣传，还分头深入发动、组织各界民众，响应和支持学生的爱国运动。他们组织首饰、锡箔、制鞋、织布、制纸、雨伞等行业成立工界救国联合会；在此前后，方惟精、李若炯还在小贩行业中组织了爱华联志会；柯雪浩、陈星河等自由

职业者组织起爱国同志会；黄少初、林质生、张卧云组织了商界救国演说团。还到城郊发动组织农界救国联合会。这样，一个以宣传爱国、查收销毁日货为主要内容的反帝爱国运动在潮安县城开展起来，汇入全国"五四"爱国运动的洪流。为了统一领导，各救国团体还组成了潮州各界救国联合会，进一步掀起潮安反帝爱国运动的高潮。

1920年1月，潮安青年图书社在开元寺内设立新刊贩卖部，销售《新青年》《新潮》等刊物及《蔡子民言行录》《独秀文存》《胡适文存》《新青年集刊》等丛书，吸引了一批读者。2月，新加坡归侨姚维殷、廖质生带来的2000多册《社会主义史略》《共产党宣言》等8种宣传社会主义的小册子，在新刊贩卖部出售，这些书刊具有很大的吸引力，书店也成为有志青年经常驻足的地方。这些小册子文字浅显，特别受到工界的干部所喜阅。近郊桥东乡的进步青年游少斋等10多人，也由图书社社员尤永铭领导，组织桥东书报社，和图书社互相联络，互相支援。游少斋和图书社社员陈少云，又组织了桥东船工会。此外，他们还深入到工人中去，开展各种活动，逐步走上与工农相结合的道路。

1920年5月1日，潮州城各救国工团二三千人，在青年图书社和工界救国联合会的发动和组织下，于开元寺旷埕集会纪念"五一"国际劳动节。这次集会，标志着工人群众的进一步觉醒，也提高了青年图书社及工界联合会在潮州工人中的威信。

1923年9月间，农民运动的领袖彭湃被军阀陈炯明迫得避走潮汕，彭湃经过潮城时，就住在图书社。

二、"五四"运动对潮州的影响和马克思主义的传播

1919年5月4日在北京爆发"五四"爱国运动。消息传到潮州

城，群情激昂。首先在省立金山中学堂（1952年迁往汕头，今为汕头金中）和省立惠潮梅师范学校（今韩师的前身）中引起了极大反响，这两所学校的爱国师生纷纷集会，发表演说，组织爱国示威游行。5月7日，金中、韩师以及潮安的县立女高小、城南小学、第一高等小学、茶阳大埔旅潮小学等在城30多所中小学校的两千多名学生，举着校旗，拿着写上"打倒北京卖国政府""誓死不承认二十一条"等口号的小纸旗，在西门火车站广场集中，列队进入城中各主要街道游行，宣传救国，查缴日货，响应北京学生爱国运动。10日，潮州学生救国联合会成立，会长余心一（金中学生），副会长罗定鼎（韩师学生）。城东青年图书社成立救国演讲团，工人联合成立潮州工界救国联合会，农民组织农界救国联合会，以女教师女学生为主体的妇女救国联合会也成立了，还有童子救国演说团、新青年救国团、英年救国团等。各校还组织了演讲队，利用傍晚或自修时间，轮流上街开展反帝爱国宣传，号召各界同胞一起行动，抵制日货，反对一切卖国行为。

"五四"运动爆发后，马克思主义在中国迅速传播。新文化运动进一步发展为以宣传马克思主义、宣传社会主义为主要内容的思想运动。以李大钊、陈独秀为代表的一批先进分子以救国救民、改造社会为己任，重新考虑中国的前途，探求改造中国社会的新方案。他们纷纷撰写文章、创办或销售刊物，有的还成立社团，以介绍、传播和研究国外的各种新思潮。

1921年夏，留学日本归国的李春涛出任金中学监（教务长），后任代理校长。他在校期间创办校刊《金中月刊·进化》，宣传新思想，传播马克思主义理论，培养了一批进步青年。

"五四"运动的影响以及马克思主义在潮州大地的传播，一批进步青年逐步接受先进思想，加之与工农群众相结合，这样，便为社会主义青年团的建立，在思想上、组织上、干部上做好了准备。

三、创建潮州社会主义青年团

为了团结教育革命青年，上海早期的党组织派最年轻的成员俞秀松出面，同李汉俊等7人，于1920年8月22日建立了上海社会主义青年团，俞秀松担任书记。上海社青团成立后，开展了一系列工作。为了培养进步青年和输送青年赴苏俄学习，上海共产党早期组织于1920年9月在团机关办了"外国语学社"，有学员50余人参加学习。他们除学习外语之外，还学习马列主义的基本知识，同时参加一些革命活动。

1921年1月，一位来自上海姓张的客籍社会主义青年团员，从潮州城经过，感到潮城进步政治气氛较浓，并了解到青年图书社成员很热心宣传社会主义思想，便向青年图书社成员介绍上海于1920年8月成立社会主义青年团及其开展活动的情况，还介绍他们的政治主张。在他的帮助下，经过短时间的筹备，潮州社会主义青年团在潮州城区铺巷武祠成立。这是全国最先建立的17个地方团组织之一（其他的还有上海、北京、武昌、长沙、广州、天津、南京、保定、唐山、杭州、塘沽、安庆、佛山、新会、肇庆、梧州等地）。在潮州，参加这一组织的主要有青年图书社的成员吴雄华、罗定伦等30多人，负责人是姚维殷。其主要工作是经常组织团员上街宣传社会主义。至同年5月，由于此时上海社会主义青年团因故暂时解散，潮州社会主义青年团没有再与上海社青团组织取得联系，且团的负责人姚维殷前往南洋，团组织停止活动。

虽然潮州社会主义青年团存在的时间不长，但其公开活动使社会主义这一观念在人们心目中留下较深刻的印象，也为今后潮州团组织的发展壮大以及团的工作提供了有益的借鉴。

第二节 潮州人民投身于大革命的洪流

1921年7月，中国共产党在上海成立了，中国历史翻开了崭新的一页。从此，中国人民在反对外国侵略者和本国封建统治者的斗争中，有了一个以共产主义为奋斗目标，以马克思主义为行动指南的领导核心。

一、第一次东征与潮安共青团组织的建立

1925年1月，中共广东区委及苏联顾问力主征讨陈炯明，以稳定广东局势。2月1日，第一次东征开始。东征联军中共产党员和共青团员是骨干力量。为了发动广东民众配合和支持革命军东征，中共广东区委、共青团广州地委派出了廖其清、罗振生等到潮汕联络各地学生会及潮州国民会议促成会，以策应、欢迎东征军进军潮州。

同年3月7日，东征联军占领了粤东重镇——潮州城。

东征军平定东江军阀后，中共广东区委军委书记、黄埔军校政治部主任周恩来着手准备建立共产党、共青团的地方组织。

1925年1月26日至30日，中国社会主义青年团在上海召开第三次全国代表大会。这次大会把中国社会主义青年团改名为中国共产主义青年团，潮州的团组织也相应更名为共青团。

3月，共青团广州地委召开会议，决定介绍杨石魂、宋青、廖其清3人加入中国共产党，由中共广东区委书记陈延年率领，

到汕头开展建立党、团工作，中共汕头特支和共青团汕头特支随之成立。党的特支书记杨石魂，团的特支书记廖其清。方惟精首先在潮安建立了共青团大寨支部。

1925年5月1日，在共青团员的组织下，潮安各界在开元寺旷埕集会，纪念"五一"国际劳动节。城镇乡村以工会农会为单位组织会员参加这次纪念大会。共青团员踊跃上台，宣传纪念"五一"节的意义，号召广大劳动者起来维护自己的利益；并组织与会群众列队游行，高呼"打倒土豪劣绅，打倒军阀"的口号，形成一次颇具规模的宣传活动。

二、第二次东征与潮安共产党组织的建立

1925年10月1日，设于广东的国民政府，经共产党人的敦促和推动，决定国民革命军举行第二次东征，以消灭陈炯明军阀，巩固广东革命根据地。

东征前，中共广东区委指定杨石魂、刘锦汉、廖其清、廖伯鸿、方达史等党、团员返回潮汕地区，与隐蔽于当地的党、团员一道，领导群众在后方开展反对军阀陈炯明的斗争。东征军迫近潮汕时，共产党员方惟精等，按中共汕头特支的部署，与普宁的方方（方思琼）一起，筹建起潮汕第一支党、团组织领导的地方武装"农民自卫军独立营"。方惟精任营长，方方任团支部书记。独立营的斗争，起到骚扰敌军，策应东征军进入潮汕的积极作用。

同年11月4日，东征军攻下潮州城。5日上午，国民革命军第一军一团团长刘峙，首先率部进入潮州城，驻扎于韩师。随后，二团沈应时、三团钱大钧、第一纵队长何应钦先后到达，分别驻扎于北门外，湘太马路（今中山路）李厝祠、南门外春城楼及意溪一带。按汕头特支和团汕头地委布置，各群众团体中党、团员

认真做好迎军劳军工作。

11月9日，各群众团体在西湖广场集会，隆重欢迎东征军。东征军总指挥蒋介石、总政治部主任周恩来等出席大会并讲了话。他们向民众阐明了第二次东征的意义，对潮安民众的支持表示感谢，并勉励大家继续奋斗，力促革命成功。25日，国民革命军第二次东征胜利祝捷大会在西湖广场举行。当晚，全城民众举行了声势浩大的提灯游行，庆祝东征大捷。全县呈现出一派浓烈的革命气氛。

形势的发展，预示着革命高潮即将到来，建立中共潮安地方党组织的条件已趋成熟。东征军总政治部驻潮安特派员、中共党员郭瘦真，按照周恩来的指示，开始筹建中共潮安支部。由周恩来委派的时任普宁、揭阳特派员方临川也调到潮安工作。他们与隐蔽在篷船工会的党员赖炎光一起酝酿准备建立中共潮安县支部。

1925年11月，中共潮安县支部成立，属中共汕头特支领导。郭瘦真任书记，赖炎光负责工运，方临川负责农运，王光明负责宣传。从此，潮安人民的革命斗争，在共产党的直接领导下，进入了一个新的阶段。

12月，为适应形势发展的需要，中共广东区委应周恩来的要求，派赖玉润等人来汕，成立中共潮梅特别委员会（潮梅特委）。赖玉润任书记、刘锦汉负责组织（未到任）、丁愿负责宣传、彭湃负责农运、杨石魂负责工运、邓颖超负责妇运、郭瘦真专管潮安党组织的工作。并根据中共广东区委指示，对各县市工作作了部署：决定各县工作以农运为主，由彭湃在汕头设立广东省农会潮梅办事处，以加强对潮梅各地农会的领导；各县城镇，同时进行手工业工人的组织工作，成立县总工会；对国民党党部开展联合战线工作。

1926年2月，郭瘦真调汕头工作，由黄法节（又名黄法捷、黄求实）接任中共潮安县支部书记。春，先后有一批共青团员转为党员，并吸收一批工农优秀分子入党。随着党员人数的迅速增加，潮安县支部扩展为特别支部，书记朱叟林，隶属汕头地委（由中共潮梅特委改称）领导，机关设于潮州城西马路十八曲巷头一座两层的小楼房。

在中共组织发展的同时，共青团组织也得到相应的发展。1925年11月底，韩师学生陈府洲等5人及金中学生方慧生，被团汕头地委吸收入团，韩师和金中先后成立了支部，隶属团汕头地委领导。12月，团汕头地委召开第三次团员大会，听取党对潮梅各地民众运动的情况和政策的报告。这次大会对潮安共青团工作的指导有着积极的意义。共青团的外围组织——新学生社在潮安各中小学普遍出现，为共青团培养考察优秀青年提供条件。1926年春，共青团潮安特别支部成立，书记方慧生，团员的主要成分是青年师生，共有41名。团特支设立干事会，主持日常工作。共青团潮安特别支部属共青团汕头地委领导。4月26日，团汕头地委改选，书记伍治之。陈国威（金中生）、黄联绎（韩师生）被选为地委委员，负责组织工作及经济委员会工作。

中共潮安县党组织建立后，从国民革命利益出发，服从统一战线的需要，开始协助重建潮安国民党地方组织的工作。

三、国民革命运动的新高潮

（一）学生运动的兴起

第二次东征胜利后，潮安青年学生的革命热情高涨，他们站到了运动的前列。金山中学学生，首先发起了"倒黎"学潮。省立潮州金山中学校长黎贯，1923年任职以来，在校推行帝国主义奴化教育，禁止学生参加校务，反对学生参加进步组织及社会活动，常常无端开除学生，取消学生自治组织——学生会，代之以"学校市"（注：受制于校长的学生组织），引起广大学生的强烈不满。1925年11月28日，以潮籍为主的273名学生，首先联名发起"倒黎"运动。12月1日，主张打倒黎贯的学生举行大会，通过九项决议，发出"倒黎"通告，坚决要求驱逐校长黎贯，并向广州国民政府及机关团体发出请求撤换校长的快邮代电。黎贯是客籍人，由于原来校中就存在着潮籍、客籍学生的分歧，以客籍为主的另一部分学生，认为单纯"倒黎"是带有排外色彩，故于同月3日另组织起"金中校务促进会"。于是在"倒黎"学潮中，学生由于地域不同而分成两派。

事情发生后，中共潮安县党组织负责人郭瘦真即偕同前来潮安指导工作的中共汕头特支书记杨石魂到金中倾听学生意见，了解情况。并指示该校共青团组织，要消除两派隔阂，力促学潮沿着正确方向发展。为了更密切地联系广大学生，12月3日，共青团的外围组织——新学生社金中支部在学潮中宣告成立，以共青团员为主体的新学生社金中支部全体成员，分别深入到两派学生中去，在协调两派学生意见时集中起正确的主张，以《新学生社金中支部对驱黎案宣言》的形式，向全校师生提出了八项主张，得到两派学生的拥护，端正了"倒黎"学潮的方向。

东征军总政治部主任周恩来，对金中学生"倒黎"学潮十分关注，指示潮安党组织一定要使学潮取得良好的结果。12月9日，郭瘦真与东征军总政治部宣传科长、共产党员杨嗣震，国民党左派、县党部筹备主任刘康侯，以东征军总政治部代表的身份再次前往金中，在金中藏书楼召开全体学生大会。郭瘦真、杨嗣震向同学们指出学生中分成两派对学潮的危害，引导两派学生各自认识自身的不足之处。郭、杨切中要害的分析及说理，赢得了学生们的信任。经过党组织和金中共青团组织的努力，两派学生终于统一了认识，"倒黎"学潮达到了预定目的。

黎贯被撤职后，经周恩来推荐，广州国民政府委任杜国庠接任金中校长。在共青团组织领导下的金中学生会，开始行使自己的管理权限。此后，进步力量在校中占主导地位，金中成为大革命时期党组织领导下潮安群众运动中的一个重要阵地。

1926年1月9日，广东新学生社潮安分社成立大会在潮安扶轮堂举行，共有150名成员。大会选举出陈府洲、陈国威等5人（均是共青团员）为分社执行委员；潮安党组织负责人郭瘦真和广东新学生社总社代表、共产党员黄法节在会上作了报告；《岭东民国日报》社社长李春涛、金中校长杜国庠也发表了演说，他们勉励潮安分社的成员们，执行新学生社纲领，努力团结广大学生，当国民革命运动的先锋。

青年学生在团组织支持下，掀起一个开展平民教育运动热潮。1925年12月，潮州学生联合会首先在潮州城开办了4所免费平民义学，分别设于金中、韩师、镇海小学、城南小学。每所义学设两个班，每班招收40名平民子女就读，为贫苦民众所欢迎。新学生社潮安分社成立后，将新学生社成员演白话剧所得资金，在镇海小学办起了一所半日校及一所夜校，为那些白天做工的平民子弟提供学习机会。1926年秋，金中学生会设立了"平民教育委员会"，并在金山开办了一所平民夜校，招收了120名失学贫民子弟到校学习。许多家在农村的青年学生，则利用寒暑假回到家乡的机会，利用各种条件，在家乡办起了寒暑假平民学校。在青年学生们的带动下，县总工会、县妇女解放协会及各区乡农会，也都纷纷办起了多种形式的平民学校，在全县范围内掀起了一个兴办平民教育、提高贫苦民众文化水平的热潮。

开展反对基督教，收回教育权运动，是大革命时期共产党人反对帝国主义利用办教育进行文化侵略而发起的一个群众活动。1925年12月11日，潮州学生联合会收回教育权委员会成立。18日，在收回教育权委员会的组织下，潮安农工商学各界在潮州城举行了声势浩大的收回教育权示威大会。大会发出了《告民众书》，收回教育权委员会出版《收回教育权运动特刊》，揭露了各帝国主义假传教之名，行侵略之实的种种罪行；论述了反对基督教，收回教育权的必要性，号召广大民众"勿为人奴隶，而置国亡于不顾"。这些活动有效地提高了广大民众对帝国主义文化侵略危害性的认识，密切地配合了全县反帝斗争的开展，使教会学校逐渐失去往日的威风，不敢强迫学生们做祈祷等带有宗教色彩的功课。

广大青年学生在参与社会活动过程中得到锻炼，为以后从事群众运动打下基础。

（二）农民运动的进一步发展

在洪兆麟部重占潮汕期间，潮安农民运动受到压制，农会负责人分散隐蔽。第二次东征胜利后，农民运动迅速得到恢复。1925年12月1日，第一次全县农代会在潮州城扶轮堂举行，大会主席团由负责农运的中共党员方临川、共青团员张秉刚等人组成，郭瘦真担任主席团秘书长。大会通过了县农民协会章程及当前农民协会的任务等决议案。大会选举出方临川、方惟精、张秉刚、杨慧生、谢汉一、李子俊、孙戊昌为新的县农民协会执行委员，郭瘦真为县农民协会秘书长。

以共产党员、共青团员为核心的县农民协会，响应中共广东区委关于全省人民团结一致，支持省港大罢工的号召，代表全潮安广大农民，发出通电，拥护省港罢工工人提出的复工条件，支持省港罢工工人与帝国主义斗争到底。在潮安党组织的直接领导下，县农民协会切实贯彻执行孙中山"扶助农工"的政策，先后选派了一批共产党员、共青团员向农民宣传中国共产党关于开展农民运动、组织农会的重要性，协助恢复或重新组织各基层农会。

同年7月，中国共产党在《中央第二次扩大会议对于广东农民运动决议案》中，向广东全省各地农会及广大贫苦农民发出了"依照向例纳租方法，减原租百分之二十五"（简称"二五"减租）的号召；潮安县党组织要求全县各级农会，要深入进行"二五"减租的宣传，发动群众，开展"二五"减租斗争。

1925年12月，黄金塘村成立了桥东第一个农民协会，多次有组织地到潮州城支援城市工人的斗争。1925年8月，意溪橡埔农民协会成立，执委长许万、副执委长许胆、秘书许涛，在家乡开展农民运动。

1926年3月，官塘巷头村组织起本地（今官塘镇）第一个农会，4月至5月，巷下、元房、湖阳、下巷、秋溪各村相继成立农会，直至9月形成高峰。农会举行示威游行，高呼"打倒强权，打倒土豪劣绅""穷苦农工联合起来"等口号，使本地反动势力胆战心惊。同年10月，秋溪开始有中共地下党小组活动。1926年2月，磷溪北坑村成立了本地（今磷溪镇）第一个农会，以后岗湖、芦塘、仙田、仙河等村农会先后成立，发动和领导农民开展反帝反封建的斗争。1927年9月，磷溪农会组织武装暴动队，参加"潮州七日红"活动。

中共潮安党组织还通过各级农会，掀起集资兴办平民义学的热潮，使农民有机会接受文化教育，提高阶级觉悟。同时，开展禁烟、禁赌活动，在农村中形成一股良好的社会风气。

（三）工会组织的改组和发展

第二次东征前，潮州工界联合会逐渐为右派势力所利用。由郭仰川、谢汉一、吴雄华等人重新组织的"潮州劳动同盟"则因缺乏党组织的正确领导，基层组织处于零散状态，斗争目标不明确，战斗力不强。针对这些情况，中共潮安党组织首先着手对带有行会性质、劳资界限不分明的工会及工团组织进行改组。与此同时，党组织及时揭露把持着工界联合会的侯映澄背叛工人利益的真面目，帮助该联合会属下的工团组织摆脱侯映澄的控制，在重新组建的工会组织中防止财东老板或其代理人混入，保持工会队伍的纯洁。经过一系列的努力，潮州城的建筑、篷船、石业、酒楼、茶室、雕刻、藤业、首饰、印票、人力车、司厨业以及秋溪等区的手工业工人，还有城区潮汕铁路、电轮、邮务、电灯公司等近代产业的工人，都按行业归属建立起工人自己的工会组织。

1926年5月，工运书记赖炎光，出席了在广州召开的全国第三次劳动大会，是大会代表资格审查委员会委员之一。大会结束后，中共潮安党组织认真贯彻大会精神，特别是《中国共产党致第三次劳动大会信》以及《关于中国职工运动总策略》等十几项决议案，在工人中广泛开展学习、宣传，加强了政治思想建设，极大地促进了潮安工人组织的发展。至同年7月，潮安党组织领导下的工会组织已达32个，会员人数达2万多人。

意溪工会组织始建于1925年，名称为"潮梅轮渡工会意溪排筏工会"，由游少斋、吴少群领导。工会机构成员由橡埔、长和、坝街、寨内4个地段推荐的人选所组成。

（四）妇女解放运动的肇始

1925年11月，共青团汕头地委成立了妇女运动委员会，潮安妇女运动先驱余益求被任命为该委员会委员，负责潮安妇女运动。这时，潮梅特委妇运委员邓颖超以国民党广东省党部潮梅特派员身份到潮梅地区开展工作。在潮州城西湖广场召开的东征祝捷大会上，邓颖超代表国民党中央妇女部在会上发表演说，阐明妇女运动发生的历史和社会原因，要求潮安妇女界组织起来，投身国民革命，以求得自身解放。妇女解放运动之火，又在潮安点燃。

1926年1月，在党组织的指导下，以潮州城知识界妇女为主体的"广东妇女解放协会潮安分会"成立，金中、韩师、县立第一女高小、大埔旅潮小学等校女师生及各界来宾300多人参加了成立大会，潮安党组织负责人郭瘦真到会祝贺。大会选出第一届执行委员会，成立潮安妇女解放协会。会员们经常在妇女群众中进行男女平等、婚姻自由、禁止蓄婢纳妾、废除娼妓等的宣传，引导广大妇女为摆脱封建礼教的束缚而斗争。

同年3月8日，潮安妇女以崭新的面貌迎来了自己的节日——三八国际劳动妇女节。潮安妇女解放协会派邹莲芬（金中教师）带领金中、韩师、县立女高小等校30多名妇协会员，参加潮汕各界妇女在汕头市明星戏院举行的盛况空前的纪念大会。东征军总政治部主任周恩来在会上作关于妇女解放问题的讲话，邓颖超在会上介绍三八节史略并发表《今后妇女运动的希望》的演说。韩师学生陈良萼也代表潮安妇女界在会上发了言。同日，潮安妇女解放协会也组织各界妇女在扶轮堂集会，纪念三八国际劳动妇女节，扩大妇女解放运动的影响。

潮安妇女的行动，动摇着几千年的封建礼教，成为革命运动一支重要力量。

四、热血青年报考黄埔军校潮州分校

黄埔军校潮州分校，是大革命时期国民革命政府和国民革命军东征军指挥部为培养革命武装力量创办的黄埔陆军军官学校第一所分校。它成为第一次国共合作时期国民政府在粤东的军事摇篮。

1925年10月，国民革命军举行了第二次东征。同年11月初，国民革命军东征军指挥部开始筹办黄埔军校潮州分校。最初定名为"陆军军官学校潮州分校"（简称黄埔军校潮州分校）。1926年3月由于黄埔军官学校本校易名，同年5月，潮州分校也改称为"中央军事政治学校潮州分校"。黄埔军校校长蒋介石兼任潮州分校校长，汪精卫任党代表（属国民党）；委派何应钦任教育长（后代理校长职务），东征军总政治部主任周恩来兼潮州分校政治部主任。共产党员熊雄、恽代英、杨嗣震、郭瘦真、柯柏年（李春藩）等先后在校中工作。他们通过出版《韩江潮》，宣传孙中山的"三大政策"，宣传马克思主义，揭露和抨击右派破坏国共合作的阴谋，对潮安国民革命运动的开展起到了推动和促进作用。

潮州分校校址设在潮州城湘太马路（今中山路）李厝祠。黄厝祠及李厝祠旁边搭葵棚作为学生教室和寝室。初定招生人数为学生1队，入伍生3队，后因为第一军务师、教导师、独立第一师先后送来编余人员达400名，人数大增，故设学生3队。因李厝祠房屋不敷分配，乃将入伍生分驻于金山中学及李厝祠后面的郭家祠。12月下旬，入伍生第三队也入校，潮城几乎无空隙容纳，又把驻扎在海阳县儒学宫的第一师第一团迁入李厝祠对面的黄厝祠，学宫略事修葺作为入伍生宿舍。潮州分校形成一座有完备机构建制的分校。

1925年11月，中共中央及各级组织发出通知，要求各地党、团组织迅速选派干部报考黄埔军校。在共产党的领导下，共青团组织积极选派团员、青年参加学习。据不完全统计，先后在黄埔军校学习的团员就有500人以上。潮州热血青年响应党的号召，积极报考黄埔军校。

黄埔军校潮州分校自1925年12月正式开办，至1926年年底结束，共举办两期学员培训班。第一期步科学员348人，其中潮州籍学员有张麟1人。第二期步科学员380人，其中潮州籍学员有许日佩、郭放公、郭忠扬、谢修勉、庄志、何潜、余伯豪、徐容麟、陈英平、林德三、林济美11人。

分校毕业出去的学生，后来大部分参加北伐战争和抗日战争。在北伐战争中，他们转战广东、福建、浙江、江苏、安徽、江西、湖南、湖北、山东等省，献身革命，打倒军阀，为民除害。在抗日战争中，他们抗击日军，流血牺牲，保卫祖国，为中华民族的生存作出一定的贡献。潮州分校毕业生中有陈勉吾、赵公武、蒋志英、古惠吾、朱仲英、范伟儒、许日佩等近200人为国捐躯而载入军校荣哀录。

五、中共组织反对右派势力的分裂活动

第二次东征后，国民党右派的御用组织——孙文主义学会开始在潮安出现。1926年1月，广东孙文主义学会潮汕分会在潮州城成立。潮安原来那些依附军阀的投机政客、贪官污吏、无聊文人很快便集结在孙文主义学会的旗帜下。1926年4月后，国民党右派、潮梅警备司令何应钦，接任黄埔军校潮州分校代校长，在其庇护下，校中排挤、打击共产党人的事情不断发生，右派势力日益扩张，成为东江孙文主义学会的大本营，也成为潮安右派势力的后台。

国民党潮安县党部建立不久，就被原来县署的一帮议员、豪绅、投机政客所盘踞，其领导权被国民党右派分子所掌握。他们与原来的封建统治势力勾结在一起，千方百计对潮安的工农运动进行阻挠和破坏。

早在1925年12月18日，县立第一女高小师生为反对恪守封建礼教的校长黄瑞英而罢课，在潮州城引起极大的反响。女高小学生要求择师和参加社会政治活动的权利，得到各界民众的支持。

1926年1月，县立女高小师生起来罢课，要求撤换甘受封建势力摆布的校长黄瑞英，而黄瑞英对校中学潮无能为力且又难以摆脱地方封建势力的控制，自缢身亡。地方反动势力利用这一事件，扩大事态，散布谣言，声称"黄瑞英是被女高小师生迫害致死，女高小背后有人在指使……"甚至通电广州国民政府，要求为黄"申雪"。他们把矛头指向中共潮安党组织领导人郭瘦真及主政东江的周恩来，企图以此阻挠潮安国民革命运动的开展。为了保证潮安国民革命运动得以顺利进行，潮安县党组织一面支持女高小学生团结一致，据理力争，用事实揭穿反动势力散布的谰言，挫败他们的企图；一面发动社会进步力量声援女高小师生的正义斗争。国民党广东省党部妇女部特派该部委员邓颖超前来调查黄瑞英自杀一事，弄清事情真相。在大量的事实面前，广东国民政府终于作出了批复："黄校长出于自杀，与人无尤"。潮安法庭也只好宣布被传讯的4位女学生无罪。反动势力以黄瑞英之死为发端，阻挠潮安国民革命运动开展的企图终于落空。

6月，在地方反动势力唆使下，右派学生另行组织了"潮安学生联合会"，与共产党、共青团组织领导的潮州学生联合会分庭抗礼，分裂学生运动。

面对地方右派势力对群众运动的破坏和分裂活动，党组织采取有策略、有步骤的斗争方式：首先，通过各群众团体中的中共基层组织、共青团组织及党、团员，在民众中广泛宣传中国共产党的正确主张，阐明国共合作，进行国民革命的目的，揭露右派势力的阴谋活动，使广大民众对所进行的这场打倒列强、打倒军阀的群众运动有正确的认识，对右派势力的分裂破坏活动及其危害性保持清醒的头脑；其次，争取和团结绝大多数群众，孤立少数坏分子，对右派分子所把持的组织，则采取瓦解分化的原则，削弱其势力，对公开破坏群众活动的右派分子，则致电国民政府及各级党部，要求给予严惩，以保证孙中山先生的"三大政策"得以实施。在党组织的努力下，反动势力的活动有所收敛，工农运动得以向前发展。

第三节 潮安党组织的发展与群众运动的高涨

一、中共潮安县部委的建立

1926年初，潮安共产党的基层组织又增加了东厢区（今意溪、铁铺、磷溪一带）、秋溪区（今铁铺、磷溪、官塘及意溪个别村一带）、县总工会、金山中学、潮安妇女改进会等支部。随着党组织的迅速发展，特别支部已不适应形势发展的需要。根据中共中央第四届第三次扩大执行委员会议的决议案精神，1926年初夏间，中共潮安县部委员会（简称县部委）成立。书记朱叟林、副书记俞文彬、工委书记赖炎光、农委书记方临川、宣传部长方慧生（方思智），委员有李绍法（李立懋）、方方等人。县部委的建立，进一步加强了党组织的自身建设及对工农运动的领导。

同年夏秋间，共青团组织也发展为团县部委员会（简称团县部委），书记由方慧生兼任。

中共潮安党组织和共青团组织按照上级党组织指示，根据城市工作以工运为主、农村工作以农运为主的特点，通过各群众团体中党的基层组织，发挥共产党员的先锋模范作用，在国共合作的有利条件下，大力在工人、农民、学生和妇女中开展宣传、鼓动及组织活动，把潮安的反帝反封建的国民革命运动继续推向高潮。

二、工农群众运动的持续高涨

（一）工人代表大会及工会代表大会的召开

在中共潮安部委的组织及指导下，县第一次工人代表大会于1926年7月11日在潮州城扶轮堂隆重召开。32个工人团体选出了267名代表参加大会。大会讨论解决有关工会的组织性质问题及决定近期的斗争策略，通过了县总工会章程及宣言，选举出执行委员会：委员长兼干事局长郭仰川，副委员长兼组织部主任赖炎光，副委员长谢汉一，秘书部主任何德常，宣传部主任朱叟林，调查部主任林琪瑛，交际部主任吴雄华，经济部主任韦少楠，救济部主任陈少云。其主要领导成员均为共产党员。大会结束后，各工会组织发动和领导各行业工人，不断掀起工运斗争新浪潮。8月17日，潮州城各绸缎店的员工，联合罢工反对伟纶绸庄财东随意解聘职工。店员们手持写着"财东特财为胆，压迫职员，请各同志停工援助"的小旗，列队游行。在县总工会发动其他行业工人的支持下，迫使伟纶绸庄财东接受店员们提出的4项条件，恢复被辞店员的工作。同月下旬，党组织又在韩江电轮工人中发动要求增薪、改善生活的罢工，使电轮工人取得了增薪的待遇，党组织在工人中的威望日益提高。

这时，在中国共产党的影响和推动下，国民革命军开始北伐，中共广东区委号召广东工人、农民及各阶层人民团结起来支援北伐战争，争取国民革命的彻底胜利。8月23日，县部委组织农工商学各界民众在潮城西湖广场召开"庆祝北伐胜利，拥护省港罢工"大会，共有82个团体参加了大会，大会代表潮安广大民众发出通电，慰问省港罢工工友及北伐前线战士，表达了潮安民众与全国民众一道，为夺取省港罢工及北伐胜利奋斗到底的决心。

在胜利形势的推动下，县总工会的基层工会已增至47个。在工会组织得到统一，经济斗争取得进展，工人积极性得到调动的有利时刻，9月26日，县第一次工会代表大会召开。47个基层工会代表出席了会议，县部委书记、总工会宣传主任朱叟林以及总工会秘书长何德常，分别在会上做政治报告和会务报告。与会代表充满信心，一致表示要在中共组织的领导下，完成国民革命的任务。

会后，县工会成立劳动童子团，把童工们组织起来，进行团体训练。在总工会的领导下，各业工会掀起一个要求增薪、反对压迫的斗争高潮：篷船、纺织业、鞋业、铁业、陶业、藤业、书业、锡箔、药业等工会，先后带领会员向财东老板进行各种形式的斗争，取得胜利。

同年9月，驻潮梅地区的国民革命军第一军作为北伐东路军出师福建。潮安党组织通过县总工会、县农民协会，召集了一支由700多名青壮年工人、农民组成的运输队，由县总工会执委韦少楠任队长，帮助北伐军挑粮草、运弹药、抬担架，保障了北伐军的军需供给。

（二）农民自卫军模范队的训练及对地主豪绅的斗争

北伐战争开始后，中共广东区委进一步强调武装工农的重要性，要求各地积极建立工农武装。中共广东区委军委书记周恩来，特地从黄埔军校第四期毕业生中抽调60人，留在广东做训练武装工农的工作，这批军校学生，分配到潮梅海陆丰地区的有17名。1926年10月，广东省农会潮梅海陆丰办事处正式成立农军部，以督促指导农军工作。同月，中共潮安县部委在各区、乡农会中，挑选出有觉悟、有斗争性的青年积极分子50名到潮安县农民自卫军模范队训练所参加培训。培训时间4个月，由受训人员组成"潮安县农民自卫军模范队"，按黄埔军校的一套方法进行训练。经过学习和训练，学员政治思想觉悟和军事素质得到很大提高。训练期间，党组织先后在学员中吸收了20多名优秀分子参加中国共产党。1927年1月，农军模范队训练所同学会成立，使学员们毕业后能更好联络感情，交流情况，互相学习，互相促进。2月，训练结束后，学员们以两人为一小组分配到各区，负责组织和训练区一级的农民自卫军，为潮安培养了武装骨干，播下了武装斗争的种子。

1927年北伐战争期间，磷溪北坑村秘密成立了中共地下党支部，书记许经天。这是磷溪历史上建立的第一个共产党基层组织。

至1926年底，县农民协会已拥有会员3万多人。农民运动的高涨，引起了国民党右派和地方反动势力的恐慌，他们不仅利用手中掌握的权力，对工农运动实行限制，还支持各地反动官僚、地主豪绅与农会相对抗。面对地主豪绅的猖狂进攻，中共县部委及时组织回击，以县农会名义，分别致电全国总工会、省农民协会等革命团体和国民党中央党部、国民政府，揭露、控诉土豪劣绅破坏农民运动，背叛孙中山"扶助农工"政策的反革命罪行，强烈要求政府予以严惩。在此期间，秋溪区等区农会，也组织起农会会员，向依仗权势，欺压百姓的土豪劣绅、民团团董作针锋相对的斗争。

（三）潮安妇女改进会的成立

1926年8月，国民党潮安县党部利用其掌握的部分权力，对潮安妇女解放协会强行改组，保留了那些较幼稚的女学生，安插了县署一些官员太太，使潮安妇女解放协会失去为潮安妇女谋利益的性质。鉴于这种情况，中共党组织指示党员余益求、刘幼蕴（刘玫）等人重新筹建妇女运动领导机构。同年12月，潮安妇女改进会成立。选出执行委员11人，主任邹莲芬，党员余益求、蔡丽真等人担任该会执行委员，党员庄淑珍等人担任该会的监察委员。不久，金中、镇海小学等校及一些乡村也相继建立妇女改进会分会。潮安妇女改进会的成立，保证了中共党组织对妇女运动的领导，端正了潮安妇女运动由于右派势力的干扰而偏离了正确轨道的现象。

三、革命派与右派势力的激烈斗争

随着革命形势的发展，统一战线中左右派的斗争日趋表面化。1926年5月，以蒋介石为首的国民党新右派集团抛出"整理党务案"后，公布了"取缔工农团体干预行政"的布告，对潮梅地区的工农运动实行公开的限制。潮安农工商学各群众团体的正当活动也被称之为"扰乱治安"而被纳入被取缔之列。在这种情况下，右派势力的活动日益猖獗，在农村，土豪劣绅攻击破坏农会，殴打农会会员，拼凑反动组织与农会相抗衡的事件不断发生。在潮州城，一些财东老板公开开除工会组织的工人，以工贼侯映澄为代表的右派势力，对日益高涨的工人运动极为仇视，左右派的斗争日趋激烈。

（一）潮安工人血案及第二次全县工会代表大会的召开

1926年7月，县总工会成立不久，侯映澄就公然打出"潮州工界联合会改组潮安总工会"的招牌，企图阻挠工人群众加入总工会。8月，侯映澄率打手围殴小贩协会宣传员王锦；又打伤小贩协会会员杨子山、张少琴。面对右派势力的嚣张气焰，中共潮安县部委发动各进步团体，呼吁抗议侯映澄的暴行；并呈请中华全国总工会，要求从严查办侯映澄，解散其把持的工联会。

侯映澄的反动面目日益暴露。锡箔工团骨干李子标，不满侯映澄所作所为，带领森记等3家锡箔铺工友退出工联会，加入中共潮安党组织领导的总工会，他还积极宣传、串联其他工友退出工联会。侯映澄恼羞成怒，寻机报复。9月8日李子标往工场做工，路经工联会门口时，侯即唆使党徒谢胜辉、许一鸣、张吉士等10余人，将李子标掳入其内毒打，约1小时之久才抛出门外。10月26日，李伤重身亡，其家属悲愤至极，将尸棺抬到侯家以示抗议。被激怒的工人群众纷纷要求总工会为李子标申雪。人命案既出，众怒难平，侯映澄穷于应付。这时潮州城卫戍司令、黄埔军校潮州分校教育长王绳祖，及为右派所控制的国民党潮安县党部则公开为侯撑腰。他们强迫总工会派人将李子标尸棺移出侯家，遭到总工会负责人的拒绝。王绳祖悍然派出黄埔军校潮州分校的20多名右派学生，协同县署卫队把李子标的尸棺从侯家抬出，工人群众见状气愤万分，纷纷指责国民党潮安县党部和潮州卫戍司令破坏工人运动。在民众舆论的压力下，潮安法庭虽多次要拘捕侯映澄到案，但由于王绳祖连续向法庭发出4次训令，并派人加以阻止而无法执行。在王绳祖的庇护下，侯映澄恣意横行，10月30日，又率凶徒100多人，持械围攻总工会，沿途截殴总工会会员，致总工会执委郭瑞芳等10余人受重伤，还有许多人受轻伤，全城骚动，商店闭门，人心惶惶。

　　中共潮安县部委面对严重事态，于10月31日在县署前召开追悼李子标、声讨侯映澄的大会，抗议右派势力摧残工农运动的暴行。王绳祖得悉消息后，即于31日上午9时派出38名军校武装学生，包围潮州城竹木门街总工会会址，禁止工人出入。街上也密布荷枪实弹的军校右派学生，阻拦群众赴县署前集会。愤怒的工农群众，不畏强暴，不断冲破右派军人的重重阻挡，涌向县署前集中。县署前，参加集会的群众臂戴黑纱，手举写着"悼念李子标，打倒侯映澄"的小旗，高呼"严惩杀害李子标的凶手"等口号，群情激昂，提出解散反动的工联会、抚恤伤亡等要求。延至下午3时，被包围在竹木门街总工会内的工人群众冲出军校学生的警戒线赴会，经过状元亭巷转入大街到同智书局门口时，军校武装学生不予通过，群众不肯干休，蜂拥冲行，于是在县署前街的军校武装学生首先开枪镇压，接着在状元亭巷口和竹木门街口的军校武装学生也同时向群众开枪10余响，被打死打伤的有药材店员工人吴大狮、理发工人温阿伍、船业工人管朝仪、农民许桐、市民许胜等5人。血案发生后，王绳祖却急电大埔行营，向潮梅警备司令何应钦报告说，潮安"工会农会土匪数千人，潜入城中图谋不轨"。民众的鲜血，反成了王绳祖等右派分子所谓维持北伐后方治安的功劳。

面对国民党右派对民众的血腥镇压，县部委决定领导全县人民自11月1日起举行罢工、罢市、罢耕，并提出了"拥护孙总理农工政策""肃清一切反革命派"的口号。同时，派出200多名工农群众组成的请愿代表团赴汕头请愿。

在党组织领导下，到汕头请愿的200多名代表，在寒冷天气中，夜眠无被，但绝无后退。潮安工人罢工、商民罢市、城郊农民不入城卖菜。于是，王绳祖派出大队武装，实弹露刃，到电船工会、人力车工会强迫工人开工，民众不为武力所屈服，"三罢"斗争一直坚持了6天。

潮安血案的出现，彻底暴露统一战线中国民党右派的反动面目。中共潮安县部委在这场斗争中，方向明确，措施得当，发挥了核心领导作用，既回击了右派势力的反动气焰，又维护了北伐时期的统一战线，提高了中国共产党的政治影响，增强了潮安党组织的战斗力。

为总结这场斗争的经验，以及今后工运工作进一步的部署，县部委指示县总工会于同年12月23日，在潮州城召开第二次全县工会代表大会。县部委工委书记赖炎光作有关潮安工人运动的报告，总工会秘书长方方作会务报告，汕头市总工会代表张卧云作全国职工运动报告。大会认为，潮安工人在反对帝国主义、反对军阀、支援北伐的政治斗争中，觉悟迅速提高；在维护工人合法权益的经济斗争中也取得节节胜利，使潮安工运出现了新的局面。今后要加强基层工会的组织建设，加强对工人群众的教育，以增强工会组织的战斗力。

第二次工会代表大会后，各业工会继续开展要求加薪的罢工斗争。在这些斗争中，以"正月初二案"斗争规模影响力最大。1927年2月3日（农历正月初二日），潮州城商界老板，为了对抗工人的罢工、加薪斗争，勾结起来掀起了解聘店员工人的浪潮，制造无故解聘数百名店员工人而震动潮汕的"正月初二案"。县部委指示县总工会一定要维护工人们的利益，打击财东老板的气焰。县总工会和县统一店员运动委员会，组织了由工会干部、会员代表和被解雇工友组成的"十人团"，开始向老板进行交涉，据理力争。随后，又组织了300多名工人向县署请愿，要求严惩无理解雇工人的财东老板。潮安县其他行业工人，也在工会组织下，用实际行动支持店员工人的斗争。在广大工人的抗议声中，大多数财东收回解雇工人的成命，并赔偿了工人的部分损失。

从1926年冬至1927年春，全县工人在中共潮安党组织的领导下，共举行了90多次加薪斗争和60多次罢工斗争，取得了不同程度的胜利。全县工人运动高潮迭起，一浪高过一浪。

（二）反击"驱杜"的斗争

1927年春，蒋介石右派集团在帝国主义和买办阶级的支持下，加紧进行扼杀革命力量的活动，全国政局日趋恶化。潮梅地区的右派分子在破坏各地工农运动的同时，在新闻界、教育界掀起一股"驱杜"（杜国庠，金中校长）、"反李"（李春涛，汕头《岭东民国日报》社长）、"倒王"（王鼎新，澄海中学校长）、"逐马"（马庆川，汕头震中校长）的恶浪。

杜国庠到金中任校长以后，改革校政，支持学生参加社会活动，使金山中学成为潮安党、团组织进行国民革命的重要阵地，因而被右派势力视为眼中钉。

1927年3月4日，金中学生会在该校中山纪念堂召开全体会员大会，选举学生会第三届执委。学生中右派分子陈臣恭、蔡联登等一伙借口"有人选举作弊"，在会上咆哮。主持会议的学生会主席、共青团员张淼南，对其耐心地作了解释，但他们继续扰乱会场秩序。应邀列席会议的杜国庠校长对他们晓之以理。陈、蔡等人不但不听劝释，反而要挟杜校长，并带领20多名不明真相的学生离开会场，遂后组织了所谓"学生会改组委员会请愿团"，到国民党潮安县党部、县署等诬告"杜校长压迫学生"。右派势力的宣传工具《民魂报》也混淆是非，推波助澜。对右派势力的又一次挑衅，潮安党、团组织决定进行反击。金中党、团组织通过学生会把选举会上的真相公之于众，组织进步学生在校刊《金中周刊》上发表文章，揭露这少数捣乱分子的真面目。同月12日，潮安各界在西湖广场举行孙中山总理逝世二周年纪念大会，陈臣恭、蔡联登又在右派势力唆使利用下，在会场上散发《驱逐杜国庠并揭其罪状，请求各界援助书》，诬蔑杜校长"元旦日在西湖演讲时诋毁总理主义"，列出杜国庠的"六大罪状"，企图打倒杜国庠，篡夺金中领导权。对此，金山中学党、团组织立即以金中学生会名义在《金中周刊》发表了题为《驳斥"改组委员会驱杜"宣言》，针对右派分子的舆论焦点，用大量事实，证明杜国庠校长为金中、为潮安国民革命所作的贡献。明确指出右派势力阴谋推翻杜校长的目的是企图消灭金中的进步力量，与全国各地右派势力有计划、有预谋向革命阵营发起进攻遥相呼应，提醒受蒙蔽学生不要上当。教职员工和学生中的党员、团员，也纷纷发表文章，斥责右派分子的破坏活动，对那些为人所利用的学生表示惋惜，并敦促其及早回到革命阵营中来。

中共潮安县部委及时发动各群众团体配合支持金中进步力量，回击右派势力的挑衅。潮州城内的潮安留省学生会、大埔旅潮学生会、潮安大同学校、培英学校以及澄海、汕头、饶平等地的中小学学生会，纷纷发出告民众书和宣言，拥护杜国庠，反对潮安右派分子掀起的"驱杜"浪潮。这场斗争，唤醒了那些受蒙蔽的青年学生，他们毅然脱离右派分子所控制的组织，回到进步学生的行列中来。在潮安党组织的领导下，金中学生终于挫败了右派势力篡夺金中领导权的企图，革命阵营在斗争中得到壮大。

第四节 中共潮安党组织在"四一二"反革命政变前后的斗争

一、政变前夕党组织的应变准备

1927年2月，潮梅海陆丰第一次农民代表大会暨劳动童子团代表大会在汕头召开。潮安派出共产党员李绍法、陈卓然为主的代表团参加这次大会。会上，广东省农会潮梅海陆丰办事处主任彭湃在报告中着重强调，革命斗争要取得胜利，须靠自己团结的力量，各地农民兄弟和广大民众，都要互相帮助。大会号召农工商学妇各界切实合作，打倒共同的敌人，建设真正的民主政治。并对右派势力诬蔑"农民过激""农民要造反"的谰言予以有力的回击。这次大会给潮安民众以极大的鼓舞。中共潮安县部委根据大会精神，整顿内部，严密组织，增强工会、农会的力量，加强各革命团体的联系与团结，进一步巩固联合战线。

同年3月，中共广东区委和中华全国总工会广州办事处、广东省农民协会等团体，联合发表了对时局宣言，针对蒋介石集团的阴谋，指出："对于与日本帝国主义及北方军阀的妥协，无论以任何口实，丝毫都是不容许的"。宣言号召广大民众起来开展反对妥协的斗争。潮安党组织响应中共广东区委的号召，领导广大民众同地方右派势力继续坚持斗争。但国民党地方右派势力在潮安卫戍司令王绳祖支持下，依然倒行逆施，因潮安工人血案受通缉的工贼侯映澄，更公然大摇大摆地回到潮州城。

不久，由广州国民党右派分子陈森所组织的反动的"广东总工会"，派出了一队"士的党"（"士的"英文译音，意为手杖，这里是指惯于动用武力的右派组织）到潮安，配合地方右派势力，破坏工农运动。这队"士的党"伙同侯映澄一伙，不断向潮安党组织领导下的各群众团体挑起摩擦，攻击工会、农会，多次动用武力。广大工农群众极为气愤，摩拳擦掌要求回击。但是，由于中共中央在1926年12月13日于武汉召开的特别会议上，以陈独秀为首的领导，提出了防止民众运动向"左"以谋求同国民党右派妥协的右倾机会主义方针，在实际工作中加以贯彻。责令各级地方组织，若发生与国民党右派冲突的事故，应由各级组织负责。潮安党组织执行这一路线，使地方党组织和工农群众在即将发生的反革命政变中，未能及时有效地组织抵抗。

4月上旬，蒋介石集团在上海召开秘密会议，决定对共产党和民众实施高压政策。中共广东区委得悉此讯，即指示各地准备起义，并把全省总起义日期定在5月初，并指定了到北江、西江、琼崖、潮梅等地的指挥人员。但是，到各地的指挥人员来不及出发，4月12日，蒋介石已在上海发动了反革命政变，收缴工人纠察队的武器，捕杀共产党人和革命志士。"四一二"反革命政变后，汕头地委派往广东区委汇报的梁复燃到达香港时，获得信息，即用隐语发电向地委报警。汕头地委接到梁的密电后，即指示各地做好退守隐蔽、保存组织的准备，以等待武汉革命政府解决。14日晨，香港报纸报道了上海大屠杀事件。当天，中共潮安县部委在潮州城十八曲巷头驻地召开扩大会议，县部委书记文农传达了有关上海发生反革命政变的消息以及上级党委的应变指示，对本地区的应变措施作了部署。与会党员一致同意如果城里不能立足，即向背靠桑浦山脉、群众基础较好的上莆区大寨撤退。会后，大家分头行动，销毁文件、传递消息，通知有关人员做好应变准备。

二、政变后党组织的反击

1927年4月14日深夜，蒋介石在上海给潮梅警备司令部发了密电，翌日晨，潮梅警备司令部召开秘密会议，决定立即动手"清共"。4月15日晚，整个潮梅地区同时戒严，驻潮安的国民党军队第一补充团陈泰运部以及县署卫队，分三路包围了潮州城十八曲巷中共潮安县部委驻地、竹木门街县总工会、大鱼市巷许厝祠县农民协会、县劳动童子团总部、金山中学、金中附小以及革命书报流通处等地。由于事先有所准备，各机关文件已销毁，大多数人员也撤离。方方、方临川等人按计划撤到上莆大寨，陈府洲则在工友掩护下，撤到隆都的家乡隐蔽。但来不及撤退的潮安县部委工委书记赖炎光、宣传部长方慧生、共青团潮安县部委书记郭子昂、宣传部长蔡英智等党、团负责人和一批党员、团员以及金中训育主任李雄汉、大埔旅潮小学校长丘骏台、教师杨德畅、管辉山等进步人士也先后被捕。方慧生、蔡英智、赖炎光先后被杀害。在城内党、团及各群众团体的机关被封，街道贴满了悬赏通缉布告及反动标语。国民党军队、工贼、反动分子，到处疯狂地搜捕共产党人和革命分子，潮州城陷入白色恐怖之中。这一天，地方史称"四一五"反革命政变。

"四一五"反革命政变后，潮安国民党当局成立了"潮梅清党治安委员会潮安分会"。因"清党"有功的陈献猷爬上了潮安县长的宝座，国民党第一军第一补充团团长陈泰运、工贼侯映澄等人任常务委员。他们继续悬赏通缉共产党人及进步人士，镇压工农运动，实行白色恐怖。许多共产党员和群众被迫离乡背井，流亡过洋。

"四一五"反革命政变后，县部委书记文农离开潮安去汉口，事变中脱险的农委书记方临川、总工会秘书长方方以及赖其泉、龚文河、许筹、许月旦、林中（李奕标）等负责人，按事变前的部署，迅速撤至上莆区大寨村集结。愤怒的党员、团员和革命骨干，在与上级党组织失去联系的情况下，他们决心依靠仅有的人员及少量的枪械组织起来，反击国民党反动派的屠杀。由于国民党的残酷"围剿"，白色恐怖严重，工农武装队伍很难开展活动。于是，部分人员回家隐蔽，部分工农武装在方临川等人的带领下，加入普宁暴动行列，参加围歼从揭阳前往支援普宁守敌的尤振国连的战斗。但是，由于遭到国民党军队的疯狂镇压，这些武装暴动都先后失败了。

三、潮安县委的建立和武装队伍的恢复

中共潮安党组织在国民党反动派发动"四一五"反革命政变中遭到严重打击。但是并没有被吓倒，他们重新拿起武器，踏着烈士的血迹，继续战斗。隐蔽下来的党员，在极端严重的白色恐怖下，以各种形式坚持艰苦的斗争。同年6月，中共广东区委派黄居仁为潮梅巡视员，加强对潮梅党组织的指导。与这时坚持在潮安进行隐蔽斗争的共产党人龚文河、陈府洲、许筹、林谦等人，秘密取得了联系，并着手准备恢复党组织活动。他们与中共广东区委派回潮汕恢复党组织工作的原汕头市总工会副委员长陈振韬一起，成立了中共潮安县委员会，陈振韬任书记、陈府洲任组织部长、龚文河任宣传部长，委员有许筹、林谦、孙应采、赖其泉。

中共潮安县委建立后，根据中共广东区委"关于恢复组织，秘密活动"和"发动群众，以赤色恐怖来回答敌人的白色恐怖"的指示精神，利用敌人注意力集中在城里及赤色地区的时机，进行了三个方面的工作：一是派人到各区乡与隐蔽着的党员取得联

系，恢复和重建党的基层组织；二是恢复农会的秘密活动，发动原来农会骨干分子，通过他们联络群众，秘密进行恢复农会组织；三是县委委员许筹、赖其泉负责重建武装队伍，在经费十分困难的情况下，县委把筹集到的200块大洋，给他们作为购置枪械之用。不久，潮安县农民自卫军组织起来，由赖其泉和孙柑树负责。中共潮安党组织通过这些工作，使隐蔽下来的党员和工农骨干树立起与敌人斗争到底的信心。潮安县的革命斗争，开始重新恢复起来。

由于敌我力量的悬殊，潮州（含今湘桥区）人民反抗国民党反动派的斗争未能取得胜利。但是他们擦干身上的血迹，掩埋好烈士的遗体，在中国共产党的坚强领导下，继续战斗。

第三章

土地革命号角响遍古郡遐迩

潮安工农的武装起义

一、策应南昌起义军进军潮汕

1927年"四一二"反革命政变之后，国民党蒋介石集团大肆屠杀共产党员，残酷镇压一切革命活动，全国革命形势由高潮转入低潮，中共的活动被迫转入地下。在国民党的反动统治下，潮安和全国各地一样，到处是白色恐怖，全县36个革命工会和区乡农会被查禁，共产党员和群众运动领袖被追捕，广大的工农群众依然在贫困与饥饿线上挣扎。在革命失败后的极为严峻的形势下，为了挽救中国革命，8月1日，在以周恩来为首的中共中央前敌委员会领导下，贺龙、叶挺、朱德、刘伯承等率领党所掌握和影响的军队2万余人，在南昌举行了武装起义。

起义军占领南昌后，按照中共中央南下广东，争取恢复广东根据地的原定决策，先后撤离南昌城，千里转战，向潮汕挺进。中共中央先后指示广东省委"即刻全力在广东接应""在广东立即进行广大的暴动，发表政治口号，为叶贺部内应"。根据中共中央的指示，8月中旬，广东省委秘书长赖先声奉命到汕头传达中央和省委的指示，组织潮汕各地工农进行暴动，并成立领导暴动的机构——汕头市革命委员会。与此同时，潮安县委书记陈振韬被调回汕头参加领导暴动的工作，上级派林务农接任中共潮安县委书记。

　　起义军南下潮汕的决定传达到潮安之后，极大地鼓舞了在险恶环境中坚持斗争的潮安党组织和工农大众。中共潮安县委根据广东省委的指示，进行了三方面的工作：①抓紧恢复工会和区乡农会的活动。分工县委委员许筹以及许千英、黄心得等，在群众基础较好的乡村中，发展和建立工农武装。分工县委委员林谦、龚文河在潮州城串联工会骨干，秘密集会活动，组织工人纠察队。②开展宣传发动工作。县委通过出版《民众新闻》小报，不断向人民群众报道起义军进军广东的消息，号召工农群众策应起义军南下占领潮汕。在县委领导下，原来分散、隐蔽在外地的共产党员和工农骨干，陆续奔回潮安并依照县委的部署，深入各地开展宣传发动工作。在城郊的乡村中，经常出现"打倒国民党新军阀"和"欢迎南昌起义军"的标语、传单，使群众受到南昌起义的鼓舞。在潮州城的工会和学生会骨干秘密集会活动，他们冒着被杀头、坐牢的危险，制作红臂章，在大街小巷秘密张贴标语，散发传单，发动工会会员做好欢迎起义军的准备工作。③发动工农群众进行武装暴动。8月底，潮安农民自卫军组建之后，迅即投入暴动的行列。秋溪是共产党地下斗争的一个活动点和交通联络点，经常护送上级党组织的负责同志，养护伤病员，制造地雷军火，经常袭击敌人地方武装据点，散发传单，破坏敌人通讯设施，展开不屈不挠的斗争，准备接应起义军进军潮州。沿铁路线的各村农会会员和潮州城的工人学生骨干纷纷行动起来，进行破坏铁轨、拆毁铁路桥梁、剪断电话线、烧毁汽车、枪杀警察和恶绅等革命行动。潮汕铁路工人举行罢工，配合潮安工农的行动。县委领导下的这些斗争，有力地配合了南昌起义军占领潮汕的军事行动。这期间，中共初期的党员、原东征军总政治部组织科长、国民革命军总政治部秘书杨嗣震，接受党的派遣，秘密来潮汕联络接应起义军进军潮汕的工作。他进入潮州城后，不幸遭国民党潮安驻军陈泰运部杀害。9月19日，南昌起义军占领大埔三河坝，沿高陂、留隍直逼潮州城。21日，南昌起义大军压境，国民党潮州驻军王浚部匆忙撤离潮州，向揭阳、丰顺撤退，潮安县长王宇等国民党党政要员和大地主豪绅相继逃离潮州城。这时，在城的共产党员、共青团员和工会、学生会骨干，立即行动起来，打开潮安监狱，救出被囚禁的共青团潮安县部委书记郭子昂等干部和革命群众，城乡工农群众和爱国人士，积极准备迎接起义军进占潮州。

二、潮州七日红

1927年9月23日，南昌起义军占领潮州城，周恩来、贺龙、叶挺、彭湃、郭沫若等同时到达。在城的党员、团员、工人、学生骨干和商会代表，热烈欢迎起义军入城。起义军占领潮州城之后，以二十军第三师（师长周逸群）的教导团和第六团的一部戍潮州，师司令部设于潮州西湖涵碧楼，政治部设于城南叩齿庵。前委派十一军二十四师政治部主任陈兴霖为潮安县革命委员会委员长，政治部保卫局科长李国珍为县公安局长。中共潮安县委委员林谦被委派为潮安总工会执行委员长和肃反委员会委员。傍晚，周恩来、彭湃分别接见中共潮安县委书记林务农，询问了潮安的情况。县委根据彭湃的指示，立即召开会议，部署建立区政权，恢复工、农组织和发展工农武装等工作，并作如下分工：林务农和县委委员赖其泉两人负责协同县革命委员会委员长、公安局长筹建区政权，搜捕反革命分子；县委委员陈府洲、林谦和总工会副委员长谢汉一负责恢复工会和学生会组织；县委委员许筹以及黄心得、许穆锡负责恢复农会和发展农民自卫军工作；县委委员孙应采和陈超英负责恢复各级妇女组织工作。当晚，潮汕铁路工人连续奋战12小时，修通了被国民党军队撤退时毁坏的铁路，保证翌日起义军顺利进军汕头市。

9月24日，潮州城一扫大革命失败后白色恐怖的阴霾，工农群众的情绪十分高涨，到处贴满了"欢迎南昌起义军""打倒国民党新军阀""工农阶级武装起义"等标语。大街小巷，人流似海，到处是欢迎起义军的群众和工农宣传队伍。在各地共产党组织的发动下，在城的工人和城郊的农会会员，手执红旗，涌到潮州西湖参加欢迎起义军和庆祝潮安县革命委员会成立大会。当天，起义军从潮州城出发进攻汕头，周恩来、贺龙、叶挺、郭沫若等也随军赴汕。潮安沿铁路线各区乡的农会、妇女协会，根据县委的指示，积极发动群众，在各地车站欢迎、慰问起义军，做好向导、运输等工作。留守潮州的起义军政工人员，在中共潮安党组织配合下，深入到烈士家中进行慰问。在城的革命骨干和进步学生积极配合起义军，向人民群众宣传起义军的政策、法令。工商界开明人士，热心为起义军购置物资，多方筹集了10万光洋，支援南昌起义军。军民水乳交融，城乡一派生机，在潮安人民心眼中，这与国民党的黑暗统治、国民党军队随意鱼肉人民形成了极其鲜明的对比。县委抓住这一有利时机，迅速在城乡中恢复工农组织，发展武装力量。

起义军占领潮州城期间，潮安工农武装不断进行暴动，攻击各地的地方反动武装。潮州城工会组织，成立了一支60多人的纠察队，配合起义军维持治安，搜捕反革命分子，镇压了黄健生等六七名反动分子。在起义军的帮助下，收缴国民党潮安县府留下的数十支枪。熊熊燃烧的武装斗争烈火，鼓舞了工农群众的斗志，打击了地主豪绅的嚣张气焰。

南昌起义军主力进入潮汕后，国民党统治集团在帝国主义的支持和配合下，调集重兵，分三路直扑潮汕，起义军与占绝对优势的国民党军队进行了浴血奋战。汾水战役失利之后，驻守潮州的起义军根据总指挥部的命令，坚守潮州，接应从揭阳方面撤下的起义军。中共潮安县委迅速组织农军、赤卫队和工人，配合起义军守卫潮州的战斗。9月29日，县总工会根据潮安县委的指示，发动意溪轮渡工人，把所有船只沉没江中，防止国民党军队从东面渡江进攻起义军。9月30日，国民党黄绍竑部以其第四师和第六师共9000人之众，进攻潮州城。起义军第三师教导团和第六团第六连共600多人，分别布防在潮州城北面的竹竿山和西面的葫芦山一带，与众多的国民党军队进行英勇搏斗。上午9时，国民党第四师前锋到达竹竿山与起义军接火，国民党军队多次进攻，均被起义军击退。午后1时多，国民党军队全数到达后，以第四师的全部和第六师的大部，向起义军阵地发起全面进攻，在猛烈炮火的掩护下，整队整队地发起冲锋。起义军的阵地多次被突破，被分割，工事被重炮轰垮了，战士们便躲在山石后面打，轻伤的包扎一下再打，没有子弹了，便用石头和敌人拼，战斗打得很惨烈。下午三四时，国民党第六师一个团突破了葫芦山阵地，包围西湖涵碧楼起义军第三师司令部。在特务连的掩护下，师长周逸群率师部少量卫队突围冲出郊外。由于众寡悬殊，守卫竹竿山的起义军也同时突围撤退。教导团的第一总队、特务连及师部政工人员从南门撤退，后在普宁流沙附近与起义军董朗师会合；第三总队和第六团的六连及革委会的警卫排，强渡韩江向东北方向撤退，在教导团参谋长周邦彩率领下，到饶平茂芝与朱德率领的二十五师会合；师长周逸群与第二总队从东门突围后，沿东南向汕头方向撤退，后大部在汕头乘船赴上海。增援起义军的农民自卫军和各地赤卫队，遭到国民党军队的袭击。农军由于力量单薄，且缺乏作战经验，只得边战边走，退回原有驻地或回到各自乡村去。

起义军撤离潮州城后，县委和部分工农骨干也相继离开潮州城，途中收容了一些起义军失散人员，安置在各村农会骨干家中进行掩护和治疗，潮州城又重陷于国民党反动统治之中。各地农会、妇女协会和在城人民群众，在敌人的大搜捕中，冒着生命危险，掩护起义军失散人员。女战士胡毓秀、王鸣皋和谭勤先三人，在邮政局检查电讯时，来不及随军撤退。邮政局长、红十字医院院长和医生，冒着风险，把她们掩护在医院达半月之久，随后又帮助她们脱离险境，由汕头转移外地。

起义军南下潮汕，点燃了潮安的武装斗争烈火，推动了潮安的革命斗争，冲击了潮安国民党的反动根基。南昌起义的精神，鼓舞着潮安人民在武装革命的道路上奋勇前进。南昌起义军虽然在潮汕失败了，但"潮州七日红"这段光辉的历史，在潮州人民心中留下了深远的影响。

三、赤色乡村的武装暴动

南昌起义军撤离潮汕之后，中共潮安县委又开始在极其困难的条件下，领导潮安工农群众与国民党反动派进行激烈的武装斗争。

1927年10月，潮安县委书记林务农调往海丰工作，县委书记由许筹短时代理。同月下旬，中共广东省委调原潮安县部委农委书记方临川、委员方方、县委宣传部长龚文河等回潮安工作，潮安县委进行改组，方临川任县委书记，许筹任副书记，方方任宣传部长，委员有赖其泉、李子俊、李绍法、林中、许穆锡。与此同时，留在潮安的南昌起义军失散人员，相继加入当地武装队伍，一些随起义军撤退的潮安武装骨干，也陆续回到潮安来，使潮安农军的力量得到了加强。10月底，县委根据中共中央南方局和广东省委联席会，关于全省工农讨逆军一律改称为工农革命军的决定，把潮安农民自卫军扩编为工农革命军东路第二独立团

（简称第二独立团），以许筹为团长，方方为党代表，南昌起义军留下的武装干部李英平为参谋长。第二独立团成立后，县委吸取了前段的经验教训，为把队伍引导到正确的斗争道路上，从思想上、政治上对队伍进行了整顿。接着又根据省委"尽量发展党的组织于工农革命军中及工农群众中"的指示，在第二独立团中积极吸收党员，建立长枪队和短枪队两个党支部，加强党对工农革命军的领导，使党领导下的武装力量得到迅速发展。

11月间，中共中央八七会议精神在潮汕各地进行了传达贯彻，省委又相继指示"各县农民应在这军阀战争、交冬租、年尾还债时期，一致起来暴动"。这之后，潮汕各县农民武装暴动迭起。中共潮安县委根据上级的指示，在群众基础较好，武装力量较强的乡村，发动农民进行抗租和武装暴动。11月25日，秋溪区农会骨干，配合澄海革命武装，枪决秋溪区民团局长陈梅友和陈云窗、陈英敬两名反动分子。12月1日，秋溪区农会会员，在当地党组织的领导下，举行了大规模抗租示威活动。

潮安工农群众接二连三的武装暴动，使国民党潮安当局大感"顾此失彼，满城风雨"。为保腹地之安，潮汕当局不得不增兵潮安，对秋溪等区的赤色乡村进行军事镇压。12月2日至3日，国民党十一师三十二团派出两个连的兵力，会同潮安国民党侦缉队，对铺埔、仙岩和石垱头村的楼内（属铁铺），进行连续两天的"会剿"，20多名农会会员被捕。潮安各地的赤色农村也先后与国民党反动派进行艰苦卓绝的斗争。1931年秋至1937年，中共东江特委、中共潮澄饶县委在北坑、西坑、葫芦、小庄、苏石溪等村（均属磷溪）恢复农会，建立地下党支部，成立秋坑区革命委员会，组织游击队，创建了秋坑山内革命根据地，配合工农红军独立第二师第二团第三连开展革命武装斗争。潮安国民党政府在不断派出军队和治安队加紧清乡的同时，加速扩编县、区两级民团，强化各地反共机构，搜捕农会骨干和革命干部，部分赤色农村被迫停止了活动，大部分转入更加隐蔽和艰苦的斗争。

潮安赤色农村的武装暴动，由于敌强我弱的客观形势，新组建的县委又缺乏领导武装斗争的经验，因而在敌人的进攻下，各地方的武装暴动都先后失败了。

四、中共组织的发展和党代会的召开

赤色乡村武装暴动失利后，部分干部和群众的情绪低落，不满于搞劫车毁车路等脱离群众的盲动做法。县委及时总结经验教训，加强两个方面的工作：一是加强对群众的宣传教育工作，提高群众的斗争信心。二是积极发展党的组织。中共潮安县委先后派出党员干部，在工农群众中培养和吸收党员，恢复和建立区、乡党组织。经过努力工作，至1928年2月，全县党员从原有的100多人发展至309人。在农村，先后建立了8个区委，成立了包括西坑、田心（属磷溪）在内的39个支部和两个特别支部。在敌人统治中心的潮州城，也相继成立了潮城区委，下辖学生、妇女、电船、鞋业4个党支部。

1928年2月，中共潮梅特委成立后，为配合潮普惠的斗争，召开了汕头、潮安、澄海、饶平、揭阳等县的党、团书记联席会议，研究各县的暴动工作。当月9日，由于叛徒出卖，方临川和省委巡视员叶浩秀、潮梅特委书记蓝裕业、汕头市委书记陈国威、曾任潮安县委书记的陈振韬以及揭阳、澄海县委书记等20多名党的优秀干部被捕，先后遭敌人杀害于汕头市，使党的领导力量受到极大的损失。2月29日，县委依照中共中央、省委有关组织问题决议中"从小组、支部一直改组到县委"的指示精神，在大和区召开全县党员代表会议，改组中共潮安县委。会议选举陈木合、方方、李绍法、许筹、林耀彬、苏金裕、姚为敬、李太河、张义廉、杨锦镇、崇添11人为县委委员；陈木合、方方、李绍法、林耀彬、苏金裕为常委；以陈木合为书记，李绍法为组织科长，方方为宣传科长。会议为加强对武装斗争和职工运动的领导，成立了军事委员会和职工运动委员会，选举李子俊为军事委员会主任，方方为职工运动委员会主任。3月，潮安县委召开会议，针对党员干部存在的思想状况，作出有关加强党组织建设的决定：①整顿区、乡党组织，建立健全支部组织会议制度。②积极做好吸收新党员的工作，建立新的党组织。要求全县至5月份发展新党员300名。③抓紧做好党员训练工作。对党员进行党的宗旨、政策、纪律和形势教育。同时还作出了积极恢复各地农会的秘密活动，派人到潮州城区开展工人运动，建立秘密工会组织的决定。县委会议之后，各区根据会议的决定，针对党员中存在的消极畏难情绪，重视做好党员的思想工作，从而安定了党员干部的思想情绪，焕发了党员的革命精神。中共潮安县委能在逆境中，及时加强党组织的建设，增强党组织的战斗力，无疑是正确的。

五、潮安革命斗争的挫折

1927年11月，中共中央临时政治局召开扩大会议，确定实行全国武装暴动的总策略，"左"倾盲动主义在一段时间内在全党获得支配地位。会后，扩大会议的决议，在各地开始贯彻执行。1928年1月1日至5日，中共广东省委在香港召开会议，对广州起义失败后的革命形势作了错误的估计，认为革命仍处于高潮，党的任务仍然是进行暴动，从局部的割据，直到夺取全省的政权。27日，广东省委又发出了《潮梅暴动计划》，提出"积极发展农民暴动一直到全东江的割据是目前潮梅各属党部的最主要的任务"。指示中共潮安县委要领导全县农民起来摧毁国民党党部，鼓动农民破仓抢米，没收地主财产，焚烧田契债约，进行抗租、抗捐、抗债、抗缴治安费，用各种斗争方式发起暴动，从而使盲动错误在潮汕各县贯彻执行。这期间，中共潮安县委虽然也有过抵制破坏堤围的极左指示，群众也不满于搞劫车毁车路等盲动做法。但是，由于潮梅特委执行了省委的指示，一再命令各县暴动，并强调"群众不动党动"。在"左"倾盲动主义影响下，县委也难以避免地执行盲动做法，提出"有一分力量，就进行一分斗争"的口号。要求干部到各地去发动农民进行暴动，并继续搞那些得不到群众支持的毁路、砍电线、抓地主豪绅筹款和举行没有群众参加的武装行动。3月底至4月初，潮城区委刚成立不久，即在潮汕国民党统治中心的潮州城向富商筹款，行动时又不注意保密。由于富商告发，潮安国民党政府派人跟踪，以致区委及其属下4个支部被破坏，区委书记邓云辉和两名支委均遭杀害。4月，为配合潮普惠各县的武装暴动，潮梅特委在潮澄饶各县主观力量都没有可能进行暴动的条件下，仍然指令各县举行暴动。4月3日，特委召开各县委书记会议，讨论暴动问题。会议确定以潮安为暴动中心，调澄海武装队到潮安做骚动工作，配合潮安暴动。会后，澄海县委即调长枪29支，子弹2000多发，短枪队20多人到潮安助战。5日，在特委的指令下，潮安县委发动了暴动。

　　潮安暴动是在赤色乡村武装暴动失利，全县革命斗争暂时处于低潮的情况下进行的。由于没有群众的配合和支持，参加暴动的武装人员思想准备不足，战斗时又是在领导严厉督促下勉强作战。这种不顾主客观条件，在盲动错误思想指导下的匆促暴动，其失败也就势在必然。

　　潮安暴动之后，潮安国民党当局采用两面手法对付各地革命斗争。一方面在群众中进行欺骗性的宣传，假施仁政，以小恩小惠笼络人心；一方面在乡村中施行联团政策，更加残酷地镇压赤色乡村的革命斗争，并四处派出侦缉队，追捕县委领导人和革命干部。5月11日，县总工会副委员长谢汉一被侦缉队跟踪逮捕，6月1日，被杀害于潮州城。潮城区委委员庄淑珍和县少先队队长陈文光、干部方立功，在活动时被捕。7月13日，庄淑珍和陈文光、方立功被杀害。

1928年6月上旬，中共潮梅特委在贯彻省委第八号通告的指示精神中，对潮梅各地的形势再次作了不切合实际的分析，片面夸大了自己的力量。特委认为："潮梅现在又到了一个暴动将要爆发的时期，白色恐怖和缓，农民经过相当的休养，又跃跃欲试，各县党部如潮安、澄海、揭阳、潮阳、汕头都已经相当之改组及整顿，主观的领导斗争力量比较大得多。夏收总暴动的客观条件已非常成熟。"因而在拟订潮梅夏收暴动计划中，主张在潮安、汕头、澄海、揭阳各地举行暴动。6月15日，潮梅特委在潮安洋佘村召开各县联席会议，讨论夏收暴动计划并部署各县暴动的工作。16日中午，由于叛徒告密，汕头侦缉队包围鹳巢新乡的县委活动点，县委委员姚为敬、交通科主任方立志等7人被捕。正在洋佘开会的各县委书记得到报告后，当晚即转移到桑浦山。17日晨，汕头侦缉队包围洋佘村，未来得及撤走的潮安县委书记陈木合同洋佘村干部李炳汉、李炳城和6名农会会员被捕。6月下旬，陈木合、姚为敬、方立志等在汕头被杀害，中共东江特委调特委委员林中接任潮安县委书记。潮梅夏收暴动计划由于国民党当局的破坏，不但未能付诸实施，反而使汕头、潮安、澄海等地党的领导机关先后遭受破坏，党的领导力量受到了削弱。

从1927年冬至1928年底，潮安工农群众在中共潮安县委领导下，举行了多次武装暴动，同国民党反动派进行了激烈的搏斗，在不同程度上打击了潮安国民党的反动统治，扩大了革命影响。但是，由于力量对比悬殊，县委刚处于领导武装斗争的初期，缺乏经验，在领导武装斗争中又受到了盲动主义的影响，致大革命失败后发展起来的革命力量又受到了严重破坏，各次武装暴动都先后失败。

第二节 中共六大会议精神的贯彻与潮安革命斗争的复兴

一、中共六大会议精神的传达贯彻

1928年6月18日至7月11日，中国共产党召开了第六次全国代表大会。大会指出，中国仍然是半殖民地半封建社会，中国革命现阶段的性质是资产阶级民主革命，当前的政治形势是处在两个革命高潮之间，党的总路线是争取群众，准备起义，而不是立即举行全国性起义。大会决议案指出，驱逐帝国主义，实行土地革命争取建立工农兵代表会议（苏维埃政权）是中国革命的中心任务。会议批判了"左"、右倾机会主义，特别是盲动主义的错误。六大闭幕之后，大会的决议很快在各地党组织中进行了传达，使党的工作从千方百计地组织暴动，转向从事长期艰苦的工作，实现了党的工作路线的转移，在全国革命斗争的复兴中产生了重要的作用。同年秋末，中共广东省委书记李源到东江巡视工作，在桑浦山召开潮梅各县党的负责人会议，传达六大会议精神，潮安县委书记林中和方方等参加了会议。会上，李源结合当时东江革命处于低潮的形势指出，第一次革命高潮已过去，第二次革命高潮尚未到来，我们的斗争方式必须改变，不能再暴动。必须善于发动群众，积极领导群众的日常斗争，壮大群众力量，伺机行动。这次会议，使到会的干部初步领会六大对形势的正确分析，明确今后的斗争策略和任务，为后来革命斗争的复兴指明了正确的斗争方向。

1929年初，潮安各地国民党白色恐怖仍很严重，由于国民党的残酷镇压，工农群众受到严重的迫害和摧残，斗争情绪不高，开展工作依然十分困难。这期间，县委内部意见分歧，互不团结，领导涣散无力，使工作更难开展。二三月间，中共东江特委为帮助县委解决问题，提高领导班子的战斗力，决定派员加强中共潮安县委的领导力量，调整县委领导班子，林中调回东江特委工作，方方任潮安县委书记，从而使潮安县委得到了健全和统一。4月下旬，方方从香港参加省委举办的学习六大会议精神训练班回来后，县委举办了党员、团员学习班，传达贯彻六大会议精神和广东省委第二次扩大会议的有关决定。六大会议精神在潮安进行深入传达学习之后，使全县的干部和党、团员能较好认清当前的斗争形势，明确六大提出的任务，潮安县委也从前段斗争遭受的挫折中，吸取了盲动错误的深刻教训。这次会议，使潮安的革命斗争进入了复兴时期。

六大会议精神贯彻之后，中共潮安县委在方方的主持领导下，认真结合当地的斗争实际，采取措施落实六大和省委二次会议的决定：一是要求各级干部和党员、团员深入乡村，做艰苦发动群众的工作，积聚革命力量，恢复各地革命活动点；二是恢复和发展党组织，积极吸收工农分子入党，加强党的建设；三是重建武装队伍，开展游击战争。同时，还决定派人进入城镇，争取恢复和重建赤色工会组织。县委的这些决定，在全县革命斗争的复兴中发挥了积极的作用。经过艰苦努力，至1929年8月底，全县又恢复建立潮城等共7个区委，24个党支部，党员人数又恢复至300人，在农村恢复了一批革命活动点，重建了武装队伍。其间，潮安县委书记也相继易人，方方调往东江特委职工委员会任职，县委书记由杨少岳接任。

二、潮州城工人运动的开展

潮州城是国民党在粤东的政治、军事统治中心。大革命失败后，白色恐怖特别严重，中共在潮州城的组织屡受破坏，工人运动备受摧残而处于停顿。1928年底至1929年初，中共东江特委机关曾一度设于潮州城，因为国民党侦缉队经常进行搜捕，处境险恶而撤至丰顺县崇脚村。中共潮安县委秘密设在太元路的接头点被破坏后，党在潮州城的活动处于中断。1929年6月，东江特委第二次党代会在关于职工运动决议中强调指出："目前党须坚决集中人力、财力，实行由下而上的艰苦工作，务使职工运动，尤其是中心区域的潮汕，于最短期间内建立基础，在不断的宣传斗争中发展工人的势力。"会后，县委执行东江特委第二次党代会的决议，派出干部进入潮州城，在理发、挑夫和印务工人中，秘密开展宣传发动工作。9月，东江特委为进一步加强对恢复潮州职工运动的领导，作出重新建立中共潮州区委的决定。重建后的潮州区委，迅速在理发、挑夫和印务以及铁路工人中恢复赤色工会组织，参加的工人100余人。10月，县委为在潮州城扩大党的影响，决定在国民党"双十"节纪念日期间，发动一次大规模的宣传活动，使之与农村革命斗争发展相呼应。"双十"节当晚，在潮城和各区党组织、各地农会会员，在潮州车站及铁路两侧，散发了大批反对国民党的宣言、标语和传单。在潮城的工会组织，在县委委员龚文河和潮州区委的带领下，到西湖点放土炮，放火烧毁西湖广场的演讲台。潮州城内驻军和警察误以为红军进攻潮州城，不敢前往救火，只在城河对岸鸣枪而已。这次行动，打破了潮州城革命斗争的沉寂，轰动了全县城乡，但也引起了潮安国民党当局对潮州城实行更加严密的控制。城内晚上实行戒严，从7时起便不准行人来往，距城5里多的竹竿山，日夜站岗加哨，国民党军政要员的家属怕不安全而离潮赴港。继"双十"节骚动之后，县委又于11月至12月间，领导印务、理发工人进行4次罢工斗争，反对东家和工头无理解雇工人，反对驻潮军队强拉理发工人当挑夫。通过罢工，使东家不仅不敢解雇工人，而且向被解雇的工人赔礼道歉，接受工人的处罚。迫于全社会的舆论，潮安县政府也只得释放被抓的理发工人，罢工斗争取得胜利。由于县委和区委缺乏领导白区工作的经验，因而刚开展起来的工人斗争，迅即受到国民党的压制。同年12月17日，重建不久的潮州区委受到破坏，大部分党员被捕，此后，潮州城的中共组织在一段时间内未能恢复。

三、潮澄澳县委和红军的建立与发展

1930年9月，中共六届三中全会后，以李立三为代表的"左"倾冒险主义错误逐步得到纠正。10月末至11月初，中共中央委员邓发和省委常委、组织部长李富春，到大南山东江特委驻地大溪坝村，召开了闽粤赣边区第一次党员代表会议，传达中共六届三中全会关于纠正李立三"左"倾冒险主义的决议，停止了组织全国总起义和集中红军进攻中心城市的冒险行动。会议为实现中共中央把闽粤赣三省边区根据地连成一片，争取与中央苏区连接的战略意图，根据中共中央的决定，成立了闽粤赣边区特别委员会，选举邓发为书记。同时决定取消中共东江特委，在东江地区设立西南、西北两分委。会议还从东江的实际出发，决定以县的接壤边界，组建边界县（工）委，在国民党"三不管"的地方，建立和巩固农村革命根据地，开展游击战争，深入进行土地革命。这次会议的召开，给在险恶环境中坚持斗争的潮安中共组织，指明了正确的斗争方向，对潮澄饶边区以后革命斗争的发展，起着重要的作用。同年年底，潮澄饶三县的党组织，根据闽粤赣边第一次党代会的决定，在澄海县鸿沟乡半埔成立中共潮（安）澄（海）（南）澳县工作委员会，周大林为工委书记。

1931年5月，由于国民党不断发动对中央苏区和闽西苏区的"围剿"，东江与闽西的交通联系困难，经中共广东省委报中央批准，西北、西南分委合并，恢复成立东江特委，仍归广东省委领导。东江特委恢复之后，根据省委关于"加紧潮梅方面的发展，使之能与闽西之发展会合"的指示，从两方面加强潮澄澳的工作：一是决定将潮澄澳工委改为潮澄澳县委，周大林调海陆紫县委工作，李子俊任县委书记；二是加强潮澄澳县委的领导力量，特委先后派李崇三、陈耀潮、张敏（义恭）、陈府洲、姚舜娟等干部到潮澄澳县委工作。县委委员有李崇三、陈耀潮、龚文河、刘锡立、姚舜娟、张敏、陈戊。同年秋，县委先后派出干部，进入潮安的秋溪山区等地开展工作，促进革命力量的进一步发展。但是，由于以王明为代表的"左"倾冒险主义在各地党组织中进行贯彻，使刚建立起来的潮澄澳县委也受到了一定的影响。秋冬间，潮澄澳县委错误地进行清查"AB团"，错杀了刘锡立、许鉴明等6名干部，逼走了县委妇委姚舜娟。年底，又以右倾错误的罪名，撤去县委书记李子俊之职，使原来领导力量就比较薄弱的潮澄澳党组织，受到了严重的削弱，造成了不可弥补的损失。李子俊被撤后，县委书记由李崇三负责。

1932年春，由于东江国民党反动当局集中兵力进攻大南山根据地，在客观上为潮澄澳边区革命力量的发展提供了较有利的条件。潮安秋溪等区经过努力工作之后，各地农村纷纷成立了农会、妇女会和儿童团，并逐步建立了党、团组织，潮澄澳边区的游击区域迅速扩大。当时，磷溪北坑村党支部有党员10多人，书记许若愚。在中共潮澄澳县委领导下，组织和发展秋坑山内革命武装队伍，建立革命根据地，坚持了4年之久的游击斗争。中央红军攻克漳州，消灭军阀张贞的力量，给毗邻闽南的潮澄澳人民以很大的鼓舞。县委为争取与闽南的革命斗争相联系，实现闽粤赣边根据地打成一片的目标，作出了开创浮凤根据地的决定，并相继派出一批干部进入浮凤区开展工作。秋，武装小队进入秋溪区北坑村，在县委领导下，进行筹建潮澄澳工农红军。8月，东江特委为纪念"九一八"事变一周年，要求各县组织反帝大同盟，开展反对日本帝国主义，反对国民党出卖民族利益的宣传活动，指示各县派人到汕头市以及潮州城开展抗日工作，恢复党的组织。潮澄澳县委根据东江特委的指示，派出干部到潮州开展工作，在潮州城韩山师范、金山中学等建立了党的接头点和联络站，使党领导下的抗日反蒋活动在潮州城进一步兴起。

可是，事隔两月，由于受到王明"左"倾冒险主义的影响，东江特委在给潮澄澳县委的信中，转而批评县委"党的工作完全落在群众斗争后面"，是"十足的右倾主义"。在这一压力之下，县委不能不受到影响。10月上旬，县委不顾主观力量的不足，调动了仅有30多人的樟东区赤卫队，攻打驻有1个连正规军的尚书寨，准备营救被押去修筑安黄公路的"政治犯"。由于事前对敌情估计不足，行动时又指挥失当，结果战斗失利。这一冒险的军事行动，不仅使赤卫队受到损失，而且暴露了自己的力量。事后，国民党第七师谭朗星团对上敦、尚书寨、碧砂、上长陇等乡村进行了近1个月的"围剿"，致8名党、团骨干被杀害，50多名农会骨干和群众被捕，大批民房被烧毁，樟东区的工作蒙受了极大的损失，县委随后转移到庵埠郭陇村。12月下旬，中共潮澄澳县委在潮安八角楼村山脚伯爷宫召开县委扩大会议，及时总结了经验教训。会议根据国民党军队对樟东区进行残酷"围剿"的情况，作出如下决定：①撤销樟东区委，樟东区的工作暂时停止，骨干力量迅速转移到秋溪等区；②继续扩大武装力量，准备迎接红二团到潮澄澳活动；③各村赤卫队继续开展除奸肃特工作，保卫群众利益。会后，在樟东区工作的干部和骨干，执行了县委的决定，迅速地转移到各区去组织发动群众。潮澄澳县委在敌人集中兵力"围剿"樟东游击区时，迅速疏散革命骨干于敌人包围圈之外，避免了继续遭受损失，增强了各地的领导力量，促进各区党组织和革命斗争的发展。这一决定，无疑是正确的。

1932年冬，潮澄澳县委以东江特委派来的武装骨干为主体，在秋溪区的大涵埔成立中国工农红军东江独立师第二团第三连（简称红三连）。在秋溪区活动的10多名樟东赤卫队员被编入红三连，全连人数四五十人，连长贝必锡，指导员傅尚刚（后为林裕锡）。1933年春，县委为适应大规模开展游击战争的需要，从红三连中抽调李金盛等20多人，组建潮澄澳特务大队，以李金盛为队长，林乌为政委。5月，潮澄澳县委在潮安、饶平两县交界的草岚武（属桂坑村）召开纪念五一劳动节大会，号召各区开展"红五月"政治宣传活动，动员青年参加红军，并以潮澄澳县革命军事委员会的名义，发布了《为反对清丈田亩抽收沙田捐告农民书》《反对强迫成立联团自卫队》等文告。会上，30多名青年响应县委的号召，报名参加红军。这次会议，促进了红军的发展和各区游击战争的迅速开展。会后，饶平隆都和澄海的澄外、苏南、下蓬等地农会，把50多名青年农民送到红军中，红三连迅速发展至100多人，成为潮澄澳边区游击战争的主要军事力量。

潮澄澳红军成立之后，围绕建立和发展潮澄澳根据地，争取与闽南革命斗争相连接的目标，在区、乡游击队（赤卫队）的配合下，迅猛地开展游击战争，使赤色区域日益扩大，党的力量迅速发展和壮大。同年年底，潮澄澳县委辖下的党组织，已有秋溪等7个区委和汕头市工委以及铁路总支。这一年，县委书记相继易人。八九月，李崇三调往东江特委，县委书记由徐国声接任。

年底，徐国声往江西中央苏区开会，归途中遇敌被捕而牺牲，东江特委调陈信胜任县委书记，陈耀潮任组织部长，陈府洲任宣传部长，委员有张敏、林乌、许日新、曾阿娥、李植梅（李逸、李涤新）。

四、潮州城的抗日反蒋活动

1931年"九一八"事变后，中共中央、省委和东江特委都号召在城市开展抗日反蒋斗争，同农村土地革命战争相呼应。此后，便在城市中开展了以抗日反蒋为主要内容的各种斗争，主要是青年学生运动。为了加强领导，东江特委、潮澄澳、潮澄揭县委都曾几次派人恢复潮城党、团的领导机关，但工作了一段时间，甚至立足未稳就被破坏。鉴于这种情况，有许多爱国青年自觉地组织起来，在共产党的政策主张影响下和失去组织关系的共产党员指导下，开展抗日反蒋斗争和救亡活动。

第一，组织抗日团体，团结青年学生，开展抗日反蒋宣传活动。

"九一八"事变后，中共潮澄澳县委响应中共中央的号召，以潮澄澳苏维埃政府的名义（当时实际还未成立），召开各种群众会议，发动组织反帝大同盟和抗日互济会，团结群众，开展斗争。潮安等地学生不顾国民党的禁令，先后成立了抗日团体，积极开展抗日反蒋宣传。

1. 成立潮安学生抗日救国联合会。1931年12月1日，金中、韩师、潮安县立中学的进步学生，不顾国民党潮安当局的反对，成立了潮安学生抗日救国联合会。各校进步学生纷纷走出校门，走上街头，深入农村，用各种形式宣传抗日救亡，并在学校和社会上进行捐款募资，支援和慰问在东北抗日的马占山部队官兵，发动民众抵制和查禁日货。学生慷慨激昂的陈词，唤起了群众对日本帝国主义的同仇敌忾。韩师还出版《抗日旬刊》，组织学生义勇军及救护队，进行军事训练，随时准备奔赴抗日前线。

2．组织读书会。1932年初，在潮州城的一些进步师生，由于不满国民党政府的妥协投降政策，秘密组织了读书会，探索社会、人生之谜，寻求救国的道路。他们通过学习从上海、北平等地寄来的进步书刊，传阅革命报刊和中共的宣传品，逐步受到了马列主义的启迪，接受共产党的主张，敬仰和向往苏区人民反抗国民党的英勇斗争。他们还在师生和群众中宣传抗日救国，抨击国民党的不抵抗政策。

3．成立反帝同盟和抗日的组织——岭东教育劳动者同盟。1932年秋，潮州城培英小学教师、大革命时期参加中共组织的刘斌，联合在城进步青年教师李开胜、刘蕴喜等人，模仿"华北教育劳动者同盟"的组织形式，在笔架山后秘密成立岭东教育劳动者同盟，通过了劳动者同盟的斗争纲领和组织章程，发表了宣言。纲领明确规定接受中国共产党的领导，号召进步教师、青年学生和各界爱国人士组织起来，拥护共产党的抗日主张，反对国民党迫害进步人士，反对国民党的投降政策，进行抗日救国斗争。劳动者同盟成立之后，与韩师进步学生相配合，把油印的宣言、传单、标语在潮州城、桥东、意溪、官塘等地广为散发。

4．建立秘密联络站。党、团在潮州的韩师、金山中学等建立秘密联络站，这些联络站团结了一批进步青年知识分子。1933年秋，金山中学中共地下组织在潮州城官诰巷建立联络站，负责人是庄礼业、庄礼泰和秦若英。在金山中学的党员、团员，通过联络站团结了一批进步学生，秘密在各地张贴抗日反蒋的标语，传送由秋溪游击区和浮凤根据地送来的宣传品和战斗捷报，向人民群众介绍江西苏区和潮澄澳的革命斗争形势。此外，还成立了小蕾文艺社，动员进步师生撰写文章，抨击国民党反动派的妥协投降政策，发动各界人士一致抗日。

5. 1932年四五月间，广东省立二师（韩师）发生了轰动一时的《罡风世界》事件，学校"开除"了包括学生会主席在内的3名高中师范科学生，引起了各方面的关注。被开除的郑淳、陈贤学二位同学从此走上了革命的道路。

抗日反蒋运动的兴起，引起了国民党反动当局的恐慌，他们大肆捕杀共产党人和进步青年。1934年1月，潮澄澳共青团县委书记陈扬等30多名党员和干部被捕。潮州城地下团组织和金山中学联络站受到破坏。由于国民党的疯狂镇压，形势急转直下，刚刚发展起来的潮安学生运动进入低潮，至1935年初，被迫停止活动。

第二，开展抗日救亡运动，推动国共合作，迎接抗日高潮。

1935年，中共中央发表了著名的《八一宣言》，提出了建立抗日民族统一战线，国共合作抗日的主张。此后，抗日反蒋的斗争，遵循共产党提出的建立抗日民族统一战线的方针，逐步转向以推动实现国共合作抗日为主要内容的抗日救亡运动。

1936年10月，李平奉中共南方临时工作委员会的委派，回到潮汕重建党、团组织，加强党对抗日救亡运动的领导。

广大学生争取民主自由、反对教育腐败斗争的兴起，进一步提高了他们的革命积极性，政治上日益要求摆脱国民党的统治和影响，思想上出现了研究社会科学的热潮。这时，介绍、研究马列主义政治经济学的书籍不断增多。特别是上海"各书店老板拼命发行社会科学丛书，便是学生群众思想逐渐转变的反映"。这个时期，随着共青团在各地的恢复和发展，广大农村也普遍开展了抗税、抗捐、抗粮和打倒土豪劣绅的斗争。

"西安事变"后，中国共产党倡导的抗日民族统一战线初步形成。驻潮汕的国民党军一五五师师长兼东区绥靖主任李汉魂开始有所转变。1937年中共韩江工委根据党的抗日民族统一战线政策和南临委的指示，派人以"救国会"的名义同李汉魂接触，申明抗日主张，要求他支持抗日救亡运动，李汉魂表示接受。与此同时，中国共产党着手筹建公开合法的抗日团体，以适应新的形势，迎接抗日高潮的到来。此时，抗日已成为时代的潮流，人民的共同愿望，是不可阻挡的。这期间，在共产党的领导下，以团员、青年学生为主的抗日救亡运动，为潮汕新的抗日高潮的到来打下了基础。

建立中央苏区地下交通线的安全站点
——潮州交通旅社

　　1930年底至1935年1月，中共中央开辟了从上海经香港、汕头、潮安、大埔、青溪、永定进入中央苏区瑞金的交通线，这是中共中央军委书记周恩来亲自组织建立的从上海的党中央通往中央苏区的秘密交通线。被誉为中共中央交通局的"四大红色交通员"的李沛群（潮州籍）、肖桂昌、曾昌明、熊志华都出自这一交通线。位于潮城白日路（今卫星二路）水晶西巷对面小巷西北侧的潮州交通旅社是个安全站点。

　　经过潮安的秘密交通线是广东境内最长的一段，其中包括40千米的潮汕铁路和近百千米的韩江水路。贯穿潮安南北的韩江沿途有凤凰革命根据地和平原游击区，潮汕铁路两旁有红军和工农革命武装，还有以桑浦山根据地为依托的游击区，这些，都为红色交通线潮安路段的安全畅通提供了极其有利的条件。

　　为了保障从秘密交通线中潮安段通过的人员和物资中转的畅通，在潮州城内的交通旅社建有秘密交通站。交通旅社的老板吴寿庆，是爱国的大埔籍印尼归侨。地下交通站设在这里，可以接待来往人员，又可以存放物资，有利条件较多。一是吴老板比较开明，同情革命，可以借助他的归侨身份掩护；二是闹中有静，越是神神秘秘越易引起怀疑，闹市里大摇大摆反倒安全，在宁静的小巷里可以神不知鬼不觉从事秘密工作；三是靠近韩江码头，人员、物资、情报的运送十分方便；四是秘密交通站掌控的两艘与其他商船一样的电船在韩江运行，并组建一支10多人的便衣武装，可以保护商船安全。中共潮澄澳县委在潮汕铁路线建立了铁路总支部，沿线站区和每个车站都安插有自己的同志；在韩江上建立韩江电船支部，往返潮州至大埔之间的轮船老板和多数雇员是潮州人，而且党组织直接掌控着两艘电船；潮安县城韩江码头的管理人员和搬运工人中也有地下工作者，这些党组织和地下工作人员积极配合着中央交通局开展工作。

在白色恐怖的险恶环境中，潮安各级党组织和工农武装及人民群众冒着生命危险与国民党政府军警、土匪、奸商、叛徒等斗智斗勇，不仅自觉保守秘密，护送革命同志安全进出中央苏区，传递重要信件、情报，而且积极为交通站运送物资等，不惜牺牲自己的一切，用智慧、鲜血和生命筑起了这条"红色之路"。从贫农成长为共产党员的潮城交通员张姆（马西姆），1934年1月，其祖孙三代人被捕，敌人连她年仅9岁的小孙子都不放过，张姆面对酷刑，毫不动摇，视死如归，保守了交通线的秘密。

（一）传递情报，确保中央苏区及时得到党中央的指示

从1930年底到1933年1月中共临时中央政治局迁往中央苏区之前，从潮安经过的交通线沟通了上海党中央与江西中央苏区的联系，保证了上情下达和下情上达，使党中央能及时了解和掌握中央苏区的情况，又使中央苏区能及时得到党中央和共产国际的指示。交通线给党中央和中央苏区设置了一双"千里眼"和"顺风耳"。

（二）护送大批党政军领导干部安全进入中央苏区

1930年至1934年，潮安各级中共组织配合交通站的工作人员，在这条红色交通线上冒着生命危险多次护送中央领导干部进入江西苏区。较大规模的转移有三次，第一次是在1930年冬至1931年春，第二次是在1931年4月，第三次是在1932年底至1933

年1月。先后有周恩来、项英、陈云、博古、任弼时、聂荣臻、刘伯承、左权、李富春、林伯渠、董必武、谢觉哉、徐特立、张闻天、王稼祥、李维汉、邓颖超、蔡畅、邓小平、杨尚昆、陆定一、王首道、瞿秋白、李德等党、政、军领导以及国际人士共200余人。两次参加中华苏维埃全国代表大会的各地代表，以及一大批电讯技术人员、文艺工作者和进步青年，他们都是途经潮安安全进入中央苏区的。这些党的精英进入中央苏区后，对党的建设、政权建设和军事建设等诸多方面都发挥了巨大作用，他们中有很多人后来成为中国革命史上有影响的著名人物。

（三）为苏区的反"围剿"斗争输送了必需的物资

中共潮澄澳县委利用境内水陆运输的便利条件，采取了多种方法，为中央苏区输送军需及民用物资。一是转运从上海、香港、汕头等地采办的物资，如纸张、电讯器材、印刷器材、军用器材等；二是直接在潮安等地采购大量的普通物资后运出，如盐、水产品、电池、药材、布匹、火柴等生活用品；三是协助中央苏区对外贸易局通过商业运作采购和运送物资。潮澄澳县委还利用潮安作为闽粤赣边商品集散地的重要地位，组织和引导潮州商人在韩江沿线做生意，用布匹、食盐、灯油等商品同苏区交换粮食、竹器、木材、木炭、茶叶等土特产。

《中共闽粤赣边区史》载："对外贸易局是在反封锁、反奸商的斗争中建立起来的，它的任务是负责苏区与白区之间的贸易事宜，输出苏区生产的粮食和土特产，运入苏区急需的食盐、布匹、药品和军用器材。当时，闽粤赣苏区境内的汀江和韩江，是中央苏区党和苏维埃政府开展对外贸易的主要渠道……在中央苏区的对外贸易中起了极其重要的作用。"《毛泽东文集》第一卷《寻乌调查》称："盐分潮盐、惠盐。潮盐好，但贵……潮盐色青黑，清洁能防腐。寻乌的盐，历来是潮盐多，惠盐少。"

从1930至1934年底的几年间，中央苏区300万军民每年所需900万元的食盐和600万元的布匹及其他紧缺物质300多吨大部分是在潮安转运或采购后运进的，潮安人民为中央苏区军民打破国民党的军事"围剿"和经济封锁作出了重大贡献。

（四）送出钱款，支持党中央的活动经费

土地革命战争初期，在上海的中共中央所需经费，主要靠共产国际通过德国、法国在上海的银行汇入，或靠交通员从苏联途经东北带入。德国的希特勒上台后和日本侵占东北，共产国际对中共中央的经费支持没有以前畅通了，党中央不得不经常通过中央交通局，把中央苏区从敌军和地主土豪那里缴获的黄金、白银、珠宝、现金，经过潮安送入上海、香港等地，再分配到各级党组织作为活动经费；或通过采购点换成钞票银元，用来购买苏区所需货物。

综上所述，途经潮安通往中央苏区的这条地下交通线，穿越国民党统治区，冲破白色恐怖的重重艰难险阻，纵横驰骋，运作自如，自始至终不受破坏，成为唯一摧不垮、打不掉的地下交通线。是中央交通局所确定的华南4条交通线中开辟线路最早、使用频率最高、存在时间最长、所受破坏最小、人员及物资往来最多最安全的一条。从1930年冬建立至1934年10月中央红军长征撤离中央苏区的几年时间，潮安境内这条畅通无阻的红色交通线，也是中央苏区牢固的补给线，对中央苏区和中国革命作出了重大的贡献。

秋溪区的革命斗争

一、秋溪游击区的建立及其活动

秋溪游击区位于潮安县的东南面，包括现在的铁铺、磷溪、官塘3个镇和意溪河内（锡美、桂坑等）部分乡村。东北毗邻饶平山区，东南与澄海接壤，境内既有高山密林，又有起伏丘陵地带，在地理条件上极有利于开展游击战。大革命时期，秋溪区是潮安农民运动蓬勃发展的地区之一。大革命失败后，秋溪区的农民运动虽然也受到残酷镇压，但是，农民反抗国民党反动派和地主恶霸的斗争，却一直没有停止过，具有开展游击战争的群众基础。1931年秋，中共潮澄澳县委根据这里的地理形势和群众条件，决定派员开辟秋溪游击区。随后，傅尚刚（江宁）、陈作芝等党、团骨干，进入到有一定群众基础的西陇、铺埔、北坑等村活动。由于秋溪区常发生群众反抗地主豪绅的斗争，因而潮安国民党当局也很注意这里的群众动态，并加强对秋溪区的防范，境内常驻有国民党的正规军、地方警卫队和国民党的洪之政部队。开展工作的初期，县委吸取以往的经验教训，为避免在敌人中过早暴露自己的革命活动，采取秘密串联的方法，在原有的农会骨干和可靠的贫苦群众中，宣传党对土地问题的主张。经过启发教育之后，陆益、陆位保、许若愚等一批积极分子首先被发动起来，积极参加了秘密活动。

接着又通过这些积极分子去组织发动群众，向群众宣讲革命道理，动员群众重新组织农会和参加游击队。由于党的土地革命政策，受到了群众的支持，参加活动的人不断增加。同年年底，西陇、铺埔、北坑村成立了农会，发展了地下武装。群众发动起来之后，中共潮安县委又及时在积极分子中吸收党员，建立党支部，加强党对群众斗争的领导。1932年春，县委相继派出干部进入韩溪（秋溪）、小溪、苦陇、坎下、杨厝寨等村开展工作。同年7月，北坑、铺埔、西陇、韩溪等村先后建立了党支部，小溪、苦陇、坎下、杨厝寨等村都有党的活动点或接头人，秋溪游击区的工作初步打开了局面。

1932年秋，中共秋溪区委成立，书记陈作芝。区委成立之后，县委先后派出陈可、张天、曾海金、叶淑兰、陈惠兰、陈碧香等干部，并从秋溪区抽调了许若愚、李婵香、陆添涌、丁梅等当地骨干，到毗邻饶平的北部山区开展工作。他们或以探亲访友为名，或以教师、医生、卖货郎等身份为掩护，深入田头、闲间到群众家中，向群众宣传革命道理，使党的土地革命主张，在边远山村中得到传播，受到了贫苦农民的拥护和支持，革命活动也逐渐公开起来。在此同时，中共东江特委派到潮澄澳发展游击战争的武装骨干进入秋溪区后，积极配合县委创建秋溪游击区的工作，深入各村组织群众，动员青壮农民参加红军，发动农民开展抗租、抗债、抗苛捐杂税的斗争。12月下旬，潮澄澳县委扩大会议后，樟东区委部分骨干和赤卫队员，执行县委的决定进入秋溪区活动。由于县委从多方面加强了秋溪区的工作，从而促使秋溪区的革命斗争迅速发展。1933年春，秋溪区游击队成立，队长罗桂木、指导员曾才炎。嫌水坑、大坑、詹厝、罗厝寨、田厝、八角楼、仙岩、梅州板、洪厝埔、西坑、小庄、苏石溪、南山后以至意溪河内的赤米埔（锡美）一带乡村，相继成立了农会，建立了游击队，群众的革命情绪十分高涨。大坑村饱受田租债务之苦的妇女李梨英，怀着对地主豪绅的仇恨，对共产主义的追求，毅然参加了革命斗争。也就在这一年，她参加了中国共产党，把自己的一切都交给了党。她先后为革命献出了3个儿子和1个女婿的生命。亲人的丧失，动摇不了她对革命事业的忠心，经常不顾个人安危，进入敌区搜集情报。当党组织活动经费有困难时，又把自己积蓄多年舍不得用的20块大洋，交给了组织。北坑村妇女丁梅，丈夫早逝，在家守寡，受到革命道理教育之后，勇敢地摆脱了封建礼教的束缚，参加了革命，加入了共产党。她跑遍了各个山村组织妇女会，把姐妹们动员起来，参加送信、搜集敌情、撒传单、插红旗，为红军战士洗衣、煮饭，成为秋溪革命斗争中的一支重要力量。同年八九月间，秋溪区革命委员会在大坑村牛绸岭成立，主席傅尚刚。从此，秋溪人民在秋溪区委和革委会的领导下，进一步开展游击战争，使武装斗争的烈火燃遍了潮饶交界的山村。为了战争的需要，秋溪区委还建有红军医院和修理枪械的兵工厂。

秋溪游击区的形成过程，敌我双方的斗争十分尖锐。初期，由于革命活动是秘密进行的，且得到农民的支持和配合，因而工作进展比较顺利，也较平静。1932年冬，红三连成立后，相继攻打饶属隆城和潮安驻溪口警卫队，缴敌枪支一批，使潮安国民党当局大为震惊。为了镇压秋溪游击区的革命斗争，驻潮汕独立二师和潮安国民党当局，以李驯营之大部和驻秋溪警卫队以及洪之政的特务队，联合对付秋溪游击区的革命斗争，不断对各革命乡村进行"围剿"。1933年初，李驯营派兵"围剿"嫌水坑、詹厝、罗厝寨和田厝一带乡村，嫌水坑40多名群众被捕，除5名具保释放外，其余大部分或被杀害或被判刑。田厝村也被抓去40多人，后6人被杀害。6月15日，秋溪区委委员刘金城和嫌水坑干部在詹厝祠堂开会受敌包围。刘金城在掩护干部突围时受伤被捕，7月被杀害于潮州。面对强敌的残酷"围剿"，在县委和区委的领导下，红军和游击队相互配合，避开国民党的正规军，利用熟悉地形的有利条件，进行袭击、伏击、截击后备队，有力打击为虎作伥的地主豪绅和反动分子。8月上旬，红三连在秋溪区经过休整和扩充力量之后，奇袭设于潮州桥东宁波寺内的国民党秋东区署。当晚，潮州古城隐约可见，湘子桥上行人稀疏，宁波寺前几名化装为小贩的红军战士，高喊着叫卖声，向宁波寺前走去，干净利落解决了门前的哨兵。预先埋伏在寺两旁的10多名红三连战士和秋溪游击队员，一跃而起，冲进宁波寺内，院内的警卫队士兵被突如其来的"缴枪不杀"声吓得乖乖举起手来。就这样，红三连不发一枪一弹，缴获敌人机枪1挺，长短枪20多支，胜利回到北坑驻地。奇袭宁波寺的军事行动，规模不大，但却是在"老虎嘴边拔须"，震动了潮州城内国民党的大小官员。同月，红三连又在秋溪游击队和铺埔农会的配合下，夜袭铺埔后备队，镇压了联保主任陈如尚、保长陈醉延和陈顺泰，并没收了三围祠地主的财产，烧毁了地主的田契。战斗之后，红军和游击队立即撤离铺埔村。李驯营闻讯来围，敌军搜不到游击队便对群众进行报复，枪杀了陈应然等8名群众，受害家属每户还被勒索去枪尾费100元。9月，秋溪游击队在狗脊岭上埋伏，截击进犯嫌水坑的后备队，打伤后备队多人，夺回群众被洗劫的财产。

11月，秋溪区委从秋溪乡长李龙世中得到情报：潮安县国民党政府调集兵力，准备兵分三路进犯北坑村，目的在于消灭红三连和秋溪游击队。据此，区委迅速作出截击敌军的部署，并在北坑村进行战前动员。会后，贝必锡和傅尚刚带领红三连和秋溪游击队埋伏在黄儿坷山上，集中兵力消灭从张厝角来犯之敌；区委书记许若愚率领各村游击队员，在红涂岭上阻击从意溪、潮城方面来的敌军。翌日拂晓，驻张厝角村的警卫队，借着迷雾的掩护，走上了黄儿坷弯弯曲曲的小路，进入红军的伏击圈。埋伏在黄儿坷山上的红军和游击队，一齐向山坳里投下土炸炮，并集中火力向敌人进行射击。霎时间，山坳里硝烟弥漫，敌小队长丘汉文当场毙命，没被炸死的四处逃命，来不及逃走的跪地投降。黄儿坷战斗打响不久，从潮城、意溪出发的两路敌军也先后到达红涂岭。许若愚率游击队员据险阻击，顶住了70多名敌军的多次进攻，保证了黄儿坷战斗的胜利。这一仗，消灭了警卫队员12名，活捉12名，缴获长短枪30多支和子弹一批。黄儿坷战斗的胜利，在游击区和根据地中产生了很大的影响。中央苏区机关报《红色中华》以东江红军的捷报为标题，报道了黄儿坷战斗的情况，表扬了潮澄澳红军英勇战斗的精神。

黄儿坷战斗之后，秋溪游击队迅速转向外围，在游击区边缘开展游击战，先后在意溪锡美村和桂坑村，镇压了保长刘双春和恶霸罗美焕、刘苏木，并没收其财产，筹集了一批活动经费。接着，又在饶平黄山坑村，伏击开往埔美林村的国民党军队，敌军不知虚实，急退回饶平钱东去。红军游击战不断取得胜利，鼓舞了赤色乡村的群众。游击队员积极配合红军作战，用自制的土枪、土雷杀伤后备队。当洪之政特务队袭击嫌水坑村，企图洗劫群众财产时，游击队员用土地雷炸死了10多名敌兵，吓得敌军慌忙撤退，保护了群众的财产。冬，秋溪区赤色乡村的群众，在区委领导下，进行了抗租、抗债和年关斗争。铺铺村群众在驻村工作干部的带领下，把向农民收租的地主押至大坑村交给红军处理。嫌水坑农民，拦截官塘巷头地主陈文成派到嫌水坑收租的10多个家丁，不准他们进村收租，家丁只好乖乖溜回去。铺埔、嫌水坑、大坑、田厝寨等村的游击队，在红三连的配合下，袭击铁铺松下圩，没收了发利、余利、德泰三家富商的财产，取得了年关斗争的胜利。

二、秋溪游击区的反"围剿"斗争

1934年，潮安国民党当局加紧"围剿"日益发展的秋溪游击区，敌我斗争更加激烈。敌人在加强保甲联防制，加速组织后备队，对重要集市和非赤色区域实行严密控制的同时，不断派兵袭击赤色乡村，大坑、嫌水坑、西坑、葫芦、詹罗田等村，更是多次受到敌人的袭击和洗劫。3月8日，洪之政特务队在叛徒红番带领下，包围嫌水坑农会活动点下塘溪草寮，两名农会干部当场中弹牺牲，革命干部林秀莲和3名农会干部受伤。敌人冲进草寮后，砍下烈士的头颅，拖着受伤的干部向大坑村走去，烈士的鲜血滴落在大塘溪边的草地上，染红了大塘溪的流水。敌人走到大坑村口时，两名走在前头的敌兵，踩上地雷被炸成血肉一团。敌人龟缩一阵后，发疯似地向村里冲击，见人就杀。敌人的暴行，并没有把嫌水坑的群众吓倒，在许心珠、许巧銮等人的帮助下，嫌水坑群众很快又重新健全了农会，与敌人继续战斗。春，秋溪游击队员张洽祥被捕后投敌，多次引敌包围西坑、大坑、詹罗田、西八等村，致秋溪革委会秘书许义斌和西坑、罗厝寨等村5名农会干部被捕后遭敌人杀害，8名农会骨干被投进了监狱。接着，秋溪区委、革委所在地葫芦村也受到敌人的袭击，秋溪游击队的驻地和红军活动点大涵埔受到敌人的破坏，成片的果林被砍光、烧毁，附近乡村遭敌人洗劫。4月，洪之政特务队先后两次洗劫大坑村，4名群众被抓后遭活埋。6月，洪之政特务队再次包围大坑村，逮捕了30多名来不及转移的群众。隐蔽在山上的红军战士速仔见状，机智地吹起冲锋号，和群众一齐喊"冲啊"，敌军误为红军队伍到来，急忙撤出大坑村。速仔等人趁机冲至村里解救群众，并组织群众撤退。敌人不见动静，又返回大坑村并大肆洗劫群众财产。

为粉碎潮安国民党当局的残酷"围剿"，保卫秋溪游击区，中共秋溪区委迅速作出了部署，领导秋溪游击队与赤色乡村的人民，打击叛徒和助纣为虐的土豪劣绅及其后备队；组织区、乡游击队，配合红军在外围作战，回击敌人的军事进攻。5月，秋溪游击队袭击铺埔后备队，毙敌8名，缴枪8支，镇压欺压群众的恶霸。6月，秋溪游击队又在西坑村诱捕作恶多端的叛徒张洽祥，押至大坑村进行公审后处决。嫌水坑农会配合游击队，镇压恶霸林诚木等3名。7月23日，秋溪区革委会主任傅尚刚在埔美林村遇敌，带领区干部炳河和阿花与敌人进行战斗。战斗中，来自大南山的优秀儿女，为创建秋溪游击区作出贡献的傅尚刚英勇牺牲，炳河和阿花被捕后遭敌杀害。8月，秋溪游击队在澄外区，配合当地游击队袭击龙田乡，没收豪绅枪支4支。11月，秋溪游击队配合红二中队袭击进犯饶平寨仔礼堂村的敌军，敌人1个连在礼堂寨内据守顽抗，双方激战了1天。由于潮安和饶平的国民党驻军来援，游击队迅速撤出了战斗，途中遭到敌军截击，秋溪区干部陈宗鉴和红军战士老树被捕，后陈宗鉴被杀害，老树伤重身亡。12月，秋溪游击队截击进犯大坑村的后备队，救回被捕的3名农会干部，夺回群众被劫的财产，后备队仓皇逃跑。游击队又配合中共潮澄饶县委大队，在青岚分水坳伏击洪之政特务队，毙敌8名，活捉叛徒红番及敌兵16人。战斗中，政委林乌在搜索残敌时不幸中弹牺牲，叛徒红番被押至大坑村进行公审后处决。这一年，秋溪游击区人民在中共县委和区委的领导下，在激烈的战斗中，广泛地开展游击战争，抗击着从潮安、澄海、饶平3县边境集合起来的敌人，保卫了艰苦创建起来的游击区。

1935年夏秋，秋溪游击区的上空乌云翻滚，遍地血腥。国民党邓龙光师实施其从平原至山区的分段"围剿"策略，在大举向平原游击区发动进攻的同时，以二十五团的一个营联合洪之政特务队和各地后备队，对秋溪游击区再次进行残酷"围剿"。在敌人进攻中，中共潮安县委错误地把红三大队和县委大队集中在浮凤根据地，使秋溪区在抵抗敌人的进攻中失去了主力红军的支持。中共秋溪区委在敌我力量悬殊的条件下，由于存在等待、依赖红军到来的思想，因而没有及时抓住群众已经发动起来的斗争情绪，进一步发动广泛的游击战争，组织与领导群众打击敌人，镇压地主豪绅，巩固党的组织。致各村的农会和党组织受敌破坏，群众被围篱打栅之后，党失去了在群众中的领导作用，被迫"脱离群众去守山"。区委领导下的秋溪游击队，虽然也与敌人进行过一些小战斗，但因力量单薄，不久只剩下10余人，在与县委、区委失去联系的情况下，被迫转移到饶诏边境去。5至8月间，敌人在几乎没有遇到反击的情况下，对秋溪游击区的大小乡村进行残酷"围剿"。5月20日，国民党黄怀连包围铺埔村，搞清乡点名，4名群众当场被枪杀，20多名群众被逮捕，全村被强迫实行联保连坐法。6月15日，国民党潘汉武连和洪之政特务队包围嫌水坑，3名农会干部被捕。接着，洪之政特务队伙同后备队包围罗厝寨，搜捕区委干部，在该村的秋溪区委迅速撤至冷水坑山坳。罗厝寨村20余间民房被敌烧毁，大部分群众的房屋被拆毁，财产被洗劫，群众被迫散乡，田厝寨、詹厝也受到敌人的"围剿"。由于敌人继续不断进行搜山，秋溪区委在嫌水坑再也站不住脚，便转移到东寨后山柿园草寮中。7月1日，洪之政特务队包围大坑村，2名妇女骨干和村的儿童团长被杀害，全村群众被迫集中到林厝并村，被围篱打栅，严加监管。7月22日，潘汉武连和洪之政特务队再次包围嫌水坑，李梨英的女儿林松花和3名农会骨干被捕。除林松花因怀孕被判刑外，其余3人均遭杀害。8月初，洪之政特务队包围洪厝埔、东寨等村，逮捕群众多名。驻在东寨柿园草寮的秋溪区委被包围，县委宣传部长兼秋溪区委书记文锡响，与区委3名工作人员一同被捕，秋溪区委被破坏。文锡响被捕后，铮铮铁骨，视死如归，保持了共产党员的高尚气节，9月21日，在凤凰圩就义。敌人到处搜捕党员、团员、农会干部和赤卫队员，在恶劣的环境中，一些人被迫出走南洋，一些经过长期锻炼，经得起失败考验的干部和党员、团员，突破敌人的层层封锁线，转移到浮凤根据地去。

同年8月，中共潮澄饶县委派许若愚回秋溪区恢复工作。这时，秋溪区的环境十分险恶，到处是国民党的驻军和后备队，敌探密布，群众被隔离，工作很难开展。许若愚在一次外出寻找粮食时，在陈乌爹山坳遇敌被围。他藏在荆棘丛中向敌人射出复仇的子弹，孤身与敌军奋战。敌人集中机枪、步枪向荆棘丛中扫射并放火烧山，许若愚终于在枪弹和烈火中壮烈牺牲。此后，秋溪游击区的工作一直未能恢复。

秋溪游击区的建立，成为连接浮凤根据地和平原游击区的纽带，互为依托，互为支持，对潮澄饶边区游击战争的开展，对实现与闽南的革命斗争连成一片，具有积极的意义。

秋溪游击区的斗争虽然失败了，但是幸存的同志加入红三连中，转移到闽南继续坚持艰苦的战斗。

1935年11月，闽粤边特委为了恢复潮澄饶的工作与重建新的游击区，重新组建潮澄饶县委领导班子，陆位保为书记。从此，潮澄饶县委便在闽粤边特委直接领导下，为创建乌山革命根据地、为恢复潮澄饶的工作进行不懈的努力。

1937年3月，中共韩江工作委员会成立，南临委指定李碧山为书记、李平为组织部长、曾应之为宣传部长。"野火烧不尽，春风吹又生"。从此以后，潮安人民的革命斗争，在韩江工作委员会的领导下，迎来了全民族的抗日高潮。

4

第四章
抗日烽火燃烧潮城内外

第
一
节

"一二·九"运动对潮州的影响

国民党政府的不抵抗政策，助长了日本侵略者吞噬整个华北进而灭亡中国的气焰，中华民族的危机更加严重。1935年8月1日，中国共产党驻共产国际代表团草拟了《中华苏维埃共和国中央政府、中国共产党中央委员会为抗日救国告全体同胞书》（即《八一宣言》）。《八一宣言》的发表和红军长征胜利到达陕北的消息，给人民群众以极大的鼓舞。

1935年12月9日，在学生中工作的共产党员、共青团员的组织和指挥下，北京大学等高等院校和部分中学的学生涌上北平街头，举行声势浩大的抗日救亡游行，提出了"停止内战，一致抗日"的口号，成为全国人民的共同要求。这就是震惊世界的"一二·九"运动。

抗日爱国的风暴迅速波及潮安，东北三省的沦亡和日本帝国主义的加紧侵略，使潮安爱国青年在"山河破碎"的现实前面进一步觉醒起来，他们又开始了新的斗争。潮城学生在潮汕地区首先起来响应全国的抗日运动，举行集会游行，声援北平学生的抗日爱国斗争，汇入了全国抗日救亡运动的洪流。

1. 再次组织读书会。从1935年开始，不少中学的学生，在一些与党失去联系的中共党员以及进步人士的启发、指导下，开展了秘密读书活动，出现了一大批以阅读进步书籍，寻求真理，探索救国救民道路为主要内容的读书会，如潮城的韩师在1936年组织了"青年读书会"，在《韩山》等刊物出版抗战救亡专号。这些分散在各地的读书会，不断传播新思想，点燃了抗日的火种。

2. 开展潮州话拉丁化新文字运动。在"一二·九"运动推动下，全国掀起了学习、推广拉丁化新文字运动的热潮。新文字运动通过倡议文字改革、实行平民教育，进一步宣传组织群众抗日救亡。1936年春，潮州的进步青年知识分子设立新文字组织，开展潮州话拉丁化新文字运动，运用通俗易懂、生动活泼的文笔及大众化的内容，在人民大众中进行抗日救亡宣传动员，推动抗日救亡运动的深入开展。

3. 成立"奴隶剧社"。随着全国抗日救亡运动的高涨，在北平、上海、广州、香港等地的潮籍中共党员、共青团员和进步青年学生，遵照党的指示回到各自的家乡，把革命的火种带到潮安各地城乡，开展抗日救亡运动。1936年冬，在中山大学读书的共产党员钟骞，回到潮安开展抗日救亡宣传活动。在他和国民党一五五师进步军官张其光的帮助支持下，潮城的进步青年饶东、张望等组织成立了"奴隶剧社"（后改为潮安话剧社），在潮安各地演出抗日救亡话剧，宣传团结抗日的主张，激发民众的抗日爱国热情。

4. 建立岭东小学教师救国会潮安分会。1936年，经共产党员钟骞的介绍，爱国进步人士吴天生被安置到潮城培英小学教书，从事筹建岭东小学教师救国会潮安分会的工作。11月，岭东小学教师救国会潮安分会在潮城载阳巷培英小学成立。潮安分会成立后，得到了潮安党组织和青抗会领导人李平和曾应之、陈初明的支持和指导。分会成员积极在潮城学校中进行抗日救亡宣传，推广拉丁化新文字工作。同时利用潮安《大光报》副刊"学生园地"，向社会发表抗日救亡文章，呼吁各界人士团结抗日。潮安分会的成立，对于潮安抗日救亡运动的发展，起到了一定推动作用。

12月中旬，汕头市国民党当局压制和破坏抗日运动，驻潮州的国民党军一五五师军法处以"反动嫌疑"为名逮捕了潮安救国分会的主要成员邢德树、徐绍谦和进步教师邢凤翥3人，潮安救国分会的工作受到破坏。潮安国民党当局压制抗日救亡运动，引起各阶层人士的愤慨，在中小学教师、社会爱国青年和进步人士中，抗日救亡情绪更加高涨。

潮州沦陷前的抗日活动

一、中共组织的恢复与发展

中共潮安组织在土地革命战争后期，遭到国民党当局的摧残，尚活着的党员，有的被监禁，有的流落他乡，有的漂洋过海。至1937年7月，潮澄饶县委领导下的党组织，暂时停止组织活动，隐蔽下来的党员，尚未能与新成立的中共韩江工委接上关系。

同年8月，中共南方临时工作委员会派潮安籍党员邱创荣回汕头，由韩江工委分配到潮安负责恢复潮安党组织工作。邱创荣到潮安后，联系上了遭国民党当局逮捕监禁、刑满出狱的老党员谢南石和柯春章2人，经报请韩江工委审查批准，恢复其党籍，于9月上旬，成立了中共潮安职工支部，书记邱创荣。这是潮安党组织恢复后的第一个支部，隶属韩江工作委员会领导。同年10月，于庵埠成立中共潮安县工作委员会，书记金缄三、组织部长邱创荣、宣传部长钟骞。11月，金缄三调动，由谢南石接任县工委书记，驻地也从庵埠移到潮州城。这时在县工委辖下，有职工、青救会等3个支部。

1938年2月，邱创荣和钟骞到闽西南潮梅特委举办的训练班学习，由钟声接任组织部长，陈史坚（陈章序）接任宣传部长，方东平任妇女部长。1938年，由于形势迅速变化，潮汕党的组织机构变动比较频繁。1938年1月，韩江工委内迁至梅县，另成立潮汕分委。同年3月，根据闽西南潮梅特委的决定，撤销韩江工委和潮汕分委，分别成立潮汕中心县委和梅县中心县委。属潮汕中心县委领导下的潮安县工委，于同年4月改组为两个中心区委：第一中心区委设于潮州城，第二中心区委设于庵埠，不久又合并为潮安中心区委（领导人员与县工委时相同）。

1939年1月，重新成立中共潮安县工委，书记谢南石，组织部长钟声，宣传部长邱达生，妇女部长钟铮，青年部长张旭华。同年3月转为县委，并增设职工部，部长李民禧。这时党组织在大发展的形势下，其下属先后成立了一区区委（潮州城），书记谢南石（兼）；三区区委（意溪一带），书记钟香山；三区区分委（河内、河北、意溪一带），书记柯国泰；四区区委（铁铺、磷溪一带），书记邱达生；青抗会党组；四村（韩师）党总支，书记李贻训。全县在各区委的领导下共有37个支部，496名党员。全部党员中，妇女约占15%。

从1938年5月至1939年6月，是中共潮安组织的大发展时期，由于抗日民族统一战线的形成，抗日救亡运动波澜壮阔地发展，党组织按照上级党委提出的"猛烈地、十倍百倍地发展党员"的指示，积极开展建党工作：把在抗日救亡运动中涌现出来的优秀分子吸收入党，并派出一些知识分子党员，到工、农基层单位，通过办夜校、识字班，对青年进行文化教育和爱国主义教育，积极组织他们参加抗日救亡运动，从中吸收优秀的工农积极分子入党；培养发展学校中的师生党员，通过组织青抗会，发动学生参加抗日救亡运动，从中吸收优秀分子入党，建立学校党支部。

为提高大批新党员的素质，中共组织紧紧抓住对党员的培养教育。教育的内容，首先是学习马列主义的基础知识和党在抗日战争中的路线、方针、任务。其次是针对抗日形势的发展，学习抗日战争的战略战术和时事新闻。中共潮汕中心县委还编印了

《支部工作与支部生活》等小册子，以帮助和指导学习。为了加强对学习的领导，党内建立了学习制度，党委的成员分别深入到基层，每周为支部上一次党课，每月进行一次党的知识测验，每三个月进行一次模范支部的评比活动，以检查学习效果，总结成绩。例如意溪妇女支部就受到潮汕中心县委表彰为模范支部。通过党内的学习，不断提高新党员的马列主义水平，坚定了抗战必胜的信念，增强了党员的组织观念，正确执行抗日民族统一战线有关政策，在抗日救亡运动中起到核心作用。这次大规模的党内教育运动，一直坚持到1939年6月日军入侵潮汕时停止。

二、共产党领导下的青抗会

潮安党组织为贯彻中共中央制订的全国人民总动员，广泛发动群众，武装群众，实行全体人民参加战争、支援战争的全面抗战路线，领导潮安青年抗敌同志会（前身称救亡同志会），进行抗日救亡运动。并以"青抗会"为核心，带动和指导"潮安妇女抗敌同志会""潮安学生救国联合会""暹罗华侨救护队"等群众组织的工作，使抗日救亡运动蓬勃发展。

潮安青年救亡同志会，首先是由共产党员、中山大学学生钟骞回潮安积极发起的，这个组织在酝酿过程中得到汕头市青年救亡同志会工作组的协助，也得到一五五师政训处上尉科员张其光（早就接受过共产党的教育，思想进步，积极支持抗日救亡运动，后于1939年参加共产党）的支持。钟骞的哥哥钟勃（同父异母），时任国民党潮安特派员，钟骞做他的工作，得到他的同意，于1937年8月21日假座潮州城英聚巷扶轮堂（国民党县党部）举行潮安青年救亡同志会（简称"青救会"）的成立大会，选出以钟骞为首的理事会，一五五师派出政训处科员黄虹为指导员，这样，青救会便成为公开合法的群众组织。刚建立不久的中共潮安县工委立即加强对青救会的领导，积极发动工农群众入会。同年11月，在青救会中成立了中共党支部，成为青救会的领导核心，促进了青救会组织的迅速发展。1938年1月，国民党广东省党政军联席会议民运总部派"民运督导团"来潮安，民运督导团虽然是国民党的官方组织，但该团5名成员中有3名是没有公开身份的共产党员，他们以指导潮安民众运动的身份，大力协助潮安青救会排除各方面的阻力和干扰，巩固和发展青救会组织。与此同时，国民党"潮安各界民众抗敌后援会"以正统的名义，借广东省党政军联席会议规定"一切救亡团体都应统一名称，冠以'抗敌'二字"为名，将青救会易名青抗会（潮安青年抗敌同志会），派出了7名改组委员，主持重新登记会员和改选理事会等事宜，妄图统制、兼并青抗会，夺取青抗会的领导权。恰在这时，一五五师调防，一五七师接防后，即派黄本英接替黄虹为青抗会指导员，斗争更加复杂。在这种形势下，潮安党组织坚定地依靠进步力量，团结争取了改组委员中的中间派，在重新登记青抗会员的过程中揭露国民党顽固派企图兼并夺权的阴谋，因而在民主选举理事会时，进步势力以多数的优势取得了胜利，粉碎了国民党方面企图打击进步力量、夺取领导权的阴谋，取得反"兼并"反"统制"斗争的胜利，保持了青抗会的独立性，也保证了中共潮安组织对青抗会的领导。

党组织在潮安青抗会中经常加强政治思想方面的工作，以"严肃、团结、活泼、紧张"作为会训，组织会员学习《论列宁主义》《抗日救国十大纲领》《论持久战》《抗日游击战争的战略问题》《大众哲学》《新华日报》《救亡日报》《抗敌导报》《前驱》等书刊，教唱抗日歌曲，举办各种时事报告会、专题报告会、学习讨论会等，宣传贯彻抗日民族统一战线的方针、策略，坚信党的领导，树立抗战必胜的信念。

　　发动工人积极参加抗日救亡运动。当时国民党所把持的工会，是一个空有其名，而不为工人谋利益的组织，甚至还利用行会的规则来限制工人的活动。因此，潮州城中共组织在发展工人参加青抗会后，立即组织工人青抗会员深入所在基层，有的重新组织工会，有的改组充实原有工会，团结工人参加抗日救亡活动。青抗会员在印刷工人中重新组织工会后，发动70多名工人入会，党组织从中吸收3名党员，建立了中共支部。党组织在发动工人参加抗日救亡运动中，把争取改善工人的生活待遇结合起来。例如，当时印刷工人每天劳动时间达十五六个小时，而且工资低微，生活十分困苦。印刷工会为维护工人的政治、经济合法权利，领导工人进行"加薪减时"的罢工斗争，县青抗会也出面声援，迫使厂方让步，每天减少两个小时的劳动时间，适当改善了工人的生活待遇。这一斗争的胜利，鼓舞了其他行业的工人群众。又如小贩经常受警察勒索，其中的青抗会员即发动大家向政府请愿，县青抗会也进行声援，使这一斗争取得胜利。青抗会还组织会员进入首饰工会、旅业工会，做好工人的抗日救亡宣传工作，使这两个工会的工人也非常活跃地参加青抗会的活动。

　　中共组织通过青抗会的组织发动，在全县掀起了一个规模壮阔、声势浩大的抗日救亡活动。潮城各工会，金中、韩师、县中各学校，汕青抗"一五五师随军工作队"等都组织了宣传队，不仅在潮城，而且深入到广大农村进行宣传活动。通过演剧，唱抗日歌曲，写大字标语，送传单等多种形式，向广大农民宣传抗日救国的道理。这些宣传队通过向青年、妇女、儿童教唱《义勇军进行曲》《大刀进行曲》等抗日歌曲，演出《放下你的鞭子》《我的家在松花江上》等抗日街头剧，张贴标语、漫画、墙报等形式，宣传抗日民族统一战线，宣传抗日战士在前线英勇杀敌的事迹，揭露日军对沦陷区的蹂躏和人民流离失所的悲惨情景，以激励民众同仇敌忾，坚持抗战，反对投降。青抗会的宣传活动，其规模之大，活动范围之广，是潮州历史前所未有的。

各地青抗会还举办民校、夜校和识字班，吸收工农青年参加学习，对青年进行文化教育和抗日救国教育，动员和组织青年参加到抗日救国行列，不断扩大和巩固青抗会组织。在潮州城，县青抗会举办了工人夜校和居民妇女夜校；工人夜校第一期参加学习的工人200多人，结束时接纳了110名工人参加青抗会。

在中共组织的领导下，全县建立的青抗会，有意溪、桥东、东津、河北等14个乡青抗会。至1939年6月，全县青抗会会员发展至四五千人，主要是工人、农民、知识青年、中小学教师、学生、家庭妇女。

为大造抗日声势，青抗会还根据全国和本地区所发生的重大事件，组织火炬示威游行。1938年4月8日和10日，先后举行庆祝台儿庄大捷和济南胜利的火炬游行。10月，组织了一次保卫大武汉的示威游行，提出了"反对妥协，反对倒退，坚持抗战到底"的口号。12月，国民党副总裁汪精卫公开叛国投降日本，在中共潮汕中心县委和岭东各地青抗会通讯处的号召下，青抗会联合学救会、妇抗会等抗日群众团体，开展了一次"反汪运动"，在潮州城组织了一次声势浩大的千人火炬游行，在区、乡也普遍召开讨汪大会和游行。1939年5月，青抗会组织了一次"保卫大潮汕"的游行和誓师大会。

为激励前线抗日战士的斗志，青抗会开展支援抗日前线的活动。1938年9月上旬，由"武汉各界慰劳前线抗战战士委员会"发起征集慰劳信和慰劳袋运动。潮州的青抗会发动会员响应这一号召，仅半个月时间就完成了万封慰劳信和慰劳袋的任务；9月，为纪念"九一八"事变7周年，岭青通讯处发动一次30万人的签名运动，潮安在青抗会的发动下，完成了5万人的签名任务；10月，"第九战区总动员会"为了前线战士的御寒需要，发动征集百万件棉背心运动，潮安县后援会分配青抗会要完成800件的任务，还规定学生归学校、工人归工会、商店归商会、乡村归乡公所等，企图限制青抗会向各界募捐，而青抗会发动会员却最先完成了任务；为纪念"八·一三"发起的献金运动，青抗会员带头行动，取得了献金1万元的成绩。

与此同时，青抗会积极做好妇女的抗日救亡工作。此时的潮安县妇女会，其领导成员都是国民党上层的女知识分子和官员太太，起不到广泛团结妇女参加抗日救亡的作用。1937年9月，潮安青年救亡同志会派出骨干钟铮、林青苑向妇女会会长戴若萱说明组织广大妇女参加抗日救国的重要性，协商后，召集潮安各界妇女代表在县第四小学开会，宣布成立"潮安县妇女救亡同志会"。妇救会成立后，广泛动员女工、农妇、女学生、知识妇女、家庭妇女，爱国官员家属等参加组织，青抗会中的女会员原则上都参加妇抗会，因而形成了以女共产党员为核心，女青抗会员为骨干的抗日民族统一战线的妇女组织。

1937年10月，省御侮救亡会潮安分会组织"救国工作团"时，妇救会理事会根据共产党员钟铮的倡议，组织会员参加这次宣传活动；同年冬，又与中国童子军潮安战时服务团联合，组织"醒民剧社"，在潮城光华戏院等处演出救亡话剧。1938年2月，妇救会改名为"潮安妇女抗日同志会"。

1938年初，中共潮安县工委在县、区党组织中增设妇女部、妇女科，以加强党对妇女工作的领导，3月，中共青抗会妇女支部成立，书记钟铮，成为妇抗会的领导核心。妇抗会的抗日救亡活动，既有自己组织的宣传队，也积极参加青抗会所组织的各种宣传队，还有参加国民党当局所组织的宣传队，分头到城乡开展抗战宣传。同年三八妇女节，在中共潮安县工委的指导下，妇抗会召开潮城各界妇女代表大会，隆重举行纪念活动，高呼"宁为救国死，不当亡国奴！"的口号；同时，还多次配合青抗会举行火炬游行。妇抗会积极开办夜校和妇女识字班，对工农妇女进行文化教育和抗日救亡教育，使学员认识到应把争取民族解放和妇女解放结合起来。还发动妇女参加战备和劳军支前工作，组织在城各机关单位的女公务员、眷属及各中学女学生，进行救护演习和军事训练，发动妇女参加向前线将士献锦旗、写慰劳信、献金、捐献棉背心等活动。

为促进抗日救亡运动向各学校蓬勃开展，中共组织通过党员林西园以民运督导团员的身份协助各校师生，于1938年5月，由金中、韩师、县中等学校派出的学生代表开会，成立"潮安学生救国联合会"，推选出第一届干事会成员11人。学生救国联合会的成立，使学校中的抗日救亡运动更加广泛而深入地发展。同年8月出版了《潮安学联导报》，及时报道了各校的活动情况，交流经验。党组织又及时把青抗会中的学生党员派回学校开展工作，先后在韩山师范、县立一中、金山中学、潮州艺校等建立了中共党支部，掌握了学生救国联合会属下各校的学生自治会、班会，团结进步教师和学生，成为领导学生开展抗日救亡活动的核心。但当时学校是由国民党所控制的，因而，进步、中间、顽固的各种势力，都反映到对待抗日救亡的活动上来，反干预、反阻挠、反压制的斗争比较突出。学校当局某些顽固派提出了"救国不忘读书"，企图限制学生参加抗日救亡活动，进步学生则针锋相对地提出"读书不忘抗日"，与之进行斗争。如韩师党支部组织以简师第三届为主的学生宣传队，准备出发进行抗日宣传时，受到学校顽固派的干预和阻挠，不准宣传队出发。进步学生立即提出抗议，表示若不支持学生的抗日行动，将罢课搞宣传。结果学校当局不得不宣布停课一星期，让宣传队出发搞宣传，并由进步教师张华云负责带队。但顽固派并不肯罢休，他们借口"旷课多，学科不及格"为名，要开除参加抗日活动比较活跃的学生赵世茂、许敦才、黄致中、李积成等4人（均为共产党员）的学籍，经过学生提出抗议和罢课等斗争，迫使校长不得不改口宣布他们退学。

在潮州城的金中、韩师、县中、潮州艺校4所中学，共有学生1400多人，其中团结在共产党周围的进步学生达400多人，形成了一支进行抗日救亡活动的骨干力量。

各校中共党支部在抗日救亡中，发挥了核心作用。韩师于1938年4月建立党支部后，在校内外发展党员30名，成立了党总支。他们团结校内进步师生，与学校当局的顽固派开展了反压制的斗争，冲出校门，组织宣传队到县内外进行抗日宣传和举办夜校识字班，并在桥东、东津、黄金塘、社光洋等地吸收居民和工农青年入党，建立了中共校外支部和党小组。县中于6月建立党支部后，党员发展至28人，他们积极争取了校长和进步教师的支持，通过学生自治会、班会等组织，出版墙报、壁报和创办刊物《铁蒺藜》，设点售卖进步书籍和刊物，组织学生参加野营活动，组织宣传队到校外宣传，而且在意溪镇内和农村举办夜校和学习班，在竹器工人中发展党员，建立党组织。潮州艺校于9月由韩师转学的赵世茂等4名共产党员到校读书后，建立了支部，党员6名。他们组织学生积极参加在城的抗日宣传活动和义卖书画支援抗日前线等工作。金山中学于1939年1月建立党支部，党员6名。他们通过组织读书会，团结进步力量积极参加青抗会所组织的抗日救亡宣传活动和办夜校、识字班等活动。

1938年2月，暹罗（今泰国）亲日当局驱逐第一批潮籍华侨回国，这些爱国华侨回家乡后积极参加抗日救亡活动。同年5月，由爱国侨胞所发起，经广东省第九区民众抗日自卫团统率委员会核准，在潮安意溪镇黄家祠成立暹罗华侨救护队，队长余洪业，副队长贝子端、伍退思，全队共100多人，并在潮州城竹木门设办事处。救护队中有共产党员3名，成立了党小组。8月，第九区自卫团分队长教导队集训时，救护队组织了医疗组随队负责医疗工作；同年秋开赴澄海救护南澳抗日受伤人员；1939年上半年，日机在韩江意溪段江上扫射行驶于潮州至隘隍的嘉陵号客轮时，救护队即前往救护受伤乘客30多名。

三、抗日民族统一战线的建立

潮安党组织根据中共中央所提出的"我们的任务，是在不但要团结一切可能的反日的基本力量，而且要团结一切可能的反日同盟者"的方针和南临委所提出的"应当迅速开展各阶层、各党派的抗日民族统一战线工作，特别是开展国民党军队和地方团队的统战工作，争取国民党官兵一致抗日，保卫国家民族的独立"的指示，积极开展对国民党驻军和地方实力派的统战工作。

七七事变前后，中共韩江工委在南临委的协助下，进一步做好与潮汕驻军一五五师师长兼东区绥靖公署主任李汉魂的统战工作，得到了他对抗日救亡运动的支持。1938年9月，汕头市青年救亡同志会组织了一五五师随军工作队，到潮城协助潮安青救会开展工作，并得到一五五师政训处科员张其光对潮安青救会活动的支持。

同年10月，日军占领广州，一五七师奉令调防粤北，战地服务团第四分队还坚持随军到粤北服务。一五七师调防后，由国民革命军陆军独立第九旅接防潮汕，旅长华振中，兼任潮汕警备司令（华振中原是十九路军将领，参加过淞沪抗战及武汉保卫战，有爱国思想）。这时在独九旅中，有徐先兆和胡沥（黄斯明）、张村（白漳川）两名没有公开身份的共产党员。徐先兆任潮汕警备司令部秘书，胡沥、张村任独九旅政治工作队正副队长。他们接受中共广东省委统战部长古大存的派遣，公开任务是做独九旅的政治工作，暗中与中共地方党组织联系，提供独九旅的内部情况，以帮助地方，起到很大作用。

独九旅进驻潮汕后，中共潮汕中心县委派钟骞多次与华振中联系，其中一次是以中共闽西南特委机关报前驱报社社长、共产党员的身份与其洽商的，争取了华振中对抗日救亡运动的支持。1939年5月，潮安青抗会在潮州城施茶庵青抗会会址举行"保卫大潮汕"誓师大会时，华振中还出席讲了话，军民共表抗日决心。

1938年8月，国民党第九区民众抗日自卫团统率委员会举办自卫团分队长教导队集训班，该会派林先立任集训班主任，兼任政治班长。潮汕中心县委借此派青年部长徐扬及杜柏琛（杜桐）以青抗会的名义与其联系协商后，派共产党员徐扬和汕青抗会员林邦靖、许凤、杜式通等参加教导队的筹备工作，并被聘为4个中队的政治教官。中共潮安中心区委派党员林作顺报考，任中队助教，潮汕各地党组织动员党员和爱国青年报考参加，当时潮安参加集训的还有陈望秋、许凤山、陈作然、何英展、陈少初等，8月初，教导队集训班在潮安东津开始集训，采取边行军、边训练的方式，举行军事演习后结业，共历时4个多月。

同年秋，潮安青抗会应国民政府新任县长黄启光的要求，经中共潮汕中心县委的批准，派出9名会员（其中共产党员8名）参加"潮安县政府情报组"。黄启光是台山人，到任后想找些人作为了解地方各种势力动向的耳目，而中共组织则考虑到潮汕即将沦陷，可以利用情报组这个合法的组织，了解地方各种势力的政治动态和武装实力。情报组组长是黄启光的外甥王弗桥。情报组内建立中共党小组，召集人朱其燕（朱玄石），情报组员分赴各区进行调查活动，所写情报分送县政府和中共潮安中心区委。12月，黄启光调离潮安后情报组撤销。

在此同时，国民党潮安县抗敌后援会组织抗敌救国工作团，在国民党党部扶轮堂集训后分赴各区工作。潮安青抗会选派了能力较强的50多名会员参加，充分利用国民党这一组织，进行抗日救亡宣传。青抗会员分配到各分团后，发挥了骨干作用。如抗敌救国工作团意溪分团9名团员中，有7名是共产党员，虽然分团长是县中校长陈行成（国民党县党部监委），但副团长是共产党员钟香山，掌握了该团的领导权，真正发挥了抗日救亡宣传和动员民众支援抗日前线的作用。

潮安的地方实力派，在抗战爆发后，他们的政治倾向开始分化。大光派的主要人物是国民党潮安县特派员钟勃，共产党员钟骞是他同父异母的兄弟，为了更好地领导潮安青抗会，他积极做好钟勃的统战工作，减少了阻力。建设派的头面人物陈政，自1936年西安事变后，他开始赞同共产党所提出的抗日政治纲领，热心于抗日救国。

秋浦乡（属四区）是韩江东面一个较大的乡村，历史上房界隔阂。1938年潮安民运督导团里的共产党员林西园和中共潮安中心区委宣传部长邱达生先后到这里活动，建立了乡青抗会和中共组织，开展抗日救亡活动。初期由大房办的聚奎小学开展抗日救亡活动很活跃，但由五房办的东区小学则是一潭死水。两所学校也因房界隔阂而互不往来，聚奎小学的宣传队曾到五房的石板村进行宣传时，遭到反对。1939年初为动员全乡民众团结抗日，中共四区（含今磷溪、官塘、铁铺）委员、聚奎小学校长张锡然，主动对东区小学校长陈英立开展统战工作，由中共秋浦总支书记、乡青抗会常委陈英耀做五房士绅陈伯瑶的工作，并倡议召开全乡士绅座谈会。小学校长陈寄畴在会上慷慨激昂地陈述团结抗日的道理，分析房界互相仇视的危害，使士绅们识大体、顾大局，拥护"团结抗日"的主张。陈英立在会后即带领东区小学师生参加了乡青抗会，并任青抗会常委，使全乡的抗日救亡活动全面地开展起来。当乡青抗会向乡长陈若鸿提出要借枪组织"抗日护乡团"时，大房和五房的士绅联合签了名，顺利地借到了30多支长枪，组织了一支50多人的地方武装队伍。

四、抗日备战工作的开展

1938年6月21日，日军攻占南澳，潮汕形势日益紧张。10月上旬，中共闽西南潮梅特委书记方方到潮汕，在澄海四区岐山乡召开潮汕中心县委扩大会议。方方在会上作重要指示。潮安中心区委书记谢南石和组织部长钟声参加了这次会议。会议提出了"一切为了发动群众，准备开展潮汕抗日游击战争"的口号，决定工作重点从城市转向农村，在农村和山地建立游击支点，部署了潮汕沦陷后的应急措施，准备开展抗日游击战争。确定了各县市的活动地区和方向。会后，方方还到潮州城猴洞（今同仁里）钟铮家中召集潮安党组织的领导人谢南石、钟骞等开会，进一步作了具体部署。

根据岐山会议精神，中共潮安中心区委决定在青抗会中抽调一批骨干，成立青抗会基本干部工作总队，总队长陈诗朝，副总队长许敦才，并组织了3个工作队，分别到潮州城等地开展工作；同时也抽调一批党员和青抗会骨干，通过社会关系，安插到四区的秋浦等地的学校当校长和教员，开展工作。汕青抗也派出4个战工队，分别到各地活动，为以后抗击日军的入侵，打下了一定的群众基础。

第三节 潮州沦陷初期的抗日斗争

一、中共组织的重新部署

1939年6月27日晨，日军三路兵力在潮州城郊同时进占潮州城。日军所到之处，烧、杀、抢、掠，奸淫妇女，惨无人道，潮安人民陷入了深重的灾难中。

日军在占领潮州城后，成立了潮州警备司令部，在护堤公路的春城楼、云步等地设10个据点，以控制潮州至汕头的交通线。

日军侵潮时，国民党的军、政、党机关纷纷撤离潮州城，其中潮澄饶澳自卫总队驻意溪、磷溪、铁铺一带。

7月15日，独九旅旅长华振中，利用日军立足未稳之机，发动了一次反攻潮州城的战斗。他统率独九旅六二五团、六二七团以及保安四团、预备六师、潮澄饶自卫总队和县自卫团等部队约6000人，反攻潮州城。但因国民党军队之间派系不同，互不协作，负责攻打南门、东门、西门的部队为保存实力，遇敌而退，消极观战，没有进城增援。同时由于缺乏动员群众支援，致负责主攻城内日军警备司令部的独九旅六二五团，孤军浴血奋战三天，遭重大损失，只得撤退，反攻失败。至此，日军已牢牢控制住潮州城和附近地区。

日军侵潮后，局势非常严峻。中共潮安党组织在上级党委的领导下，对党的领导机构和组织系统重新进行部署，及时率领全体党员及青抗会等抗日群众团体，发动广大群众，拿起武器，在各个战场上，和日军展开了英勇的战斗。同时坚持抗日民族统一战线的立场，配合国民党军队作战，充分表现了抗日救国的决心。

由于形势的突变，中共闽西南潮梅特委于6月下旬派常委姚铎、李碧山到潮汕传达特委指示，指出潮澄饶汕战区党组织的当前口号应为"动员已组织及未组织群众起来开展游击战争！"并相应调整潮汕党的领导机构及缩小指挥区。

7月，根据特委的决定，增设潮普惠揭中心县委。潮汕中心县委领导人也重新调整，书记李平，组织部长谢南石，宣传部长余永端，军事部长卢叨，妇女部长方朗，青年部长徐扬。撤销潮安县委，新组建中共潮（安）揭（阳）丰（顺）边县委，书记林美南，组织部长陈勉之，宣传部长钟声，军事部长卢叨（兼），妇女部长方朗（兼）。潮安县委撤销后，在韩江以东地区新建立三区区委（今赤凤、凤南、归湖、意溪一带），书记陈作征；四区区委（今铁铺、磷溪一带），书记邱达生。皆直属中共潮汕中心县委领导。1939年10月，潮汕中心县委改组为潮澄饶中心县委，书记李平，组织部长卢叨，宣传部长余永端，敌后工作部长周礼平，青委书记兼情报处长陈维勤，妇委书记方朗。这时仍属潮澄饶中心县委领导的有三区区委，书记梁中夫（梁书麟）；四区区委，书记陈英程。

二、共产党领导的抗日游击战

1939年6月21日日军入侵潮汕当晚，经中共地方组织领导人杜桐、罗林、冯志坚、黄玉屏等研究，决定从撤退至桑浦山脚池边乡的汕青抗各战工队中挑选出30名青抗会员，建立一支武装队伍，暂称"汕青抗武装大队"。1939年7月7日，汕青抗武装大队（中共党内命名为潮汕青年抗日游击大队）在潮安桑浦山宝云岩宣布成立，政委卢叨（兼），大队长罗林，副大队长冯志坚、黄玉屏，全队共有100多人，下设5个分队、1个侦察班及宣传组、救护组、后勤班。大队设党支部，不久成立总支部。

汕青抗武装大队成立后，发动群众，打击日、伪军，破坏敌人交通线，镇压汉奸走狗。7月下旬，潮汕中心县委在西淇开会，分析了游击队面临的形势和研究今后发展的有关问题，认为在日、伪军和国民党军对峙中间的狭小地带，这支力量弱小、又无公开名义，部队缺乏活动的余地。根据特委关于"在保证党的领导和队伍独立性原则下，争取公开合法活动"的指示，派人与独九旅谈判。在华振中承认游击队独立性的原则下，游击队接受"中国国民革命军陆军独立第九旅游击队"的番号；按照原定的安排，罗林被委任为队长，冯志坚、黄玉屏为副队长，王珉为秘书（队内称指导员）。独九旅还给游击队补充了一些枪支弹药，并每月发给军饷。11月下旬，改称为"中国国民革命军陆军独立第九旅搜索大队第一中队"，该队随之在潮安境内开展抗日游击战争。

8月中旬，汕青抗游击队开赴北厢（今城西街道）一带。北厢地区接近潮州城，是日军与独九旅之间的一片狭小缓冲区。1939年9月10日，黄玉屏带领第一分队进入西塘村后，获悉一股日军向西塘村进扰的情报，立即部署队员埋伏于路旁甘蔗园内，当日军进入伏击圈后，采用麻雀战术从四面八方向敌人射击，打得日军晕头转向，抬着伤兵仓皇退走。9月13日，1队日军骑兵进扰莲墩村，侦察班长林克清带领3名队员在云里山进行伏击，打死日军4名，阻敌前进。

三、共产党领导的群众组织在抗日中的作用

潮州城沦陷后，中共潮安党组织及时组织各抗日群众组织，配合国民党军队、地方团队做好各项支援工作，为抗击日军做出应有的贡献。

当日军入侵潮州前夕，中共潮安县委即派张旭华与独九旅旅长华振中商谈成立战工队的意向。潮城沦陷后，张旭华又到黄竹径与华振中商定，由潮安青抗会负责组成"独九旅战时工作队第三中队"，人数120人，列入独九旅编制；于1939年6月底宣布成立，中队长庄云光（庄椿），独九旅派少校督导员钟俊生为指导员。中队下设3个小队：第一小队队长许敦才；第二小队队长赵世茂；第三小队队长许拱明，活动于磷溪的北坑一带。队员们虽然离乡别井，过着睡不暖、吃不饱的艰苦生活，生病时缺医少药，不少人在山区患了疟疾，但他们都满怀抗日必胜的信念，朝气蓬勃，翻山涉水，宣传保家卫国、抗战到底的主张，搜集敌伪情报，揭露日伪在沦陷区烧杀掳掠的罪行。当国民党军队组织反攻潮州城和阻击日军进犯时，战工队员立即奔赴前线，为军队带路、当翻译、收集情报、救护伤员、送饭送水等。

潮州城沦陷后，中共潮安党组织根据新的形势，进一步开展统战工作，组织保乡卫土的地方武装。其中较突出的是做好陈政的工作。

原国民政府潮安县四区区长在潮州城沦陷后离职逃跑，县政府任命东区小学校长、乡青抗会常委陈英立继任区长。根据县政府成立区自卫队的通知，聚奎小学校长张锡然继续向陈英立做统战工作，把原青抗会所组织的"秋浦乡抗日救国护乡团"转为"四区自卫队"，人数50多人，其中共产党员10多人，队内成立

中共支部。

　　这些地方武装，成为当时中共领导和影响下的群众性自卫武装，在保卫家乡的斗争中发挥了积极作用。

国统区的隐蔽斗争和敌后的游击战争

一、应对国民党的反共逆流

1938年底，全国抗日战争转入相持阶段。由于日本的诱降和英美对日本的侵略采取妥协政策，国民党畏惧共产党领导的人民力量发展壮大，蒋介石的反共倾向明显。1939年1月召开的国民党五届五中全会上，制定了溶共、防共、限共的反共方针。同年冬至1940年春，国民党顽固派的反共活动迅速扩大，他们由制造小规模的军事摩擦发展到向根据地军民发动较大的武装进攻，掀起第一次反共高潮。在潮汕地区，也出现了反共逆流。

1939年8月，独九旅中的反共顽固派——政治部主任李冠礼等，为限制抗日进步力量，通知青抗会所组织的战工队第三中队到丰顺县的黄沙田集训。集训前，中共潮汕中心县委已接到徐先兆的情报，故指示潮安党组织要采取应变措施，全体的战工队员集中到意溪锡美开会，研究决定一部分队员转移隐蔽，一部分队员参加集训。集训期间，顽固派大肆宣扬"一党、一政府、一领袖"的溶共、防共、限共的反共方针。集训后，大部分战工队员被改编为军事组和民运组。党组织为预防国民党军的突然袭击，这两个组的党员和青抗会员有计划地逐步转移隐蔽。与此同时，由潮安党组织所领导的军民合作站等群众组织也主动撤销。

1940年3月中旬，中共党组织得到徐先兆的情报，得知国民党顽固派准备以"集训"为名，阴谋将游击队召集到揭阳的登岗，然后强迫他们集体参加国民党，并分散编进独九旅的补充营，如反抗则进行武装缴械，以达到彻底肢解这支由共产党领导的游击队的目的。中共潮揭丰边县委研究认为：近百人的汕青抗游击队，要在这交通便利、地形狭小的平原地带，在前有日伪军，后有国民党顽固派的条件下活动、生存发展，是极为困难的。因此，提出了将游击队化整为零，转入敌占区，开展抗日武装斗争的意见并报闽西南潮梅特委批准，由县委组织部长陈勉之传达到游击队中的党员。3月30日，按照党组织的决定，做好撤退转化工作。罗林调往特委，留下来的20多名党员骨干，分成两个游击小组，配备短枪，其中一个由卢叨、王珉率领，开过韩江以东的敌占区和缓冲区。其余人员，分散活动，将轻机枪和大部分步枪埋藏起来。并发表《陆军独立第九旅搜索大队第一中队被迫解散组织宣言》，揭露国民党顽固派破坏抗日、企图消灭游击队的阴谋。队伍解散后，按预定组织的两个武装小组，分别开赴新的活动地区。与此同时，独九旅艺宣队也被迫化整为零，宣布解散。

早在1939年6月18日，国民党政府潮安县当局已接到省政府有关解散青抗会的命令，因紧接着是潮州城沦陷，独九旅旅长华振中因赞赏青抗会在抗战守土中的作用而未执行。1940年5月20日，在国民党潮安县党部的催促下，县政府以"统一青年运动"为名，下令解散青抗会；同时，妇抗会也被撤销并入妇女会。

在国民党掀起的反共高潮中，中共潮汕党组织根据中共中央提出的"坚持抗战，反对投降；坚持团结，反对分裂；坚持进步，反对倒退"的三大政治口号，准备了应付突然事变的措施，有策略、有步骤地主动、从容、安全地进行撤退、转移、隐蔽。

二、中共组织的整顿巩固和转入隐蔽斗争

1939年8月，中共中央政治局发出的《关于巩固党的决定》中指出："党的发展一般应当停止，而以整顿、紧缩、严密和巩固党的组织工作为今后一定时期的中心任务。"中共闽西南潮梅特委第六次执委扩大会，也作出关于开展整党审干工作的决定。潮澄饶中心县委根据上级指示精神，于12月在潮安铁铺的铺埔召开扩大会议，与会干部联系实际，认识到巩固党组织，提高党员素质，对应付突变和坚持长期斗争的重要意义，并作了整党的具体部署。

潮安的整党审干工作，采取自上而下对党员的政治素质进行全面审查考察，开展"四查"，即查阶级出身和社会关系，查入党动机，查入党后的思想意识，查入党后的工作表现；在此基础上确定保留或淘汰放弃。对入党动机不纯、组织观念淡薄、动摇不定和不符合党员条件的，有的停止联系，秘密放弃，停止党籍；有的劝其退党；有的降为同情分子。经过整党审干，潮安全县中共党员由500多人减至300多人。接着，在党内进行形势教育、阶级教育、纪律教育、气节教育和秘密工作教育；提高了党员的阶级觉悟和政治思想水平，提高了应付突然事变的能力，使党的队伍更加精干，组织更加严密、纯洁和巩固。但是由于缺乏经验和"左"的思想偏向，工作方法比较简单、粗糙，区别对待做得不够。对一些阶级觉悟、政治觉悟不高而本质是好的党员，或在某些方面有缺点的党员，本来可以留在党内加强教育和锻炼，却采取放弃的做法，是不够慎重的。

整党审干以后，为适应形势的变化，党组织改变了斗争策略：在组织形式上，把党的领导机关和负责干部从公开的阵地上撤退出来，组织秘密的、有职业掩护的领导机关，加强了秘密工

作；对已暴露的干部则进行转移隐蔽。同时，采取非法斗争与合法斗争相结合的更加机动灵活的斗争形式。

通过整党审干、隐蔽撤退干部和其他的相应措施，使中共组织在对付国民党顽固派的反共逆流中，有了充分的思想准备和组织准备，对保护组织，保存干部，应付日趋严重的局势，起着重要的作用。

在整党审干以后，中共潮安党组织面对错综复杂的民族矛盾和阶级矛盾，为适应斗争形势的需要，不断地进行调整和改组。

1940年春，潮安各地出现了严重的春荒，主要原因首先是日军占领后的封锁，切断了侨汇来源和粮食入境；二是日军占领区内的良田变荒地；三是贪官污吏走私粮食资敌和奸商市侩囤积居奇，大发国难财，使群众陷于严重饥饿之中。中共闽西南潮梅特委针对此一情况，发出了有组织有领导地发动群众进行经济斗争的指示。潮澄饶中心县委根据这一指示，组织群众进行经济斗争。

1940年11月，根据中共中央及南方局的决定，中共南方工作委员会成立，作为南方局的派出机构。在其领导下，中共潮梅特区临时委员会于12月成立（不久称中共潮梅特区委员会）。为全面贯彻中共中央关于国统区党组织执行"隐蔽精干，长期埋伏，积蓄力量，以待时机，反对急性和暴露"的方针，潮梅特委决定撤销各中心县委，而直接领导各县县委。因此，潮澄饶中心县委改为潮澄饶县委，书记李平，组织部长陈勉之，宣传部长吴南生，敌后工作部长周礼平，青委书记陈维勤，妇委书记蔡初旭。

改组后的潮澄饶县委派汤成负责恢复潮安三区和四区党组织的活动，6月，成立三四联区区委，书记张震。

同年7月，为加强对潮澄饶抗日游击小队的领导，更积极地开展敌后游击战争，中共潮澄饶县委划分为潮澄饶县委和潮澄饶汕敌后县委，均属潮梅特委领导。潮澄饶县委书记方朗，副书记吴南生，组织部长陈绍贡，宣传部长吴南生（兼），潮安的三四联区区委属其领导。

9月，为了适应更加恶劣的政治斗争环境，进一步贯彻中共中央的隐蔽精干方针，将党员隐藏在群众之中，积蓄力量，以待时机。南委决定改变体制，从集体领导的党委制改变为个人负责的特派员制，实行单线联系，不开会议，一县一区一乡及其基层单位之内，建立两至三个不相联系的平行系统。潮澄饶的党组织，为了便于管理，有利巩固组织和开展抗日武装斗争，相应缩小县的管理范围，原潮澄饶县委的辖区分别划分为潮饶边县、澄饶边县和饶诏边区，设特派员。

在这期间，党组织根据中共中央关于"在有理、有利、有节的原则下，利用国民党一切可以利用的法律、命令和社会习惯所许可的范围内，稳扎稳打地进行斗争和积蓄力量""利用一切可以利用的条件，打入国民党政府的管、教、养、卫各团体中，展开合法与非法相结合的斗争"的方针、策略，进行隐蔽斗争。

三、"南委事件"后中共在国统区暂停组织活动

1942年5月26日，中共南方工作委员会组织部长郭潜在曲江被捕叛变，27日，郭潜引特务逮捕了中共粤北省委书记李大林等，破坏了粤北省委；30日，又在乐昌逮捕原八路军驻香港办事处主任廖承志；6月6日又在大埔高陂镇，先后逮捕了在撤退途中经过此地的南委副书记张文彬、宣传部长涂振农等，这就是史称的"南委事件"。

"南委事件"发生时，原中共潮梅特委委员陈勉之因公务到达高陂，目击了郭潜带领国民党特务包围、搜查南委交通站时的情况，立即赶回揭阳向潮梅副特派员李平汇报。李平意识到形势

十分严重，当机立断，采取措施，切断与南委的一切交通联系，撤退潮梅党组织与南委交通站有过联系的人员，火速通知在梅县的潮梅特派员林美南。林美南派陈勉之到重庆向中共中央南方局书记周恩来汇报情况。同年9月上旬，陈勉之回到揭阳，先后向林美南、李平传达了周恩来的指示：南委、潮梅特委应继续坚决执行"隐蔽精干，长期埋伏，积蓄力量，以待时机"的方针，一切以安全为第一，防止事件的继续扩大；南委所辖组织暂停组织活动，上下级和党员之间不发生组织关系，不发指示，不开会，不收党费，何时恢复组织活动，等待中共中央指示决定；坚决撤退和转移已暴露的党员干部，分批撤到重庆转延安学习，有条件的也可以自己转移地区；党员执行勤学、勤业、勤交友的"三勤"任务，以后恢复活动按此审查，方方在有安全保障的条件下，也应坚决撤退至重庆。方方根据中共南方局的指示精神结合当时的具体情况也作出补充部署：①撤退不是"卷土而走"，党组织停止活动后，原有支部或小组都必须留下一条"根子"（即"观察员"），其任务是了解党员在停止组织活动期间的言行，为将来恢复组织活动做好准备。②撤退并非溃退，要有组织有准备地进行，先撤退暴露的干部，后撤退外地机要人员。③各级领导干部对下属组织的停止活动和撤退隐蔽应作具体部署，完成后才能宣布停止活动，自己再行撤退。④沦陷区党组织及其领导机关继续活动和开展抗日武装斗争。方方还指定李碧山为联络员，负责对上与南方局联系，对下与潮梅、闽西南等地联络。

1942年9月下旬起，林美南、李平、方东平、罗天、方朗、吴南生等分头向潮梅各级党组织传达南方局的指示和方方的部署。10月，向潮梅县一级组织传达、布置完毕。经研究，决定留在潮梅地区坚守岗位的主要干部有：林美南负责潮梅地区全面工作，方东平协助；周礼平负责潮澄饶汕全面工作，吴健民协助；

林川负责潮普惠全面工作，曾广协助。

至年底，中共潮安党组织坚决贯彻上级有关暂时停止组织活动的决定，在国统区，一部分党员转移撤退到外县、外省，在基层隐蔽的党员均利用社会关系实行职业化、合法化和社会化的"三化"和执行"三勤"任务，化整为零，扎根于群众之中，又自上而下地有机联系着。

在此期间，留守潮澄饶汕的吴健民等先后隐蔽在潮安桥东的黄金塘等地。

第五节 潮安党组织恢复活动与抗日游击战争的发展

一、中共潮安组织的恢复

1944年，国际上反法西斯战争进入了战略反攻，苏联红军和美英联军从东西两侧以破竹之势向柏林挺进，太平洋的美军也转入了战略反攻，日本帝国主义陷入了空前的孤立，为了援救其入侵南洋的孤军，发动了打通大陆走廊的战役，打通了平汉线、粤汉线、湘桂线。国际反法西斯战争形势的转变，对我国抗日战争极为有利，共产党领导的解放区抗日部队开始了对敌人的外线反攻，开辟了新的抗日根据地。

这时，驻潮汕的日军为打通广汕线，向潮汕腹地发动了大规模进攻，打通了汕头至惠阳的通路。

1944年春，隐蔽在梅县的潮梅特派员林美南，曾多次设法争取与东江纵队取得联系，以期通过东江纵队电台，向中共中央汇报潮梅地区的情况，但未接通。七八月间，在南委联络员李碧山的联系沟通下，林美南与闽西南党组织负责人魏金水、朱曼平研究，准备请示中央恢复潮梅和闽西南党的组织活动。林美南特派吴坚于9月上旬赴东江纵队，向中共广东省临时工作委员会书记兼东江纵队政委尹林平汇报，致电周恩来并转中央。吴坚回来后传达了中央给省临委"关于大力发展广东抗日游击战争"的指示精神和尹林平的建议。林美南、李碧山、朱曼平、魏金水等根据中央指示精神和尹林平的建议，联系本地区的情况确定潮汕为抗日前线，闽西南老苏区为可靠后方，兴梅地区为联结前线与后方的枢纽。

中共潮汕党组织恢复活动的工作，是在林美南统一领导下进行的。1944年10月，周礼平召开隐蔽在潮澄饶汕党的领导骨干会议，传达研究了上级关于恢复党组织活动、全面开展抗日游击战争的决定，布置了审查党员、恢复组织活动的工作。对党员的审查工作，采取自上而下、逐级审查、逐人审查的方式，先审查政治上有无问题，其次审查思想、道德品质有无变化，然后按"勤业、勤学、勤交友"任务审查其工作，经审查合格的党员才恢复其组织关系。决定敌后游击队要加紧筹款筹枪，为在潮汕全面开展抗日武装斗争做准备。

潮安恢复党的组织活动工作，在国统区进行，这些地区在停止组织活动期间，党的骨干都保持联系，按"三勤"审查党员的思想和政治品质，很快就恢复了党的组织活动，并重建各级党组织。

中共潮澄饶县委于1944年10月建立，书记周礼平，副书记兼组织部长吴健民，宣传部长陈谦。县委辖潮安境内的有仙田（磷溪）区特派员邱河玉，新建寨内（磷溪）支部、黄金塘（今属桥东）支部。

二、抗日游击战争的发展

为加快抗日武装队伍的发展，周礼平于1944年11月，召开了领导骨干会议，专门研究抗日武装斗争的问题。会议决定：①扩建游击支点，发展不脱产的秘密游击小组（也称抗日地下军）；②把几年来经过斗争考验的积极分子吸收入党，壮大党的队伍；③广泛开展宣传活动，串联发动群众抗日；④扩建潮澄饶敌后游击队，开办训练班，培训武装骨干；⑤在必要时，党的领导分为公开与秘密二线。周礼平为第一线，负责公开的武装部队工作和前线指挥；吴健民为第二线，负责党的工作，并领导秘密游击小组进行准备兵源、收集情报、筹集给养等工作，以支援主力部队。

会议以后，着手开展工作。1945年春，潮澄饶敌后抗日游击队由秘密逐渐公开化，进一步在磷溪的黄金塘及其他村庄发展了不脱产游击小组，开辟了新的活动点。并于同年2月和7月，开办了二期武装骨干训练班，共培训了武装骨干60多人。

1945年3月，中国共产党领导的潮汕人民抗日游击队宣告成立，发布了《潮汕人民抗日游击队成立宣言》。《宣言》郑重宣布："只有日寇和真正的汉奸、民族叛徒是我们的死敌。一切抗日党派、抗日武装部队、抗日人民团体，以及一切不愿做奴隶的人们，不论过去对我们如何，今天都是我们的战友。我们不仅和敌人汉奸作战，维护地方治安、保护公正绅商利益，也是我们的责任。我们愿意和一切抗日力量互相合作，共同奋斗，直到最后胜利！"以后还发布了《告伪府伪军人员书》和《为准备反攻驱逐日寇告潮汕同胞书》。《宣言》的发布，给潮汕人民，特别是沦陷区人民带来了希望，在社会各界引起极大的反响。

这时，在潮澄饶活动的敌后游击队也公开亮出潮汕人民抗日游击队的旗帜，称为"潮汕人民抗日游击队潮澄饶敌后游击队"，继续进行打击日、伪、顽的行动，过去活动是以灰色的面目出现，现在是以抗日游击队的名义出现。

在开展袭击日伪据点的同时，中共地下组织人员，为了鼓舞民众抗日必胜的信心，通过各种形式，进行宣传活动。例如巧妙地利用民众喜欢抽签诗卜吉凶的习惯，在乡村祠堂里的香炉下，压着预告日本将要失败的签诗，说明共产党就要领导人民摧毁敌伪政权。以此扩大影响，增加人民抗战必胜的希望。

三、继续做好党的统战工作

在恢复共产党的组织活动之后，各级党组织围绕武装斗争的开展继续做好统战工作，使武装队伍的建立和活动能够较顺利地开展。

为扩大抗日力量，吸收知识青年参加到抗日行列，根据上级的通知，发展了党的外围组织"祖国抗日胜利大同盟"，吸收党的同情分子参加。在学生中，由许拱明发展华强中学和金山中学两个组，华强中学组长文杰民，金山中学组长陈作德，这批青年参加了该组织后，对党在山区建立一批交通站、点，发挥了重要作用。在磷溪仙田，由特派员邱河玉发展了塘边村丁身齐参加"祖国抗日胜利大同盟"后，通过丁身齐去做原十九路军军医、回乡后开西药店的苏贤科的统战工作。当游击队奇袭东凤撤退至黄金塘渡时，失落了轻机枪的弹盒，被农民拾后交给仙田乡日伪警察所，邱河玉前往侦察，被伪警拘留，由丁身齐出面保释，并通过苏贤科出面，领回了弹盒，以后，苏贤科还为武装队伍购买了一批急用的药品。

四、韩江纵队的成立

在世界反法西斯战争将取得最后胜利和中国抗日战争接近胜利的前夕，中国共产党于1945年4月23日至6月11日在延安召开第七次全国代表大会。大会总结了中国民主革命20多年曲折发展的历史经验，制定了正确的纲领和策略。指出：中国面临着两个前途、两种命运的情况下，中国共产党的任务，就是要竭尽全力去争取光明的前途，反对黑暗的前途，确信如果党能够团结全国人民，努力奋斗，并给以适当的指导，就能够胜利。大会提出党的政治路线是："放手发动群众，壮大人民力量，在我党的领导下，打败日本侵略者，解放全国人民，建立一个新民主主义的新中国。"

中共七大闭幕之后，广东省临委迅速贯彻七大的政治路线，并遵照中央关于"以湘粤赣边区为中心，东联闽粤赣边，西联湘粤桂边，迅速建立华南战略根据地，开创南方新局面，使之成为夺取全国抗战最后胜利和制止国民党挑起内战的战略一翼"的重要电示，对广东工作进行新部署。1945年6月下旬，中共广东省临委指示：将潮汕人民抗日游击队扩编为广东人民抗日游击队韩江纵队，林美南任纵队司令员兼政委。根据省临委的指示，6月底，在潮普惠地区活动的潮汕人民抗日游击队整编为韩纵第二支队。8月初，韩纵第三支队在大北山区揭阳粗坑村宣布成立。

8月上旬，周礼平在佘厝洲开会传达上级党委"关于潮澄饶组织武装队伍上居西溜建立广东人民抗日游击队韩江纵队第一支队"的决定，并派人分别到潮安、澄海、饶平带领武装队员到指定地点集中。于8月13日宣布成立"广东省人民抗日游击队韩江纵队第一支队"（简称"韩纵一支"），政委兼支队长周礼平，副支队长李亮，政治处主任钟声，副主任陈维勤。

正当抗日武装力量迅速发展，即将取得抗战胜利的时刻，潮汕的国民党顽固派极为恐慌，他们千方百计企图消灭人民抗日武装。韩纵一支队到居西溜集结的行动，被其探知，于是组织了大规模的围攻。

在1945年8月的居西溜战斗中，韩纵一支队政委兼队长周礼平中弹牺牲。这一役，在阵地牺牲的10名，被捕后遭杀害的1名。

日本宣布投降后，国民党顽固派集中兵力加紧围攻抗日游击队，武装队伍在平原活动也很困难，韩纵一支队于9月7日开赴凤凰山，并留下近10名武装人员，由李习楷带领，转入秘密活动，任务是筹集款项和物资支援部队和打击反动势力，保卫党组织。

韩江纵队成立之后，为凤凰山根据地的形成，为配合南下大军解放潮汕地区，为解放战争的胜利作出了很大的贡献。

第六节 域内乡村的抗日斗争

自1939年6月潮州沦陷后，湘桥区域内的乡村在中国共产党的领导下，以各种形式与入侵的日本军队浴血奋战，打击了日军的嚣张气焰，消灭了日军的有生力量，为取得抗日战争的胜利作出了贡献。

一、凤新的西塘会战

自"七·七"卢沟桥事变之后，日军对今之凤新街道域内进行多次侵犯。

1938年，日军飞机在潮汕频繁轰炸。潮城西车站、飞机场多次被炸。后人家村、新埔村有村民耕地被炸毁，村民被炸伤。

1939年6月25日，日军飞机空袭云梯村。炸毁该村房屋13间；村民被炸死3人，炸伤20多人。6月26日，日军大部队占领云梯山等地。新埔等村许多村民被杀害。潮州城沦陷后，日军设哨卡于新埔火车桥。自此开始至八九月间，先后有新埔、十亩、后人家、陈桥诸自然村多名村民被杀死、炸死、炸伤，多间房屋被毁。8月9日，驻潮城日军首次进犯西塘、大园、莲墩等村。国民党守军沿孚中向古巷方向撤走，日军当晚退回潮城。

1939年潮安沦陷后，日军实行军事管制。潮安全县只设东西两个出入口，其西出口即设于象头村（今属凤新街道竹围村）。

1941年2月10日，日军包围龙翔寨村。全村152人中被抓72

人，押往该村"龙虎门"集体屠杀。村民被杀害61人，被打伤11人。

面对惨无人道的日本侵略者，中国军队和当地农民奋起而抗争，西塘会战就是典型的一例。

1939年6月27日潮州沦陷。1939年11月25日凌晨，驻潮州城日军约400人进犯西塘、田东、莲墩、大园、竹围一带，遭驻守当地的国民党独九旅抗日部队阻击，毙伤日军20多人。战至下午4时，日军派飞机1架协同作战，炸毁莲墩村守军阵地，守军1个排死伤殆尽，莲墩陷落。日军随后进攻田东村，因日军人多势众，守军被迫撤出田东村。日军在烧毁房屋100多间、杀死群众几十人后，连夜撤回潮州城。

1940年1月2日至4日，日军与驻守西塘一带的中国军队又爆发更为激烈的战斗。2日晨，驻潮州城日军出动1000多人进犯西塘。一路进攻西塘村的日军被独九旅六二七团一营击退，在死伤约40人之后退回田东村。另一路日军攻占莲墩后，再分兵两路，西攻竹围、南攻大园。竹围守军1个排战至下午，死伤过半，后奉命撤离，竹围村被日军占领。进攻大园的日军与守军激战一整天，伤亡100多人，只占领田东、莲墩2个前哨据点及象头村。当夜日军从潮州城急调600名士兵及3辆小型坦克车增援。3日清晨，日军以坦克为先导，继续向西塘、大园进攻，被独九旅六二七团一营击退，伤亡数十人。进攻大园的部队也遭守军1个连的顽强抵抗，但由于日军火力凶猛，守军撤退，大园遂失。2日至4日中日军队激战3昼夜，日军被歼近500人，其中大尉、中尉、少尉军官各1名，击毁坦克1辆。在这一战役中，只有约200户人家的西塘村，老幼撤退，其余的群众，坚持在前线为守军送饭送水，救护伤员，协助守军守阵地。4日，日军因伤亡惨重撤回潮州城。5日晨，日军溃退潮城，沿途大肆烧杀抢劫。西塘、大园、田中等村无辜百姓107人惨遭杀害，另有50余人被打伤。西塘一役，是抗日战争时期粤东军民歼敌人数最多的一次战斗，挫伤了日军锐气。革命史称此役为"莲塘初捷"。12月26日，重庆《新华日报》刊登这则消息，标题是《活跃在前线的潮汕游击队》。

1940年3月5日至9日，日军分3路再次进攻枫溪（含今凤新），西塘村于9日陷入敌手。日军疯狂报复，全村600多间房屋被烧毁三分之二，未及时逃走的老少村民50多人全被杀害。

二、意溪人民的抗日斗争

意溪镇位于韩江之东，与潮州古城隔江相望。抗战时期，意溪乡属潮安县荣意区（第三区），东津乡属潮安县秋东区（第四区）。

据《潮州市志》载，"1939年5月4日，日机炸枫溪、意溪"。可见，潮州城未沦陷，日军已侵犯意溪。潮州城沦陷（1939年6月27日）后，日军荼毒意溪的罪行更是罄竹难书。然而，意溪人民不畏强敌奋起反抗，谱写了可歌可泣的篇章。

1937年，日本侵华，潮汕与福建物资运输中断，为救民生，坪埔村在村中设立物资储运站并将大房祠堂和二房书斋作为储放点，由村民挑往归湖等地，赚取工钱度生，后被日军发现，投弹炸毁。又因坪埔地处河内湖，涝灾严重，常是"九年十三冬"无收成，村民生活无法维持，被迫离乡别井到处求乞，那时往海外谋生者占全村60%以上。10多户家破人亡，外出求乞无法生活而卖掉子女20多人。

1939年6月27日，日本侵略军攻陷潮州城后，东津沦陷，意溪成为缓冲区。

同年，日军曾从西都南山顶向四宁村炮击炸死村民陈和弟，炸伤村民李守发及其祖母。11月5日上午7时，驻潮城的日军数百人分3路进犯意溪，并以飞机、大炮助战。国民党守军顽强抵抗，至下午4时多，日军溃退。11月20日上午8时，日机3架、汽艇2艘、日军400多人，由潮州城再次进犯意溪。国民党守军撤离意溪。日军在意溪劫夺稻谷、杉木，午后4时许退回潮城。

1940年7月14日（农历六月初十日），日军火烧中津村的照壁、邹厝、王厝、向南祠等处祠堂和部分房屋。10月，驻笔架山的日军和伪军分别抢掠意溪、东津、河内等处。国民党潮澄饶澳自卫总队奋勇迎击，中队长陈亿恍在意溪橄榄宫牺牲。

1941年初，日军在意溪抓捕村民13人，刺杀于上津村沙坝黄墩脚，死12人，幸存者意溪镇内人林开思。11月12日（农历九月廿四日），日机在西都村投弹4枚，大书斋下新桂铺仔被炸起火，炸死、烧死村民9人。

1942年，日军在上津江厝设立防线，对防线外耕作的村民，随便开枪杀害，石牌村民无法耕作和居住，有68户370多人被迫散居河内各村，18个老人和1个残疾人誓死不愿离开家园，遂留守村中。部分村民冒险乘夜回村耕作，屡有惨剧发生。这个时期，被日军枪杀和炮弹炸死及强奸不遂刺死者共8人，全村杂草丛生，田园荒废。继又经历1943年大饥荒的灾难，至1945年，全村只剩下280多人，这就是石牌村历史上所称的"二次散乡"。

1943年7月，日军抓捕13名夜越裴厝堤封锁线到田中耕作的东津村民，以违禁令之名，刺杀于裴厝堤雨亭，幸存者3人（俗称裴厝堤案）。

1944年1月17日（农历十二月二十二日）凌晨，日军分3路偷袭橄榄宫哨所。橄榄宫位于安凤公路意溪鹿山村前的公路旁，是扼缓冲区进入国统区通往大后方福建、江西的要地。为对敌进行经济封锁，1942年5月4日，国民政府便在这里设立哨站，严禁物资流通。

　　哨所驻扎1个地方自卫团中队。队部驻哨所一侧的鹿山村，对面银洞村，驻有联防队（经常调动，有挺进队、便衣队），说是协同查禁。

　　当日凌晨，日军分3路进行偷袭：一路越韩江过头塘、橡埔沿山边直趋银洞村；一路出东津，绕河内苏厝寮村后的"翻身牛"岭，下"翻身牛"岭，就是鹿山村，他们便从背后包抄鹿山村；另一路为主攻，也是中路，出东津沿堤穿入坝街至安凤公路旁的"石桥头"（现桥仍在），发现村民黄振兴等10人集中在一起（他们都是赶天亮前越过哨所到葫芦市挑盐、挑米谋生的），便把他们包围起来，一个不留地全部用刺刀戳死，弃尸石桥头边的厕池中（该厕池地基旧迹仍在）。然后直扑哨所，悄悄从背后用刺刀刺死哨兵，进入哨所。哨所内值守1个班，在睡梦中全被刺死。银洞村联防队驻地有1个小队约30多人，除队长石庆荣外出未回及1个炊事员起身煮饭，闻声越窗逃跑外，全部被越韩江而来的日军用刺刀刺死。驻鹿山村的自卫团中队部，当夜五六十人除1人早起发觉逃跑外，也全部被戳死。

　　1945年2月4日（农历甲申年十二月二十二日），日军袭击国民党潮安自卫团驻鹿山村的中队部。2月14日（农历正月初二），日军偷袭松林峰国民党军队阵地。这二次偷袭，致中国军民伤亡惨重。

　　抗战时期，意溪虽然是国统区（民国县政府设于归湖），但实际上是缓冲区（与之毗邻的东津是敌占区），所以日军时不时地进犯意溪。对于入侵的日军，人民奋起反抗，较为突出的有意溪乡妇女中心支部。

　　中共潮安县意溪乡妇女支部成立于1938年11月，1939年8月改为中心支部。在党的领导下，开办识字班，组织"姐妹会"，传播革命道理，发展党组织，宣传抗日，唤醒群众，保家卫国，是当时潮安县3个模范党支部之一。

全面抗日战争爆发，潮城遭日机轰炸，1937年秋潮安县立第一中学（今潮州金中）迁来意溪书院上课。该校党员陈秀婷等人，带动进步师生，课余到附近农村开展抗日宣传活动。1938年春在意溪钟厝祠堂开办民众夜校。同年夏，中共潮安中心区委统战部长方东平和妇女部长钟铮与陈秀婷一起，在意溪黄厝围、小陂村等扩办妇女识字班，学员共200多人，结合教学，宣传抗日救国、解放妇女的革命道理，使学员受到革命的启蒙教育。同年秋，钟铮根据中共中央关于"大量发展党员"的指示，要求陈秀婷在识字班中培养入党对象。先后吸收了黄瑜娥（黄薇）、黄舜吟（黄秀）、龚硕惠、潘照奇等人入党，11月成立中共潮安意溪乡妇女支部，支部书记黄薇，组织委员龚硕惠，宣传委员黄秀。为适应抗日形势的需要，支部继续在寨内、橡埔和东郊等村办起3个识字班。他们自编教材，学习共产党在抗日时期的方针、政策，提高学员的思想觉悟。在此基础上，公开组织"姐妹会"，联络感情，团结互助，先后发展了黄舜贞、黄映、黄素等20多人入党。在寨内、黄厝围、旷埕、画像黄（地名）等地建立党小组。1939年8月由于支部扩大，遂改为意溪乡妇女中心支部。当时黄薇、龚硕惠已调动，由黄秀任支部书记。中心支部下设4个支部和1个党小组。党支部发动党员动员丈夫、儿子积极参加抗日活动。

1941年春夏间，潮澄饶县委设于意溪乡埔东村，县委领导人周礼平、方向明等都先后到黄厝围加强对妇女支部工作的领导，促进妇女工作的开展，宣传抗日救国。她们参加青抗会、妇抗会，积极响应"岭青通讯处"发动的寄发1万封慰劳信和募捐、献金的运动，动员妇女扎花絮义卖募捐，缝制寒衣支前，还组织战时救护队。1941年"皖南事变"发生，中心支部在上级的指示下，以传单、标语等形式向群众揭露国民党顽固派破坏抗日、实行反共的阴谋。1942年6月，遵照中共南方局的指示停止活动。此后，中心支部一些党员转到其他地方继续革命。中共意溪妇女中心支部的革命历史将世代永志。

另外，一些村庄村民也参加到抗战的行列中来。

小陂村具有革命传统。1938年下半年，村里谢子文家是中共潮安党组织地下工作者的联络点。村民谢松溪、谢若婵、谢巧兰在这个时期加入中国共产党，参加抗日救亡活动。

抗日战争时期，国民党军前哨站设于河北村的黄竹洋、橄榄宫，1944年至1945年日本侵略军二次袭击鹿山村自卫团驻地和松林峰阵地，该村有游击队员参加抗击日军的战斗。该村为革命老区。

面对凶残的日军，国民革命军也曾拼死反抗（如上所述）。1944年1月日军偷袭橄榄宫后，5月15日，国民政府广东第五行政区专员兼保安司令陈卓凡在饶平县召开东线党政军联席会议，决定增派兵员加强防守，又恢复了橄榄宫出入口对日军的经济封锁，继续抗击侵略者。

在艰苦卓绝的抗日战争中，不少意溪儿女为民族解放洒热血抛头颅，烈士钟骞、老红军罗爱民、老八路吴潮、老革命卢叨等人是其中之佼佼者。

三、官塘的抗日斗争

1941年农历七月廿一日，日本飞机轰炸官塘后亭市和巷下邱厝及牙底巷一带，投下20多枚炸弹，炸毁民房10多间。溪口乡一牛贩被炸死，设在后亭市的庭秋诊所，除一小儿被外婆上市抢走，幸免于难，余皆被炸身亡。

1942年农历正月，日本飞机再次轰炸官塘巷下一带，投弹10多枚，巷下乡民陈贞仁被炸死，陈炳元、陈奶堵被炸伤。

8月11日凌晨4时，日军袭击官塘乡，驻在婆姐岭的洪之政部队不战而逃，日军进乡大肆抢掠，见猪就杀，见鸡就抢，放火烧毁二房祠，至下午3时离去。

1942年11月4—5日（农历十月十九日至二十日），日军安藤中队和大来中队400多人，分4路从东线进攻磷溪、官塘、铁铺。守卫这一带的洪之政自卫总队第二中队和第五中队约200人不战而走。日军占领了韩江以东、北溪以南近100平方千米的土地。日军在仙田山、岗湖山、官塘的巷头、苏寨的新埔、西陇的多年山以及大码头等地，设了6个据点，他们拆了大量民房建营房和筑炮楼。新埔100多间铺户和民房全被拆光。岗湖村有100多户人家的床铺被抢搬上山。

1943年11月11日，日军侵占官塘，大拆民房，建立据点，在大坑山、巷头堤顶（今水利所）及苏寨新埔堤顶3处筑起炮楼。

同年，潮汕发生特大旱灾，粮食失收，时潮州城沦陷，城里民众纷纷逃难到官塘，把贵重家私搬来换米或番薯充饥；有的沦为乞丐，以至乞丐成群，饿死者不计其数，仅在官塘各宫庙和下渡雨亭内就有100多具饿死者的尸体。

面对凶残的日本侵略者，不愿当亡国奴的官塘儿女，他们中的热血青年，积极参加共产党领导的青抗会及其武装队伍，与敌人进行殊死斗争。

在这些人之中有陈唯实、陈英波等人。

四、铁铺人民勇杀敌军

日军占领了北溪以南的磷溪、官塘之后，铁铺一带变成"缓冲区"。石坵头村与新埔的日军据点只有一溪之隔，日军经常过溪抢掠，国民党的自卫团不敢迎战，只到石垱头向对岸据点放放冷枪，时长日久，日军也习以为常。

1943年10月，驻新埔的1名日军伍长，强迫农民修碉堡，几个自卫团员潜到堤边向日军放冷枪，因为没有一枪能打中，日军置之不理，继续修碉堡。刚好有1个打鸟的群众路过此地，竟举枪将日军伍长打死。自卫团感到丢脸，以队部有赏为饵，引打鸟人到深巷山边，把他打死埋掉，然后自己报功领赏。

日军为报一枪之仇，12月8日（农历十一月十二日），驱赶大批民工，越过北溪，拆毁石垱头住房163间，砍掉果树几十亩，并把杉木丢在溪里。有些农民想拿回几根木材，重建栖身之所，先后被日军打死10余人，而自卫团却从此不敢再到这里来。

石垱头、坑巷、坎下及邻村的人民群众，为了抗日救国，保卫家园，防止日军再次来犯，决定组织起来自卫。经各村绅士协商，成立了"护乡委员会"，决定每村派1个人、1支枪和50发子弹，每人发给5斗米生活费，以此作为基本队伍，发生战事时则人人都要出动协助。协商统一后，分头发动报名。最后选定陈鹏飞（原中共三区区委委员）、陈潮生、陈长强、陈大弟、陈林生等30个青壮年人成立秋浦后备队（简称"浦备"，群众叫"土备"）。"浦备"分3个班：一班长陈长强，二班长陈大弟，三班长陈鹏飞。

当时铁铺属秋浦乡，乡公所见铁铺有了武装自卫组织，就来插手，派一个赌徒副乡长陈林章兼任正队长。他们一不出枪，二不出经费，陈林章只知打"麻将"，农民不买他的账，军事指挥还是靠共产党员陈鹏飞。

"浦备"自1944年1月成立后，在陈鹏飞等爱国青年的带领下，多次和日军进行过战斗。

4月3日（清明节前两天），日军10余人，带轻机枪1挺进犯石坵头村，"浦备"闻讯，迅速集合，开进石坵头村与日军展开巷战，全村群众呐喊助威，战斗打得非常激烈。一班班长陈长强，虽然耳聋，但十分勇敢，在巷战中勇追日军。这时，日军的机枪突然停止射击，队员陈应捷发现日军正在修理机枪，于是大喊起来："敌人机关枪坏啦！追呀！"陈鹏飞、陈长强、陈八成等闻声迅速追上去，要抢日军的机枪，日军惊惶失措，立即抱起发生故障的机枪狼狈逃跑。

同年6月，又有日军10余人，赶着一班民伕（农民称之为布袋队）进扰坎下村。在该村补脸盆、铁桶的廖师傅发现后，即拿起铁桶，边敲边喊："快来打日本呀"！群众闻声出动，喊声四起，"浦备"立即集合，入村参战，民伕溃逃，日军边打边退，眼看出不了村，只好退入村后的"励吾公祠"，把大门堵紧。缺乏战斗经验的"浦备"队员，只凭勇气，没有策略，只顾在大门前打枪、呐喊，没有注意周围的动态。狡猾的日军乘机在祠堂后壁叠上桌椅，越墙逃走了。

8月初，日军10余名，袭击坑巷村，农民陈阿章、陈壮胜拿起土枪与日军战斗，"浦备"赶到后，协同农民把日军打退。

中秋节前夕，日军二三十人，偷袭铁铺尖崎山的自卫团驻地，打死团兵3人，阵地被占领。中秋夜，自卫团组织反攻，打了一整夜。翌日晨，日军中队长安藤亲自带队，救援尖崎山之日军，"浦备"埋伏在深坑山边进行伏击。这一役，连同自卫团的反攻，共击毙日军11人，在这一带横行两年，作恶多端的日军中队长安藤，也被打死。

五、其他乡村的抗日斗争

（一）磷溪

1940年4月21日，溪口村遭日军洗劫；10月25日，日军进犯仙田、沟下、急水。1941年10月1日，日军进犯官塘、溪口、寨内、内坑。

1941年清明节前后，北坑村游击队领导人陆添涌、陆兴等两次组织队伍袭击仙田日伪炮楼，并在马上渡口雨亭击毙伪联防队员3人，在竹崎头渡口打死伪联防队1名姓杜的班长。

1945年间，中共潮澄饶县委委员吴健民等在仙美、寨内、内坑发展了个别青年学生参加党领导的抗日活动。同年10月，广东人民抗日游击队韩纵第一支队在仙美村集中出发，开赴凤凰山建立根据地，途经山前各村和溪口等地，播下了革命种子。

抗日战争时期，中共潮安县委派革命同志到北坑重建党支部。组织本村抗战游击队，设岗哨防御日军袭击。北坑村游击队两次袭击日伪联防队。

（二）桥东

1938年春，黄金塘、桥东、东津等乡在韩师中共党员的发动下，相继成立起"青抗会"，宣传和组织群众进行抗日救亡。仅东津乡的"青抗会"会员，就达1500多人。同时，韩师党员钟楚文、王增敏在东津和桥东乡办起了妇女夜校识字班，每班学生三四十人，从中各吸收了3名女党员，成立了东津妇女党支部和桥东妇女党支部。1936年8月，陈初明到黄金塘开展抗日救亡工作。10月，已经担任潮普惠分委书记的陈初明在黄金塘组织成立了党小组。同时桥东村、东津乡办起了妇女夜校识字班。

1939年5月，中共潮汕中心县委在桥东举办党员训练班，由中心县委宣传部长余永瑞和组织部长张克主持。6月，潮州沦陷，日军洗劫桥东乡，仅在湘子桥边，就1次杀死34名无辜群众。之后，日军占桥东为据点，奸淫掳掠，杀人放火，无恶不作。至1945年日军退出桥东止，村民饿死、逃荒、病死的约占全乡人口的80%。日军的侵略行径，激起了人民群众和抗日组织的无比仇恨和顽强的抗日情绪。9月，中共潮普惠南揭中心县委书记陈初明在黄金塘组织成立了党支部，第一任书记由陈炳州担任。党支部的成立，有力地推动了本地区的抗日救亡工作。年底，潮澄饶中心县委在黄金塘设立了地下联络站。

1940年农历九月十二日，日伪军300多人围剿黄金塘村，杀死无辜村民3人。

1944年秋，黄金塘党支部组织起20左右人的"抗日游击小组"，配合前方作战。

1945年3月，中共潮安县委派人在卧石村组织抗日游击小组，并于象鼻村建立地下联络站。

在抗日战争中，涌现出许多英雄人物，其中较为突出的有陈初明、卓成宜、陈超凡等。

（三）城西

1938年埔头尾人许拱明、杨玉坤、许立荣，新土地人李秀等爱国青年带头参加革命、参加抗日斗争。他们秘密成立中共党支部，组织宣传队到浮洋、归湖等地宣传抗日救国。

1939年6月，日本侵略者占领了潮汕大地，潮州城成了日军统治人民的大本营。厦寺是通往潮汕各地的咽喉关卡，日伪乡公所设在新楼上，侵略者在春城楼、湖仔洲等处设防放哨，村民不能随便出入家乡，交通中断，农田荒废，民不聊生。由于厦寺地处沦陷区，抗日斗争比较严峻，有志的热血青年很多前往外乡参加抗日队伍。

1945年8月15日，日本天皇裕仁签署了《停战诏书》，宣布无条件投降；9月2日，日本代表向盟国代表签署了无条件投降书。

9月14日，驻潮安各据点的日军撤回潮州城集中。9月15日，驻潮安日军开赴汕头市礐石集中缴械。全县的伪军则集中于江东的独树村和上庄村一带，听候整编，国民党军队一八六师开进潮州城接收，全县人民欢庆抗战胜利。

抗战期间，潮安（含今湘桥区）人民付出了巨大牺牲。据不完全统计，全县人民被日军残杀的共8800多人，被酷刑虐待终生残废的800多人，饿死的6万多人，逃荒的10万多人，逃亡失踪的3万多人，绝户7000多户，被强奸的妇女3000多人，被烧毁房屋3万余间，其他财产衣物不计其数。①

抗战期间，潮安的中共党组织经历了艰难曲折的道路，在沦陷区坚持开展敌后武装斗争，在国统区坚持进行隐蔽斗争，经受了斗争的考验，锻炼造就了一批坚强的无产阶级革命战士，成为今后解放战争时期的革命骨干。

在中国共产党的领导下，潮安（含今湘桥区）人民为了民族的利益、人民的利益，不怕流血牺牲，不畏艰难险阻，与全国人民一道，坚持14年（1931—1945）的浴血奋战，终于战胜了日本侵略者。

中国人民的抗日战争，是人类历史上的奇观，是中华民族的伟大创举。抗日战争的胜利，极大地推进了中国社会的历史进程，为新民主主义革命的彻底胜利奠定了坚实的基础。

---

① 中共潮州市委党史研究室编：《中共潮安党史》，1993年版，第211页。

第五章

五星红旗飘扬湘桥城乡

第一节 工作重点转移，坚持隐蔽斗争

一、抗战胜利后白色恐怖笼罩潮州城

抗日战争胜利后，为了争取中国走向光明的前途，中国共产党领导人民同国民党展开复杂而激烈的斗争。中国革命由此进入一个新的历史时期——全国解放战争时期。

1945年9月15日，侵华驻潮日军撤离潮安当天，国民党潮安一批党政机关和驻军迁回潮州城。广东省第五区督察专员公署和保安司令部也从丰顺搬进潮州，国民党军队一八六师也相继进驻潮州城，县自卫团则分驻于枫溪（含今凤新）和意溪等地。潮安成为战后国民党在潮汕的统治中心。

抗战胜利后的潮安，经济萧条、工人失业、田园荒芜，人民渴望有个和平的环境，以重建家园，休养生息。但是，潮安县长洪之政进城之后，借接收之机中饱私囊进行大劫收。他们与地方封建势力互相勾结，网罗日伪时期"十三组"（流氓组织）的骨干分子，成立地方"刑警队"，到处搜捕共产党员、革命人士和无辜群众，进行刑讯迫供。他们公开包庇日伪潮安县长陈献猷和经济汉奸林蔚臣、文化汉奸赖俊臣，启用日伪县警察局侦缉队长谢埭为政府的谍查队组长。潮安国民党和三青团，则大量发展党、团员，进行反共宣传，配合特务组织，加紧对人民的镇压。10月，国民党广州行营主任张发奎在广州召开"粤桂两省绥靖会

议"，进行内战策动，限期两个月肃清中共领导的游击队，并调集了8个正规军的22个师兵力，对省内解放区进行合击、扫荡。潮安当局密切配合，以维持治安为名，成立"清剿"机构，强化保甲制度，实行联保连坐法，进行户口突击检查，大肆搜捕"嫌疑犯"，迫害"韩纵"复员人员及其家属，白色恐怖又笼罩着潮州城。

二、中共工作重点的转移

中共中央预测了抗日战争阶段过去后时局发展的方向，及时提出了关于争取和平发展和准备革命战争的方针及和平、民主、团结三大口号，准备与国民党进行谈判。同时向党内发出通知，指出谈判结果可能出现两种局面，如果出现和平发展的局面，我们应当努力学会合法斗争的一切方法；如果国民党发动军事进攻，我们就站在自卫的立场上，坚决彻底消灭来犯者。1945年9月20日，中共广东区委向各地党组织发出《对广东长期坚持斗争的工作布置》，提出一方面是坚持斗争，保存武装，保存干部；一方面是长期打算，准备将来进行合法民主的斗争。10月24日又发出《当前斗争形势与工作指示》，针对国民党对广东革命力量进行全面进攻的情况，要求各地党组织要利用群众条件、地形条件和干部关系、统战关系，分散发展，扩大据点，组织更多武工队，避免正面主力作战。要尽量疏散非武装人员，分批派送到大城市及农村中去开展生根工作，进行隐蔽斗争，参加各种职业，打好群众基础。还指示各地党组织要进行严密的审查工作，防止特务混入革命队伍进行破坏。

这期间，由于形势迅速逆转，潮安中共党内有些同志对这场严峻的斗争缺乏应有的思想准备，对党的政策、策略理解不深，为革命的前途担忧。党组织及时在党内加强了思想教育，并采取了保护地下党组织的措施，清理了个别经教育无效的蜕化变节分子，纯洁了队伍，巩固了组织，教育了同志，保护了党的地方组织。

1945年11月，中共潮汕特委根据中央和广东区委的指示，联系潮汕地区斗争实际，提出党的斗争方针是由公开武装斗争转移到党领导的地下秘密斗争。决定精简队伍，调整各地党的组织，分散活动，把党的工作重心从武装斗争逐步转移到地下党组织的工作上来。要求各地组织，要认真搞好武装人员的复员和疏散隐蔽工作，成立精干的武装工作队，彻底转入地下活动。

12月，中共潮汕特委委员、潮澄饶县委书记吴健民，在澄海主持召开了潮澄饶县委扩大会议，传达国共《双十协定》和贯彻落实特委会议精神。指出中共中央为了全局利益，争取实现和平民主，对国民党作了一些让步，决定南方部队北撤，今后地方工作会更加困难。鉴于这时潮澄饶国民党军事力量占绝对优势，而一些党员武装骨干和同情分子已经暴露的情况，为保存干部，保存武装，作长期打算，会议作出在3个月内把党的组织彻底转入地下活动，停止或少使用赤色村庄，迅速转移已暴露身份的人员，并做好复员人员的思想工作，准备应付意外。会议还根据特委指示，对潮澄饶地方党组织作了调整：成立中共潮安县工作委员会，以负责领导潮安的工作。

三、坚持艰苦的隐蔽斗争

（一）中共潮安县工委的隐蔽斗争

1946年1月，中共潮安县工委成立，工委书记陈汉，组织部长陈义之，宣传部长庄明瑞，机关设在潮州城打银街待诰巷四横巷2号小楼上。工委成立后，迅速贯彻落实隐蔽斗争的各项措施，加强党对地下活动的领导，实行分片负责。陈汉和张开明，以亲戚名义隐蔽于意溪陈丽琴家，负责领导意溪、东津等一带的工作；庄明瑞和高修一，则以做生意为名，住在工委机关，负责城关镇等一带的工作。县工委坚持以革命的两手对付反革命的两手，同国民党进行合法和非法的斗争，积极地不失时机地开展工作：

一是打入国民党地方党政机关，进行合法斗争。1945年冬，潮澄饶党组织就已选派了一些党员，设法通过各种关系，打入国民党的党政军机关，为进行合法斗争作准备。共产党员庄育恕从凤凰被派回潮城之后，经过一番努力，打通了一些关系，于1946年初，被介绍到潮安县政府教育科当事务员。共产党员黄俊逸从潮普惠转移到潮安后，经组织批准，通过关系，到三青团潮安县筹备处任宣传股长。庄、黄以工作为掩护，秘密为党组织提供有关国民党的政令、措施和活动情况。他们还利用工作之便，介绍了一批党员和同情分子到城乡学校任教，并暗中掩护这些同志的活动。至1947年7月，先后共安排了50多名党员和同情分子到城乡20多所中小学校任教或当校工。他们以教书、工作为掩护，广交朋友，扎根群众，熟悉环境，了解地方的情况，秘密进行革命宣传；他们掌握当地群众武装的守青队。先后建立了小陂、橡埔、埔头尾、镇一（潮州镇第一小学）、艺校等10多个地下活动点，为迎接新的革命高潮，开展武装斗争做好准备。

二是创办《路报》，宣传和平民主。为团结教育人民和揭露国民党的内战政策，1946年5月，中共潮安县工委通过统战对象陈政和陈之雄，向国民党县党部申请登记，在潮州城昌黎路东安里2号创办了《路报》周刊。《路报》发行人陈维扬，内部总编辑曾应之（原潮汕特委委员，在潮州埔头尾村隐蔽、养病），副总编辑陈德桂，印务发行员许云勤，交通员陈全。编辑室秘密设于埔头尾村曾应之住所。《路报》工作由县工委宣传部长庄明瑞直接领导。《路报》每期印2000份，销售遍及潮汕各县及兴梅部分地区。《路报》以灰色面目出现，以比较隐蔽的形式进行革命宣传，揭露国民党的内战政策，宣传和平民主，团结教育人民，深受人民群众欢迎。后因第三期中有文章直接提及"严防法西斯分子威胁民主与和平"及"二五减租"字句，引起潮安国民党当局的注意，派人到报社查询作者原稿笔迹。第四期又发表了《汉奸不容宽纵》《为逆辩护的律师》等文章揭露国民党包庇汉奸陈献猷。至6月，第五期又刊登了《文化汉奸赖俊臣》《肃奸在澄海》两篇文章，并就被迫停刊一事登载了《告读者》。此期出版后，国民党当局即到报社抓人，但是报社人员早已安排转移，扑了个空，《路报》也就此停刊。

三是积极开展统战工作。县工委在隐蔽活动期间，以党在抗日时期建立起来的一些统战关系，争取统战人物对革命的同情和支持，隐蔽安插了一批革命人员。县参议员陈政是潮安县"建设派"的主要人物之一，其儿子陈维扬是共产党员，女婿是党的同情分子。抗战胜利后，他不满于国民党的内战政策，同情共产党领导的人民革命。1946年2月，县工委趁陈政为创办《复兴报》筹资开设"新民印刷所"的机会，派许云勤通过陈维扬介绍入股，取得了印刷所股东身份，并在陈政的支持下，当上了印刷所经理。工委又通过陈维扬等的推荐，经陈政的同意，安插了一批革命人员和进步青年到《复兴报》报社工作。党的同情分子陈之雄、李贻训分别任《复兴报》的总编辑和地方新闻版编辑，陈友盛任电讯编辑，陈光远（党员）任经理，陈孝乾（党员）、黄寒梅为记者，陈维扬担任副刊《野草》编辑。曾应之以"万年青""万之一"的笔名，为《野草》写了不少思想性、艺术性很高的大众诗和杂文，给《野草》增添了战斗力。《野草》成为县工委的一个宣传阵地。《复兴报》的社址（设在潮州城铺巷头）

成为党的地下活动点。

四是巩固和发展党的组织。县工委成立时，全县党的基层组织，只有在抗日时期建立的磷溪黄金塘等支部。工委成立后，即着手进行巩固和发展基层组织的工作，对下属支部布置了6项任务：①发展党组织和对尚未恢复组织关系的党员进行审查，没有发现异变的则恢复其组织关系；②以各种社会职业为掩护，安置已暴露了身份的党员干部；③打入敌人内部，争取合法的斗争地位；④秘密开展革命宣传，揭露国民党的内战反共政策；⑤开展统战工作；⑥加强党的自身建设，对党员干部进行革命形势、革命气节和革命保密教育，健全党的组织生活。在加强党自身建设的同时，工委还加强对党外革命积极分子和同情分子的教育培养工作，先后在意溪、潮城女党员中组成妇女支部，在潮州艺校建立了党小组。至1947年上半年，工委辖下有10个党支部和5个党小组，共有党员50多名。

四、解放战争前期的学生运动

解放战争前期，潮州城学生根据实际，运用隐蔽的、秘密的、合法的斗争形式，从维护学生自身权益的自发斗争，发展为有组织、有目的的同国民党当局作斗争，成为中共领导的整个革命运动的一部分，为潮州的解放做出了贡献。

（一）组织读书活动和社团活动

1. 通过传递各种革命书刊，在青年学生中传播革命道理。为了反制国民党的反动宣传，使青年学生认清国民党破坏和谈、挑动内战、政治腐败的真面目，这个时期，中共潮安地下党组织通过各条渠道从香港运进和邮寄《华商报》《正报》《文汇报》《大公报》《寄言报》《群众》等大量的进步书刊在中学的学生中秘密传阅。这些报刊登载了新华社的电讯、社论和评论，报道解放战争的进展情况及国统区发生的政治事件。同时揭露国民党在昆明杀害爱国民主人士李公朴、闻一多的"李闻血案"，以及驻北平美军士兵强奸北大女学生的暴行。它的传播对学生起到启蒙教育的作用。另外，许多学生秘密组织读书活动，阅读进步文艺作品和解放区文艺作品。他们明知阅读这些书刊一旦被敌人发觉，会有坐牢、砍头的危险，但同学们追求真理的信念战胜了一切顾虑和恐惧。他们如饥似渴、废寝忘餐地阅读，在学校内宿的学生为避开舍监的检查，在熄灯查房之后，偷偷打着手电筒藏在被窝里阅读。读书活动使青年学生认清了形势，看到了国民党反动统治的黑暗、解放区的光明，认识到要推翻三座大山，必须争取人民的彻底解放，必须跟着共产党走。

2. 通过组织社团活动，吸引和团结更多的青年学生参加斗争。这个时期，潮城许多中学的学生，还通过自愿结成的社团组织的活动，吸引了大批进步青年学生，壮大了学生运动的队伍。在中共地下党员带领下，主动与学校进步教师联系。1947年4月，潮安金山中学学生在进步教师支持下，不顾国民党当局的反对，在潮州城公演陈白尘写的揭露国民党官场黑暗、讽刺国民党官员的话剧《升官图》。1948年，韩山师范学校的女同学组织了"励进社"、讲客家话的同学组织了"中原社"、饶平籍的同学组织"饶平同乡会"，在地下团员的主导下开展各种活动。

经过读书活动和社团活动，潮城广大进步学生逐渐认识到"只有共产党才能救中国"的道理，向往进步、向往革命成为学生的主要潮流。

（二）掌握学生会领导权，实行"有理、有利、有节"的斗争策略

针对学生为维护自身权益自发起来与当局斗争的情况，潮安中共地下党组织为了保护学生自发斗争的积极性和加强对学运的领导，根据党隐蔽斗争、积蓄力量、保持灰色、不搞大规模行动的指示，注重掌握学生自治会的领导权，通过公开合法的学生组织，实行有理、有利、有节的斗争策略，采取各种斗争形式，与全国范围内展开的"反内战、反饥饿、反迫害"和"要民主、要自由、要和平"的斗争汇成了浩浩荡荡的洪流。

1947年底至1948年，随着斗争的深入发展，在中共潮安地下党领导下的学生运动更加注意斗争的策略，表现在运用选举、竞选等方法把一大批地下党员、团员和进步青年学生安排到各个学校的学生自治会中去掌握领导权，以公开合法的身份带领学生进行斗争。如韩师的学生自治会主席张履亨、金山中学学生自治会主席谢礼高、潮安一中学生自治会主席何绍明，都是地下党、团员或进步学生，由于牢牢地掌握学生自治会的领导权，更有利于学生运动的开展。为了发动学生起来斗争，维护学生的基本权益和人身尊严，当时学校的新青团学生支部，决定以学生自治会名义公开领导这场斗争。

学生运动从自发斗争发展到有组织的自觉斗争，教育和锻炼了一大批青年学生，为走上革命道路做好思想上、组织上的准备。

第二节 武装斗争的恢复和新青团的建立

一、潮汕人民抗征队潮澄饶武装基干队成立

1946年6月26日，蒋介石统治集团在完成发动内战的准备后，即撕毁停战协定和政协（旧政协）协议，悍然向解放区发动全面军事进攻，全面内战爆发。蒋介石统治集团加紧实行征兵、征粮、征税（简称"三征"）政策。他们的倒行逆施，激起了全国人民的反对，国民党统治区人民的爱国民主运动日益高涨。

11月，中共中央发出《给南方各省乡村工作的指示》，指出在全面内战的形势下，目前南方各省乡村工作应采取两种不同的方针：凡条件有可能建立公开游击根据地者，应立即建立公开的游击根据地；凡条件尚未成熟之地区，应采取隐蔽待机的方针，以待条件成熟，但总目标仍然是积极发动公开的游击战争。12月，中共香港分局作出恢复广东武装斗争的决定，并发动群众进行反"三征"和减租减息的斗争。

1947年3月，中共中央又发出指示，要求开展蒋管区的游击战争以破坏敌人后方，配合解放军正面战场作战。6月，中共潮汕特委在揭阳大北山召开扩大会议，传达贯彻香港分局关于充分发动群众开展反"三征"运动，重新开展武装斗争的指示。

潮澄饶地区中共组织认真贯彻落实扩大会议精神，加紧恢复武装斗争的筹备工作。6月底，以潮澄饶武装小队为基础，组建

"潮汕人民抗征队潮澄饶武装基干队"，队长赵崇护，副队长许燧炯，指导员许立，队员10多人。后来，经潮汕地委研究，拟出了全面开展潮澄饶武装斗争的计划，准备首先收缴国民党在平原的一些基层政权和反动武装的枪支，以锻炼队伍，武装自己，站稳脚跟，逐步扩大武装规模，并调潮安县工委书记陈汉为基干队政委，领导群众开展反"三征"斗争。

二、独立中队连续出动打击敌人

1947年9月，蒋介石派宋子文主持广东政务。12月，宋子文派国民党军少将喻英奇到潮汕，任广东省第五清剿区司令兼第五行政区督察专员和保安司令，以便在潮汕实施其"清剿"计划。

喻英奇到潮汕后，集军政大权于一身，加紧策划"清剿"。1948年1月5日，喻英奇在潮州城召开全区"绥靖会议"，进行"剿共"策动。他大批起用旧军官和地方反动头子，成立了"潮汕戡乱设计委员会"，各县也成立了"戡乱建国动员委员会"，并在清剿区司令部下面设立了潮普惠南、安澄饶澳、潮揭丰3个分区"清剿指挥所"，加紧对边区人民武装的"清剿"。2月又公布了"赏杀五信条令"（即：窝匪者杀，庇匪者杀，济匪者杀，通匪者杀，从匪者杀）。

根据广东新的斗争形势，中共香港分局于1947年10月发出《为迎接大反攻，加强农村斗争的指示信》，要求各地党组织放手发动群众，猛烈开展群众斗争和游击战争，利用宋子文基础未固之机，创建广大农村据点和武装组织，粉碎蒋、宋进攻的企图。1948年1月，潮汕地委召开会议，贯彻香港分局指示，号召潮汕人民动员起来，粉碎宋、喻的"三征"掠夺和对人民的进攻。

1948年1月14日，潮澄饶丰人民抗征队独立中队（简称独中）成立，队长赵崇护，指导员庄明瑞。独中采用奇袭战术，于2月29日，分兵袭击意溪和仙洋乡公所，因意溪一路联络有误，乡公所已警觉戒备，队伍迅速撤出。仙洋一路获得全胜，俘敌10多名，缴获枪支10多支及一批物资。独中的连续出击，歼灭了敌人的有生力量，打击了反动分子的气焰。

独中的连续胜利出击，引起了国民党当局的恐慌，喻英奇急忙调兵遣将，多方面对人民抗征队进行追踪堵截，斗争艰苦复杂、残酷激烈。1948年2月，一武（第一武工队）在莲花山侧的棕尾店村宿营，饶平黄径乡乡长兼保警第四中队队长林追光侦知情况，于同月10日一早，伙同吴思义的清剿队包围一武驻地。一武在突围时队员江秀卿不幸被捕，新队员李泽蔚也因此失去联系，次日被捕。19日，江、李被活埋于潮州城郊竹竿山。"棕尾店"事件后，一武队员徐明徵、纪式哲又被洪之政部所捕，后皆被杀害。

三、游击新区的开辟

为了更有效地粉碎国民党军事的"围剿"，1948年3月初，中共领导的人民武装在潮安进行整编。3月9日，成立了统一领导整个潮澄饶丰地区党组织和武装队伍的潮澄饶丰武装工作委员会（简称"武工委"，相当于地委分委），书记吴健民，成员有陈义之、庄明瑞和余锡渠。武工委成立后，根据斗争需要，对武装队伍进行调整、改编。在独中的基础上进行扩编，成立了第五中队（简称"五中"），队长许立；第六中队（简称"六中"），队长余丛文；第四突击队（简称"四突"），队长许燊炯。调整了的一武队长邱峰，二武（第二武工队）队长许宏才，新建立了三武（第三武工队），队长张广友。这时队伍已发展到110多人。

在秋荣（秋溪、登荣）地区，三武把力量伸向登荣的文祠一带，将武工队员分成统战、群工、妇女3个小组分别开展工作，迅速向周围乡村扩展，活动区域已发展到归湖、赤凤、意溪河内一带。这期间，三武和部队八连联合行动，夜袭东厢乡下津向南祠的国民党自卫中队，使潮城国民党当局十分惊慌。6月，三武与九武合并为三九武，队长李世海。同月，以原在五股一带活动的临时武工队为基础，成立"新一武"，队长刘裕新，在五股继续做群众工作。三九武则以上荣为中心，活动范围扩大到中、下荣及河内、铁铺、磷溪一带。队员们夜间到各村群众聚集的"闲间"活动，发现、培养根子。还对地方保长晓以大义，赋予责任，建立了"两面"政权。此外，还在地方积极分子的配合下，开展募粮和收缴藏枪的活动。经过一段时间的活动，河内、北坑的每个村落，都扎下了根子，建立了一批活动基点。北关村水陆交通方便，又近山区而成为地下党重要交通站，负责收集情报，筹集支前物资，输送兵员等任务。打通了凤凰山区与潮澄饶平原的地下交通联系，这条交通线也成为闽粤边的大后方与香港海外往来的一条通道。

四、成立潮澄饶丰边县委和韩支十一团

1948年6月，中共潮澄饶丰边县委在潮安正式成立，书记张震，副书记兼组织部长庄明瑞，宣传部长陈义之，妇女委员蔡初旭。同月，经武工委讨论决定，把原来由武工委直接领导的各个中队和第四突击队，组成人民解放军韩江支队第十一团，并在潮安文祠正式成立，团长许杰，政委张震（兼）。

同年6月24日，潮澄饶丰边县委召开会议，分析了全国的形势和潮澄饶丰的斗争情况，回顾总结了潮澄饶丰一年来武装斗争的经验教训，讨论研究了今后斗争的中心任务。县委根据武工委

的指示，于7月25日发出《给武装队伍各负责同志的一封信》，明确提出当前的中心任务是普遍发动农村群众起来斗争，扩大革命队伍，击退和消灭敌人的进攻。要求属下武装，坚决执行武工委提出的各武装部队的斗争方针和策略：①继续分散发展，进行外线游击活动，扩大群众斗争地域；②扩大平原群众斗争，支持、策应山区活动；③不要一般地强调单面政权，要建立"两面"政权，使单面政权与"两面"政权有机地配合；④按地区、按步骤、按群众觉悟程度，发动农村的群众斗争，群众斗争仍应先在减租减息方面下功夫；⑤强调主力队伍的扩大及逐步正规化。

十一团成立后，为更广泛地发动和组织群众，根据潮汕地委指示，公布了团的《行动纲领》。《纲领》中规定了三大原则：第一，集中火力打击反对共产党军队的反动头子、地方恶霸、首要特务，并消灭其武装组织；联合与中立不反对我们目前所施行的各种政策的地主、富农与一切可能联合与中立的社会力量。第二，坚决实行反"三征"，减租减息，生产合作，救灾救荒的社会政策。第三，根据合理负担的原则，确定财政政策，保证财权。

潮澄饶丰边县委和韩支十一团的建立，进一步加强了共产党对潮澄饶丰边地区武装斗争的领导，发展了武装力量。

五、中共组织的发展和武装力量的壮大

1948年8月7日，中共闽粤赣边区党委在大埔召开临时代表会议。会议确定边区党委辖兴梅、潮汕、韩东、闽西、闽南五个地委；讨论决定了目前阶段的基本任务是："粉碎敌人的重点进攻，为建立和发展边区根据地而斗争。"韩东地委辖潮饶丰、饶埔丰、饶和埔及潮澄饶平原县委。边区党代会后，韩东地委

宣告成立（1949年1月改称韩江地委）。书记黄维礼，副书记兼组织部长吴健民，宣传部长李习楷，委员有余锡渠、庄明瑞、许士杰、钟阿仁。韩东地委根据边区党委决定，改潮澄饶丰边县委为潮饶丰县委，书记张震，副书记兼组织部长庄明瑞，宣传部长陈义之，妇女部长蔡初旭。9月22日，吴健民、李习楷在潮安召开潮澄饶丰地区党的干部扩大会议，传达边区党代会精神和韩东地委的决定，总结了自1939—1948年游击战争的经验教训，分析当前潮澄饶游击战争的条件，提出潮澄饶丰武装斗争的方针和任务：①布置打入敌人内部工作，广布人员潜入活动；②广泛建立武工队，全面展开活动，创立大面积的掩蔽地与转动地，开展平原游击战争，以支持山地，动员革命群众入伍，壮大部队；③广泛开展群众工作，特别是开展交通要道的群众工作；④普遍秘密建立地下军（包括秘密武装民兵）；⑤争取与改编土匪及地方武装；⑥大胆与上层建立统战关系，深入开展统战工作。

潮饶丰县委根据上级的决定，继续发展地方武装力量，各区委在潮饶丰县委领导下，于10月间又先后建立了十二武、十三武、十四武、十五武、十六武等一批武工队。其中十四武队长曾传钦，十六武队长陈崇山。他们在秋荣区委领导下，十四武由意溪河内的梅花、后径、四宁、锡美一带迅速扩展到河北、冈山、北坑、小庄、张厝角、意溪、东津地方。十六武活动范围遍及莲花山南麓的铁铺、磷溪、意溪的山地村庄。至1948年底，潮饶丰县委辖下的武工队已有新一武、二武、七武、三九武、十一武、十二武、十三武、十四武、十五武、十六武等10支武工队。人民解放军韩支第十一团在粉碎国民党的军事"围剿"中不断壮大发展。11月底五连上调为"边纵"直属部队后，十一团经过调整和扩编，有一连（豹连）、二连（彪连）、三连（龙连）、七连（钢连）、九连（铁连）等5个连队。这期间，各地方武工队配合部队的反"围剿",打击地方国民党基层政权,镇压反动分子,借枪募粮,组织民兵和民兵基干队,组织农会、妇女会、儿童队,并建立了一批"两面"政权。

六、减租减息运动的开展

中共潮饶丰县委为改善农民群众生活,在继续开展反"三征"的同时,于1948年10月间颁布了减租减息条例,领导农民进行减租减息的斗争。条例规定:减租的办法是在评年情之后实行"二五"减租;减息的办法是减去年利(或月利)的25%～30%。在民主政权巩固的地区还发动清理旧债。凡原定利率在30%以上者,一律按30%计算,债务人已付利息超过原本一倍以上者,停利还本,已超过原本二倍以上者,视为借贷关系已经取消,本利停付。在公布了条例而又未实行减租减息的地方,则以后仍按公布之日起算。

反"三征"和减租减息的开展,改善了农民群众的生活,大大提高了农民的阶级觉悟,他们拥护共产党,相信共产党的革命一定能够得到胜利,广大青壮年迫切要求入伍,踊跃参加民兵、运输队,革命情绪十分高涨。锡美村自卫队在组织群众反抗国民党"三征"和减租减息斗争的同时,积极响应党的号召,解散村自卫队,将自卫队的长短枪和一批粮食送到武工队手中,充实了刚刚恢复的潮汕武装队伍的装备。同时,组织一批青壮年入伍参加解放战争。

七、潮澄饶平原县委领导游击斗争进一步发展

1948年8月,韩东地委在成立潮饶丰县委的同时,撤销平原工委,成立了潮澄饶平原县委,由韩东地委委员许士杰任潮澄饶平原县委书记,副书记余锡渠,委员邱河玉、李诗铭、余仰韩、

林正昭。并决定将四突改称"平原突击队"，归平原县委指挥，以增强平原地区的武装力量。

　　平原县委成立时，正当喻英奇实施"围困山地，肃清平原"的第二期"清剿"计划的时候。这时，平原的革命转动点还不多，经济方面也较为困难。平原县委根据韩东地委在潮澄饶丰干部扩大会议提出的武装斗争方针和任务，联系潮澄饶平原斗争实际，提出平原武工活动要广辟营地，广泛发展民兵组织，特别是开展秋水、东厢一带的工作。活动的方式是昼伏夜出，通过地下党组织和亲朋的关系，秘密开展工作，并以小村庄作为工作的主要对象。9月，县委为开展秋水、东厢一带工作，从秋隆武中抽调部分人员，组建"秋东武"，队长李开胜，活动于潮安秋水和东厢一带。平原突击队同秋东武、秋隆武密切配合，积极开展武工活动，开辟平原与山地中间地带游击走廊，进行借枪募粮，发动群众，组织地下民兵，打击和镇压反动分子，在较有基础的乡村开展统战工作。秋东武先后在仙美、寨内、内坑、六亩、堤头、黄金塘、卧石、社光洋、溪口、铁铺、秋溪、西陇等村开展群众工作。武工队每到一个村，就先选派一些队员到贫苦堡垒户家中，深入摸清情况，进行串联和组织地下民兵。经过一连串的宣传发动，新建立了一些堡垒户，先后共发展了120多名民兵，革命力量迅速壮大。由于他们积极开展统战工作，争取一些开明士绅及当地保长的支持，在一些基础较好的村庄建立了"两面"政权。这些士绅、保长，他们为武工队提供情报，提供安全掩护，提供食宿，还帮助武工队进行借枪募粮。如仙美李村，武工队可以在白天里自由出入活动，成为堡垒村。11月，随着形势的发展，成立了中共秋隆（秋溪、隆都）区委，书记林沛杰，副书记余耀存，委员有李开胜、林劭先和许自堂，负责领导潮安的秋水和饶平的隆都一带工作。武工队对于胆敢进行破坏活动的反动分子和特务分子，则坚决予以镇压，以保护地方党组织和革命群众的安全。由于平原县委掌握了正确的方针、政策和深入发动群众的方法，各武工队很快地站稳了脚跟，开辟了40多个村的活动点和组织了300多名地下民兵，征借了一批枪支，经济上除了自给外，还有力地支援了山区游击根据地，平原的游击斗争在隐蔽中发展。

1948年至1949年，韩江支队和四区区委在北坑、仙美建立联络站。武工队和平原突击队经常活动于北坑、仙美、美堤、后洋、堤头、急水、仙河、田心、窑美、仙田、溪口等地，发动农民抗租抗债，成立地下民兵队保卫胜利果实，并组织一批青壮年农民入伍。

八、潮安新青团组织的建立

1948年七八月，中共潮澄饶平原工委根据上级有关"试建中国新民主主义青年团"（简称地下团）的指示，派邱河玉、许拱明分别到潮安的金中（今汕头金中）、韩师等校秘密进行建团工作。8月，党组织在潮州打银街待诰巷活动点开会，传达上级有关建团工作的指示，决定把潮城学校中党的同情分子及政治条件成熟的进步师生，吸收为青年团员。下旬，韩师地下团支部成立，书记文杰民，组织委员李雁翔（女），宣传委员李楚钗（女），支委卢儒潜。

1949年2月，金中团支部在陈历明家里成立，书记谢礼高，组织委员陈沛成，宣传委员陈历明，张蔚芬、张传仰任小组长。潮安一中（今潮州金中）于1月成立团小组，组长蔡裕；3月成立团支部，书记刘舜扬，支委蔡裕、许文。7月，刘舜扬离任，陈存桢接任书记，曾华民、赖静云（女）为支委，以后又补充朱谦智为支委。在城的镇一、镇三、世馨、埔头尾等小学一批党的同情分子也先后被吸收为团员，并在基础较好的镇一小学，吸收了数名六年级学生入团，由在该校以教书为掩护的中共地下党员林青苑负责领导。

各团支部在吸收先进青年入团过程中，按照上级有关部署，执行积极慎重的建团方针，既严防敌特分子混进组织，又不把进步青年拒之门外。组织发展的具体做法是：通过谈心，广交朋友，了解师生思想情况；有选择地确定发展对象，然后启发教育，学习革命书刊和"团章草案"；申请入团的青年，每人必须用化名填写一份简表，一份自传，交给团组织转送地下党组织审查，确定为发展对象；条件成熟后，经团支部审查提出意见，报地下党组织批准。在城入团一般不举行宣誓仪式，农村则可以举行。

至1949年4月，全县各中小学共发展地下团员294人，其中韩师71人、金中70人、潮安一中69人，在城小学10人。这支年轻的队伍，在敌人的心脏开辟第二战场，为潮州的解放作出了贡献。

九、团员青年上山入伍

1949年4月南京解放，全国胜利即将到来，广东解放在即。为了扩大革命队伍和接管城市，需要大批知识分子。中共闽粤赣边区党委发出"大量吸收知识青年受训"的指示之后，韩江地委也发出指示，要求各地党和团的组织，发动进步师生上山入伍。5月上旬，中共潮安县工委在江东召开会议，研究部署组织青年学生上山入伍工作，决定在韩师、金中两校进行组织发动。两校地下团支部在潮安县工委城工部长许拱明的领导下，在团组织的内部进行教育、动员，根据隐蔽、安全、需要的原则，审查确定了对象，一部分团员先行上山，一部分团员暂时留下，以继续在地方坚持斗争。上山前，县工委还对将上山的学生进行革命纪律、革命意志、革命气节的教育。

经中共党组织研究，确定5月14日（星期六）第一批学生出发上山，其中韩师43人、金中36人。

学生上山的革命行动，震惊了潮安国民党当局。潮安侦缉队和刑警队在潮州城中加岗加哨，日夜巡逻。喻英奇还召开专门会议研究学生上山的事态，加强学校对学生的控制。他们对学生来往信件进行检查，组织反动分子对进步学生进行跟踪监视，对上山学生的家长进行威胁。还在社会上散布谣言，对上山学生进行污蔑毁谤。5月21日，喻英奇还公布了《十四杀令》以加强对革命者的镇压。但是，正当潮安处于白色恐怖的时候，6月1日，韩师、金中的第二批上山入伍学生，其中韩师23人、金中24人。几经周转，又上了凤凰山。这期间，潮揭丰边的潮城团支部也组织了潮安一中几名团员上了八乡山。

5月间，一批进步青年华侨教师和学生陈镇良、丁翀、许蔚然、朱烈文、刘怀海等60多人，从海外回到潮城参加革命。他们在中共潮安县组织的安排下，有的留在平原工作，有的由武装护送上山入伍。在此之前，1947年冬及1948年夏已先后有赵世茂、戴昭科、陈沛、丘家宣、陈英学、陈复悦等两批共20多人从海外回到潮澄饶参加革命斗争。这些同志在党的教育下，积极工作，勇敢战斗，不少人成为革命斗争的领导骨干，有的为革命献出了宝贵的生命，为凤凰山根据地的建立和潮澄饶人民的解放作出了贡献。

解放潮安全境的斗争

一、中共潮安县工委的成立和游击区的扩展

1949年4月，韩江地委根据中共香港分局《关于迎接大军渡江和准备解放的指示》，为迅速发展平原游击区，做好迎接南下大军和建立地方政权作准备，决定撤销潮澄饶平原县委，潮安和澄海分别成立潮安县工委和澄海县委。潮安县工委书记邱河玉，组织部长李诗铭，宣传部长郑奕庭，城工部长许拱明，妇女部长陈通杏，至7月，秋水、东厢一带成立秋东区委，书记李开胜，组织委员余堂，宣传委员林先固，妇女委员余卓芬。

潮州城在城工部长许拱明的直接领导下，在城郊埔头尾村建立了地下交通情报联络站，负责县工委与山地的联络。城区则以学校地下团员为主体，设立了一个地下收音情报站和10多个情报联络点，还有以店员工人为主体，设在"聚兰"烟店的情报站。

归属澄海县委领导的潮安秋水一带，武工活动也十分活跃。5月3日，十一团一部胜利攻打隆都店市回师基地前，在平原突击队和隆都、秋东、十五乡武工队的配合下，进攻潮安铁铺松下市的秋水乡公所。由于战前侦察工作做得好，且有秋水乡联防队长陈英耀（抗日时期参加过革命工作）的内线配合，全俘乡公所员工30名，缴获枪支30支，子弹100余发，电话机1部，物资数担，并烧毁了一批文件。摧毁秋水乡公所之后，中共地方组织团结当

地开明乡绅，成立了秋水"护乡委员会"，维持地方秩序，开展借枪募粮活动。中旬，成立了铁铺武工队，队长陈友烈，活动于秋水铁铺一带。

6月下旬，边纵二支队第七团为牵制潮城国民党军队，在山后武配合下，开进潮安西厢乡的凤山、云里、莲云等村宿营，封锁通道，并派出人员到陈桥、花园、七圣等村散发《告蒋军官兵书》和向国民党军政人员"约法八章"的传单，捉拿抗拒募粮的凤山保长，进行教育和约法，起到威慑作用。

1948年5月，韩江纵队第四支队（后改为闽粤赣边纵队第四支队）分委余锡渠、林正昭、李世海等在北坑村和仙美村建立联络站。

1949年初，中共第四区委书记李世海，区委委员陈续豪、余堂等带领武工队和平原突击队在北坑、仙美、美堤、后洋堤、急水、仙河、田心、窑美、仙田、溪口等乡村，发动群众抗租抗债，打击地主土豪，袭击区乡公所警卫队。串联一批批的青年学生和青壮年农民入伍，组织各村民兵队保卫胜利果实。

1948年5月20日，国民党洪之政部沈武敏带100多人乘夜包围黄金塘村，拘捕陈超凡等18人，其中15人被保释。陈超凡、陈宽隆、陈延国因其参加共产党，被押至饶平钱东活埋。

1948年10月，秋东武工队在六亩村设地下交通站，称"细姨站"。

二、潮州城各校团组织的活动

1949年初，为配合部队的军事行动，在中共潮安县工委城工部统一部署下，韩师团支部布置团员调查、监视东门楼、笔架山、东津、涸溪等地国民党驻军的情况。金中团支部布置团员监视、了解县府特务中队、孔庙喻英奇指挥部卫队、西马路喻英奇公馆以及南春路春城楼国民党军队的情况。一中团组织，布置团员监视、了解学校附近制高点葫芦山、北关的林厝祠、西门车站以及太平南路一带国民党军队的驻防情况。2月下旬和3月上旬，潮城各校团组织统一行动，于夜间在潮州城内的主要街道、学校、国民党党政军机关附近及门口，张贴四支队胜利解放凤凰圩和拔除文祠据点的《捷报》以及散发传单。每天天亮，全城东西南北各个门头和主要街道到处都是《捷报》和传单，群众纷纷传说"'老八'昨晚进城啦！"使潮安国民党当局慌了手脚，到处草木皆兵。有些团员还给自己的父母做思想工作，教育他们弃暗投明。有的通过家庭或其他社会关系，了解被策反人员的思想动态，及时汇报给党组织。潮城其他地下团支部的团员，除秘密给凤凰山根据地购买、运送制作弹药用的硫黄、硝石及医用药品外，还在潮城散发和张贴传单，开展搜集情报等活动。

三、潮州城新青团建立地下收音站

1949年4月，中共潮安组织及新青团组织为了及时了解解放战争形势的发展，把中共中央发布的方针、政策向广大人民群众开展宣传教育，县工委了解到金中地下团支部的团员陈国梁家里有收音机。这部收音机因未受登记检查，而且线路完好。经县工委研究决定，派地下团员陈国梁、蒋家骅、胡坚、陈国泽等组成1个小组，在簧门亭巷22号陈国梁家里后院的地下室（抗日时期所挖的防空洞）里，建立直接由中共潮安县工委领导的地下收音站。经过多次调频，终于寻找到新华社在每晚零时开始广播新闻的频率。建立起来的地下收音站，从1949年5月开始，一直坚持到10月22日潮安解放。收音站几位同志，为了革命，不顾生命安危，每晚从零时开始，即在潮湿的防空洞里，挂上耳机，熬夜收听。收录完毕，已是凌晨3时至4时。为了保证及时转送给凤凰山四支队和地下党领导机关，他们又不顾疲劳，连夜抄写，用针眼大的小字，密密麻麻地复写在薄薄的打字机纸上。天一亮，便由胡佩珊、蒋家骅送到团支部书记张蔚芬家中，再由她送到城郊北关县工委的交通站，交秋荣区委派来的交通员送上凤凰山。送给县工委的，由县工委每隔两天，从江东的洲东派小船到东门外下水门渡头取去发送。

近半年中，收音站收录的内容，除新闻外，在重大节日还收听记录中共中央发表的社论和文章，如1949年7月1日新华社播送毛泽东的《论人民民主专政》全文，8月1日播送《八一社论》，10月1日播送中华人民共和国在北京宣告成立的盛况。这些重要的新闻和文章，都连夜抄写，有的还用钢板蜡纸刻印。除送给领导机关外，还发给各校的地下团员和一些可靠的统战人物、策反对象阅读。

地下收音站收听、记录和印发的电讯及宣传资料，鼓舞着坚持地下革命斗争的同志，使他们坚定地沿着共产党指引的道路奋勇前进。

四、统战与策反工作的开展

（一）城乡的统战工作

解放战争时期，中共潮安组织正确运用党的统战政策，在地方的中、上层人物及开明士绅中开展统战工作，争取和团结一切可以团结的人，孤立、打击了坚持与人民为敌的反动分子，壮大了革命力量。在统战人物中，尤为突出的有陈政和张家兰等。他们除了继续在道义上和经济上物质上支持革命外，还多方支持共产党在平原的游击战争，为解放、接收潮安做了许多工作。

1949年，陈政（时任潮安护堤行车公司董事长）每月向中共地方组织提供港币1000元支援开展武装斗争。5月间，潮澄饶学运领导人柯国泰在澄海被捕押解潮城后，为营救柯国泰，他又捐款港币5000元，作为营救费用。六七月，潮安解放在即，陈政除了秘密为中共组织提供潮汕铁路线、护堤、安黄（潮安至饶平黄冈）、安东（潮安至澄海东里）线公路的历史和现状资料外，还提供了有关国民党潮安党政机关主要人物的思想和政治动态，为潮安的全面解放和接管作出了贡献。

金中教师张家兰，是潮安教育界的知名人士。他积极支持共产党办《路报》，并以真姓名经常在《路报》发表文章。他支持自己的女儿参加革命，经常接待和掩护共产党的地下工作人员，并为之提供工作方便。1949年5月，金中学生准备上山入伍时，国民党当局加强对学校进步学生的监视和侦查活动，他及时给地下团组织，通报校方反动当局对学生的侦查监视情况，保证了上山学生的安全。潮城解放前夕，他又积极参加护校工作，为中共党组织提供金中的历史、财产及现状等资料，为顺利接管金中提供了有利条件。

此外，在农村还有一些统战人物，像铁铺乡绅谢子铎以及磷溪医师刘采臣等，他们都为潮安的解放做过一些有益的工作。

（二）地方的策反工作

1949年初，中共潮安党组织根据上级的指示，配合全国和地方的有利形势，积极在国民党机关和军队中开展策反工作，为加速潮安的解放和接管创造条件。

1. 汕头学警起义。汕头学警中队长卓积基，在现实生活中，他看到国民党的腐败黑暗和日暮途穷，深感跟着国民党走下去没有前途，心情十分沉闷。中共地下组织了解到卓的思想情况后，多次派人与之联系并进行启发教育，他表示愿意弃暗投明，投奔共产党。4月初，四支队及潮澄饶平原县委，派出县委委员林正昭，深入汕头市与卓积基商妥起义计划。16日晚，卓积基利用学警"夜间肃静行军"之机，率队携枪起义。起义队伍从汕头市出发，经澄海，并从饶平隆都进入潮安的仙美、堤头、溪口、六亩，到达游击区的北坑，又经文祠进入凤凰山。由于中共党组织的周密安排，该部在国民党统治区域的腹地行程100多里，顺利通过14个乡村和3个渡口。这次起义学警共79人，带来全新机枪2挺，三八式步枪58支，手榴弹6枚，左轮手枪1支，子弹2000多发，受到解放区军民的热烈欢迎。

2. 北坑联防队起义。驻北坑的潮安秋水乡第十八、十九保联防队（称北坑联防队），队长陆庆华，副队长陆阿鹭，共有十四五人。负责北坑、锡美、桂坑、大坑、西坑、葫芦、后塘、乌树埔、苏石溪、石竹坑等一带地区的联防。这支联防队建立之前，陆庆华和陆添涌（土地革命战争时期参加过秋溪区的革命斗争）等人就已与秋荣区委的武工队取得联系，经区委研究并报请上级，同意他们搞"白皮红心"的两面政权，允许他们一面应付洪之政，以麻痹敌人；一面秘密为游击队服务。他们向洪之政送去的情报，都是事先与武工队打招呼或根据武工队旨意提供的，武工队的活动也因有了联防队的掩护而更加安全。联防队还为游击队到潮州城购买布匹、药物等禁运军用物资。1949年2月攻打文祠市时，武工队还向该队调借了短枪。后来，当联防队在受到洪之政的怀疑，已难再应付下去的情况下，于5月3日乘四支队攻打秋水乡公所之机宣布起义，携步枪16支、驳壳枪3支及子弹数百发，接受改编。

五、潮安全境的解放

（一）迎军支前，准备接管城市

1949年5月25日，中共闽粤赣边区党委根据形势发展的需要，决定将韩江地委辖区分别归并于梅州、潮汕地委。潮澄饶丰澳划归潮汕地委领导，第四支队番号不变，由吴健民任政委。6月，潮汕地委决定建立潮汕地委潮澄饶丰澳分委，书记李习楷，副书记许士杰，组织部长余锡渠，宣传部长庄明瑞，委员许杰、陈义之，妇委蔡初旭。潮澄饶丰澳分委成立后，一面加快发展平原游击战争，一面加紧领导各地做好迎接南下大军和城市接管的准备工作。

8月2日，分委在凤凰召开迎军座谈会，部署迎军具体工作。会议决定：①成立迎接大军支前委员会，主任余锡渠。要求在最短期间内准备筹集军粮1万石，柴草30万斤，并发动群众进行藏粮，勿为残敌所掠夺；②成立各级迎接大军动员委员会，发动群众协助大军消灭残敌；③加紧整党整军，克服无纪律、无制度的无政府主义状态，并部署人员准备接收政权的工作。接着，潮澄饶丰澳分委妇女部发出《关于动员妇女迎接南下大军对各地妇女工作的指示》，潮饶丰边民主妇女联合会也发出《为迎接南下大军告各界女同胞书》，号召各界妇女"迅速行动起来，组织起来，迎接南下大军，消灭残敌，解放全潮汕"。

六七月间，分委先后成立潮安、澄海、饶平三县的接管工作调查研究组，着手搜集有关资料，为接管工作做好准备。9月6日至17日，分委在凤凰召开"接管工作研究学习会"，由分委书记李习楷主持。会议学习中共七届二中全会精神，联系实际，讨论、研究潮澄饶接管工作的具体计划。会议还学习有关城市政策，并根据上级党委的指示，明确规定部队入城纪律。主要有：①保护人民生命财产的安全；②保护民族工商业，凡属人民经营的工厂、商店、银行、码头，一律予以保护；③保护公共文化教育机关（包括学校、医院、文化机关、体育、娱乐场所、宗教团体等）；④保护外国侨民生命财产的安全。还对入城纪律提出10条补充规定：①服从卫戍部队的指挥；②服装整齐，军容庄严；

③不准在街头游荡；④不准在街上吃东西；⑤不准擅入民房；⑥不准无故放枪；⑦接收国民党机关时不私取一针一线；⑧不准私自向居民借物，借物统由事务长负责；⑨不接受人家的欢宴，不接受人家的送礼；⑩禁止入妓院。会上，分委还对各县的干部作了初步安排。由于潮城是国民党在潮澄饶的反动统治中心，阶级斗争情况复杂，决定由分委的主要领导人及四支队主力部队负责进行接管，并拟定了潮安县军事管制委员会主要领导人选。这次学习会，从思想上、组织上和政策上，为潮澄饶全面解放和接管作了准备。

9月20日，潮饶丰边县行委会召开有各区领导人参加的迎军动员会议。会后，各区积极发动群众，组织长程短程运输队和担架队、防卫队、向导队、缝纫队和通讯队。地处平原的潮州城地下女团员，以及秋东等地区的妇女会和"姐妹会""妇女支前小组"，以高度的革命热情，积极投入迎军准备工作。一些妇女献出自己的嫁妆首饰，支援购买布匹和药品，迎接解放大军的到来。

（二）抗击喻英奇的"清剿"和胡琏残部的窜扰

1949年7月，被南下解放大军追击逃到江西的国民党胡琏兵团残部，连同江西省方天部共25000多人，沿福建向潮梅南下逃窜，准备从汕头出海逃跑。蒋介石为接应胡琏的部队撤退，调台湾新军刘鼎汉部的2个团2000余人在汕头登陆。洪之政接替莫希德任第八区（原第五区）督察专员之后，喻、洪为策应胡琏兵团的军事行动，互相勾结，垂死挣扎，继续实施其"肃清平原"的计划。

7月28日，喻英奇亲自部署，派兵3路"进剿"潮安秋水铁铺。一路由陈汉英部陈万财率1个营，从樟东沿澄海隆城向秋水进发；一路由喻部马汉初率1个营从北溪进入石垯头；一路由饶平吴思义率自卫第三中队从青岚进发铺埔，形成对铁铺的三面包围。这时，秋隆区委、铁铺武工队和《海啸报》后方机关都驻扎在铁铺石坵头，情况十分紧急。中共潮汕地委潮澄饶丰澳分委副书记许士杰临阵指挥，武工队和民兵在多哞山进行阻击，机关后勤单位迅速撤退转移，进入果林分散隐蔽，铁铺重陷敌手。

桥东六亩村是潮澄饶平原通往山地的一个重要交通站，汕头、澄海及来自海外参加革命的人员，大多经该站歇息转道上山。从山地送到平原的书信、文件也大多经六亩站转送各地。7月27日，中共澄南区委书记杨敦礼往凤凰山开会途经六亩站，因病歇息于杨桃园寮棚，被保长刘良史发觉后告密。30日晨，洪之政派陈汉英带兵200多人包围六亩村，杨敦礼在逃避敌人追捕时因脚伤被捕。秋东区委妇委余卓芬和许静在群众的掩护下，转移隐蔽于黄金塘革命烈属许銮家中。杨敦礼后来被杀害于石坵头。不久陈汉英又派兵包围黄金塘村，企图搜捕地下人员陈两隆、陈柑和黄真等人，由于他们及时转移，幸免于难。这次陈部抓去村民卓茶得等12人，这些村民被勒索了大量钱物之后才得释放。黄金塘地下交通站也被破坏。

在国民党军队对平原疯狂"进剿"的日子里，平原地区党组织和武工队经受了严峻的考验，坚持着艰苦的斗争。8月间，许士杰在召集平原的武工队长会议上，总结夏季斗争的经验教训，部署新的斗争。并相应提出了昼伏夜出，多创灰色营地，暴露了的村庄不宿营和宿营时坚持日夜放哨，重视小胜利，积小胜为大胜，严守保密等5项措施。会议还根据上级部署，布置了有关巩固群众组织，加强统战工作，开展对敌政治攻势，加强肃奸策反，继续发动群众反"三征"，以及搞好调查研究，为接收城市做好准备等6项战斗任务。平原的武工队坚决执行武工队长会议的决定，坚持斗争，积极行动，打击敌特和反动分子，反击敌人的"进剿"，先后镇压了一批坚持与人民为敌的特务和反动分子。秋东武工队拘捕引敌包围武工队驻地的地方国民党党棍、仙美村反动乡绅李开利。

正当潮澄饶地区中共组织领导人民群众积极进行迎军支前和准备接管政权的时候，国民党胡琏兵团残部溃退窜扰潮汕。

胡琏残部窜扰潮安期间，到处抓丁抢劫，人心惶惶，鸡犬不宁，潮州城也深受其害。被拉丁者，都被剃为光头，刮去眉毛。据统计，胡琏军队在潮安（含今湘桥区）先后3次共抓丁1190多名。

这期间，潮揭丰边地区人民在党的领导下，奋力抗击胡琏残部的窜扰。据情报资料记载，胡琏残部到达潮州城之后一查，共减员300多名。

（三）加紧潮州城的策反工作

中共潮澄饶丰澳分委积极为潮澄饶的解放和接收作准备。1949年6月，分委为加强对潮安敌军的策反工作，由组织部长余锡渠主持成立了分委特工科，李世海任科长。潮安县自卫大队副官蔡德平与中共方面搭上线之后，经常向特工科寄送情报。还有主动与特工科搭线的原日伪北厢乡警察所长，把其私藏的一批枪支、子弹交给部队。此外，不少国民党的下级军政人员也与敌工科发生联系，提供了许多情报。

城工部在中共潮安县工委领导下，加紧对潮城国民党军政人员的策反和接收的准备工作。自5月开始，城工部就已布置党员、团员、党的同情分子和进步群众，对潮城国民党的党政机关以及各社团进行调查、分析，确定对象，进行策反。城工部给潮安国民党各机关头目，寄发了解放军总部《向全国进军的命令》中的"四项命令"和解放军总部布告的"约法八章"，告诫他们何去何从，当机立断。对那些确定为策反的对象，还寄发了潮汕党组织的报刊《团结报》《自由韩江》《海啸报》，有计划、有步骤地派人与其接触，进行教育和宣传党的政策，消除他们的顾虑。条件成熟之后，又发给他们盖有"中国人民解放军闽粤赣边纵队第四支队政治部"印章的《策反证》，郑重要求他们各安职守，负责保护机关、部队的财产和文卷档案、武器弹药、电话设备，及时提供情报等。经过一番复杂而细致的工作，先后接受策反的有农业银行潮安办事处主任刘青山、在城镇公所副镇长黄虞声、《潮安商报》编辑邢德树、县政府助理秘书张毓华、县警察局督察长曾宪宣及警察中队、省保安一团二营等。刘青山接受策反之后，遵照中共组织的布置，将农业银行办事处有关文卷及人员、财产，秘密造册送给组织，并交出2支短枪。黄虞声在接受策反后，经常主动向中共组织汇报潮州城周围国民党军队驻防情况，把镇公所属下的保甲长、自卫队的枪支弹药及文卷、财产和黑社会组织"十三组"等情况，造册送给组织。邢德树则给地下党组织提供商会和在城所属各行业公会、《潮安商报》报社及"伟兴印刷厂"等情况外，还提供了潮安敌特机关的活动和税务的一些情况。张毓华向中共组织提供了县府各科室人员及所属各区乡人员的编制及花名册，当胡琏残部逃离潮安和喻英奇撤走时，他除了向中共组织提供有关情报外，还设法保存好文卷档案，使其不被敌人运走或破坏。

10月上旬，喻英奇奉令调离潮汕，往粤西任粤、桂东边区剿匪总指挥，洪之政被任为广州绥靖公署第一挺进纵队少将司令。10日，洪之政指派原潮安警察局长黄哲明任潮安县长。黄哲明接任县长后，张毓华接受中共组织的布置，动员黄哲明留下来并接受策反，黄在大势已去的情况下，接受了策反。

（四）迎接潮安县城的解放

1949年下半年，中共潮安县工委为了更好地配合武装斗争，加速潮安的全境解放，根据上级党委的指示，加强对城区学运、统战、策反工作的领导，在国民党的统治中心，开辟了第二条战线。

党、团组织发动隐蔽在国民党机关、社团、学校的党、团员，党的同情分子和进步群众，利用夜晚数次在潮州城的主要街道及国民党机关所在地，张贴和散发《将革命进行到底》（摘要）《一九四九年元旦献辞》《向全国进军令》《中国人民解放军布告》以及《团结报》《自由韩江》《海哨报》等宣传品。同时，有选择地对国民党上层人物，如县党部书记长张茂上、县警察局长黄哲明等，邮寄去《向全国进军令》中的"四项命令"、《中国人民解放军布告》中的"约法八章"，告诫他们：何去何从，要当机立断。

为配合"边纵"二支队、四支队的武装活动，扫除革命障碍，减少解放潮州城的阻力，根据上级党委的指示，决定在敌人营垒中大力开展策反工作。经过调查、分析，确定了策反对象，并按照各个对象的不同经历和思想状况，采取不同的方式方法，进行细致的策反工作。秘密与他们建立联系，帮助他们认清形势，自觉站在人民的立场上，与国民党反动派决裂，为解放事业贡献力量。对扼守在笔架山的广东省第五区保安司令部一团二营林齐英部，新青团也配合二、四支队做策反工作。

1949年九十月间，潮安县城解放在即，党、团组织立即做好下面几项工作：

1. 成立保卫小组。各保卫小组日夜秘密进行巡逻，重点保卫好县政府、在城镇公所、中国农业银行潮安办事处、护堤公路行车公司办事处，以及金山中学、韩山师范、潮安一中等学校和湘子桥等重要交通设施。

2. 组织支前小组。动员学校的地下团员，日夜赶缝蓝士林制服，送到游击队驻地意溪、河内等交通站；还筹集了一批日用品和粮食。

3．组织迎军代表团。由民主人士詹昭清等组成的潮安各界迎军代表团，前往意溪、桥东欢迎人民子弟兵解放潮安县城。

4．部署接管准备工作。确定了潮安县政府、潮安在城镇公所及所属各联保组织、中国农业银行潮安办事处、广东省银行潮安办事处、《潮安商报》及潮安商会、伟兴印刷厂等机关单位的接管人员；并通知其余各机关单位听候命令。

（五）潮安县城解放

1949年9月，全国大陆的大部分地区已获解放。同月中旬，以叶剑英为第一书记的新的中共中央华南分局在江西赣州召开扩大会议，确定了南下大军进攻广东的计划，解放大军直逼广州和福建厦门、漳州。

10月13日，闽粤赣边纵队领导人刘永生、铁坚、朱曼平、林美南和潮汕地委书记、第二支队政委曾广及李平、徐扬、张希非、陈彬等，在揭阳五经富（今属揭西县）附近举行会议，部署解放全潮汕和接管工作。

14日，广州解放，粤东地区全面解放在即。"四野先遣51支队"（边纵直属部队的一部）在完成兴梅解放之后进入潮汕，边纵二支队和四支队也急速向潮州、汕头进逼。

18日，四支队先遣队120多人在司令员许杰率领下，从凤凰进抵潮安文祠。二支队司令员张希非率部从揭阳梅北进抵潮安古巷，并于当晚在枫洋召开一团、三团领导人参加的作战会议，研究部署解放潮州城有关事宜，并派员与四支队联系。边纵直属五团也从揭阳新亨岐山脚东进，进抵潮安浮洋、云步，准备截击汕头方面国民党的援军和潮州城的逃敌。这时，潮揭丰边山后武工队配合部队也加紧向潮州城挺进。

潮州城即将解放，在城的国民党反动头目纷纷逃走。潮州城驻军只剩下已接受策反的县警察中队、在城镇公所的自卫小队和零星的国民党便衣队人员，以及已接受策反的驻城东笔架山省保安一团二营。潮安县长黄哲明也在策反人员的说服下，表示愿意留下来，做些维持治安和交接的工作。中共潮安县工委即把潮城情况向四支队和二支队司令部报告，并一面对一些地方代表人物进行教育，要他们维持好治安秩序；一面组织工人、学生，进行护厂、护校，防止坏人乘机破坏。县工委还指令在城镇公所副镇长黄虞声，出面召集在城各保保长开会，要他们做好维持秩序和迎接人民解放军的准备工作。

22日，边纵二支队在潮安县工委的配合下，一团从枫洋出发经枫溪直插潮州城郊厦寺村，并在潮州城南门春城楼进行警戒；三团从古巷出发，经枫溪直抵潮州城西门，并在葫芦山、金山和东门楼进行警戒。四支队司令员许杰也率先遣队从文祠进抵意溪，从意溪北门渡口摆渡过韩江进抵潮州城北门，沿城河墩前进到达潮安县立第一中学，与二支队会师。

同日下午，国民党县警察局督察长曾宪宣按潮城中共组织的通知，带县警察中队及部分乡警共100多人，到县立一中操场集中缴械。

傍晚，许杰率四支队先遣队进占潮安县政府。当晚，省保安一团二营宣布起义，到薛厝巷黄家祠待命接受改编。至此，潮安县城解放。

23日，四支队举行入城仪式。潮州人民和各界代表高举红旗、标语，并出动13班潮州大锣鼓，夹道4千米，热烈欢迎中国人民解放军部队进城，盛况空前。

同日，中国人民解放军闽粤赣边纵队潮安县军事管制委员会宣告成立。军管会主任李习楷，副主任许士杰、许杰，委员邱河玉、许拱明、李诗铭、陈孝乾、许云勤、张广友。军管会成立后，即颁布第一号、第二号布告，要求潮安民众同军管会真诚合作，切实遵行人民解放军总部约法八章和军管会颁布的守则，共建革命秩序，恢复市面繁荣，安居乐业，建设新潮安。

军管会下设：秘书处，主任秘书李世海；政务科，科长许拱明；公安科，科长陈孝乾；民运科，科长许云勤；交通科，科长陈作德；文教科，科长庄育恕；财粮科，科长邱河玉；银行，行长陈光远。

当天，中国新民主主义青年团潮安县工作委员会和潮安县妇女工作委员会宣告成立。团县工委书记许云勤（兼）；县妇工委书记陈通杳。

在军管会领导下，全县共设立附城、仁和、荣意、秋东、江桂、云隆、上东、龙溪等8个区。

潮安（含今湘桥区）人民在中国共产党的领导下，同全国人民一道，完成新民主主义革命任务，进入了一个人民当家做主的新时代。

第六章

新中国湘桥区域建设日新月异

第
一
节

改革开放前湘桥区域的革命与建设

一、潮州市建制后加强党的建设和新生政权的巩固

（一）党委的建立及其工作的开展

1953年1月3日，经广东省人民政府决定，成立县级潮安市（其辖区为今湘桥区地域），1953年6月1日，潮安市改称潮州市，由省直辖。潮州市成立后的首任市委书记为吴健民；首任市长由市委副书记姜绥芝担任。中共潮州市委于1953年7月正式成立。1953年8月，市委改设第一书记、第二书记，顾燏选任市委第一书记。后市委领导班子屡有变动。自1953年7月成立至1958年11月潮州市撤销，中共潮州市委先后设立组织部、宣传部、监委、工业部、手工业部、统战部、《潮州工人报》社、文教部、财贸部、办公室等10个工作机构。

1956年8月5日至9日，潮州市委召开党员干部会议，自上而下开展小整风。会后，组织党员干部深入基层调查研究。1955年2月，潮州市委组织部在全市组织工作会议上公布全市组织工作发展规划（草案），决定大力发展新党员，在原有264名党员的基础上，到年底拟发展新党员100名。同时，按照德才兼备的标准大胆提拔新干部，计划年内分3批提拔新干部85名。同月，潮州市委作出加快发展新党员的计划，要求在原有637名党员的基础上，新一年拟发展新党员552名。尔后，发展新党员的工作积极、稳妥、有序开展。

与此同时，统战工作也得以加强。一是协助召开政协会议：1955年5月8日至12日，召开政协潮州市第一届委员会，陈海任主席。二是帮助建立民主党派组织：在统战部的指导帮助下，中国民主建国会潮州市委员会于1957年6月23日成立。三是领导组织工商联：1953年9月24日，召开潮州市第一届工商界代表会议，成立工商业联合会。四是重视民族、宗教工作：1954年对畲族的基本情况进行调查，上报省民族事务委员会确认；贯彻宗教信仰自由的政策，寺院、教堂等宗教场所得到保护。五是贯彻执行党的华侨政策：纠正土改运动中执行华侨政策的偏差；鼓励华侨投身家乡公益事业和参与经济建设；保护侨汇，引导归侨侨眷参与侨乡生产劳动；1954年1月，潮州市首次归侨、侨眷代表会议召开，成立侨联组织。

（二）中共潮州市第一次代表大会的召开

1955年5月24日至31日，中共潮州市第一次代表大会第一次会议召开。出席会议代表148名，候补代表14名，列席代表54名，代表着全市772名党员。这次会议是在全市经过抗美援朝保家卫国运动、土地改革运动、镇压反革命运动、"三反""五反"运动、城市民主改革运动等一系列运动，并取得了很大成绩的形势下召开的。大会听取和审议《为提前完成国家第一个五年计划，把潮州市逐步建设为社会主义工业生产城市而奋斗》《潮州市发展国民经济七年规划》的报告，并作出相应决议。

大会选举田荣申等14人组成中共潮州市第一届委员会。第一书记田荣申，书记李民禧、陈海、陈福全、周学彦。选举陈福全等7人组成中共潮州市监察委员会，书记陈福全。选举任元志等3人为出席广东省第一次党代会代表。

大会号召全市党员、干部和各行各业全面掀起社会主义建设新高潮，坚决贯彻为农业服务，与农村经济相结合方针，大力发展为城乡人民生产、生活所需要的工业和手工业生产，不断提高人民的物质文化生活水平，为争取到1962年实现由消费型城市向生产型城市的转变而努力奋斗。

潮州市第一次党员代表大会的召开，标志着市委带领广大党员干部和人民群众，完成由新民主主义向社会主义过渡的各项任务，全面进入社会主义建设新阶段。

（三）民主人士参政议政

实行共产党领导的多党合作和政治协商，是中国共产党执政的一项基本政治制度。中华人民共和国成立初期，潮州市的民主政治建设，主要是通过党委、政府邀请一些有代表性的人士，召开各界人民代表会议的形式，就各项政策的实施和城乡社会管理等问题向各界代表征询意见，集思广益，经过讨论和建议，再作出决定，付诸实施。潮州市于1953年12月4日至10日召开的首届各界人民代表会议，邀请工商界、教育界、医务界、宗教界、侨界、工人、农民、青年学生等不同团体的代表人物参加会议。

1954年以后，随着潮州市政协组织的成立和人民代表大会制度的确立，民主协商、民主建政逐步完善，民主党派、无党派民主人士中的代表人物在政协、政权组织中得到合理安排。在1954年6月召开的潮州市第一届人民代表大会上，有9名民建成员当选为人大代表，其中杨庭松当选为人民委员会（人民政府）委员。在1955年5月召开的政协潮州市第一届委员会上，有17名民建成员担任政协委员，其中4名被选为常务委员，周亮三、李成守被选为政协副主席。在1956年11月召开的潮州市第二届人民代表大会第一次会议上，有15名民建成员当选为人大代表，其中陈辅文当选为潮州市副市长，另有多名非中共各界代表人物当选为人民委员会委员。民主政治的建立，团结了一切可以团结的力量，使这一时期的潮州市出现了政通人和的良好政治局面。

（四）工青妇群众团体工作的发展

在中共潮州市委的领导下，潮州市的工、青、妇群众团体在过渡时期得到较快发展。1953年4月，潮州市总工会成立。至1956年，潮州市共有基层工会组织98个，共有工会会员5296人。潮州市先后于1953年9月、1954年11月和1956年1月召开第一、二、三次工会会员代表大会。这个时期的工会工作紧紧围绕党的中心任务展开。1953年下半年以后，市各级工会组织职工群众学习党在过渡时期的总路线，开展对资本主义工商业的社会主义改造，促进手工业和农业的合作化，开展社会主义劳动竞赛。在1956年基本实现对资本主义工商业的社会主义改造之后，市总工会贯彻全国总工会关于开展先进生产者运动的决议，号召职工群众发扬工人阶级主人翁精神，积极投入争当先进生产者运动。

在社会主义过渡时期，新民主主义青年团组织迅速发展。1953年7月，新民主主义青年团潮州市委成立。团市委贯彻团中央"巩固地向前发展"的组织方针。1953年至1956年，潮州市先后召开第一、二次团代会。这一时期的青年团工作，重点围绕城乡合作化运动来开展。各级团组织向团员、青年宣传党的合作化政策，使团员、青年在运动中得到锻炼，成为合作化的骨干，不少青年在运动中光荣加入团组织。

这一时期，妇联组织也有所发展。1953年4月，潮州市妇女联合会成立。1954年7月至1956年4月期间，潮州市先后召开第一、二次妇女代表大会。这一时期的农村妇女工作，主要围绕土改和合作化运动进行。城市的妇女工作，主要发动妇女走出家门，参加民改和城镇合作化运动。

二、开展各项政治运动

（一）内部肃反审干及干部队伍的建设

根据中共中央的决定和华南分局、粤东区委的指示精神，中共潮州市委提出在1955年至1956年两年内，按照先党内后党外，先领导后一般的原则，分批逐级对干部进行细致审查；同时提出在对干部的审查过程中，重点肃清暗藏在队伍内部的反革命分子。市成立肃反领导小组，着手在行政机关、厂矿企业和教师队伍中开展肃反工作。1955年八九月间，市教师队伍遵照中共中央《关于开展斗争肃清暗藏反革命分子的指示》，全面开展肃清一切暗藏反革命分子的运动。组织教师联系实际，揭开知识分子队伍中阶级斗争的盖子，批判轻敌麻痹的右倾思想、个人主义和自由主义等错误倾向。8月22日至25日，潮安县、潮州市联合在县城召开财经战线政治工作会议，学习贯彻中共七届四中全会精神，揭露财经战线阶级斗争的表现，强调政治工作的重要性。9月2日，市召开财经战线干部扩大会议，动员以四中全会精神为武器，在财经战线进行三查二整顿，即查社会主义劲头、查右倾情绪、查贪污腐化，整顿资产阶级思想和富农思想。清除骄傲自满、个人享乐思想、不问政治等错误倾向。

1956年1月4日，中共潮州市委监察委员会成立。2月，潮州市机关干部内部肃反准备工作开始。市成立审干领导小组，组建培训专案队伍，利用敌伪档案准备材料，至5月底准备工作基本完成。市审干、肃反运动分三批进行。

这次肃反审干运动，打击了暗藏的反革命分子，对进一步纯洁干部队伍起到了积极作用。但由于一些政策界限不清，少数地方和部门出现打击面过宽的偏向。后来，根据中共中央"有反必肃，有错必纠"的精神，市委认真开展复查，正确区别。

从1949年10月至1956年底，潮州市委组织部根据中央关于"认真挑选，严格审查，放手培养，大胆提拔"的方针，克服右倾保守和向上要的思想，积极慎重地培养和提拔了大批干部。在提拔的干部中，市委委员以上干部64人，区级干部627人，一般干部504人；吸收新干部647人。

（二）城市民主改革

城市民主改革是在工矿企业中进行清除封建势力和废除压迫工人的制度，真正树立工人阶级领导权的改革运动。1951年，中共中央决定在厂矿企业开展民主改革运动，废除旧社会遗留的不合理的封建制度，建立新的制度，清除残余的反革命分子，整顿组织，增强职工团结。同年5月间，中共中央中南局召开城市工作与工矿工作会议，集中讨论了关于在工厂、矿山、交通企业及城市各行业与街道的民主改革运动的问题。8月1日，中南局发出《关于发动工人群众开展民主改革运动的指示》。8月5日，华南分局也作出《关于在城市发动工人群众开展民主改革的决定》，要求城市工厂企业从思想上、组织上发动工人群众，开展民主改革运动，为进一步发展生产和建设城市拓宽道路，并指出这是当前华南区城市工作的中心任务。

潮州解放初期，城区民主改革方面做了一些工作，采取了一些措施。运动从1953年3月6日开始至当年8月13日结束，历时5个月零7天，主要在建筑、搬运、轻工业、店员、手工业和水上运输六个行业中开展。

（三）没收官僚资本

潮州解放后，根据中共中央的方针政策，军管会派出代表，对官僚资本企业实行按系统整套接收。1949年12月1日，军管会颁布征收没收官僚资本的布告：凡属国民党的党、政、军官员，特务机关，"四大家族"及战犯经营的工商业、金融等，限于本月内向军管会报告，自动献出财产，对隐匿不报者予以处罚。一是接收电信业。1949年10月，军管会接管位于潮州城的潮安邮政局和潮安电信局，分别成立潮安县人民邮政局和潮安县人民电信局。1951年6月，潮安县人民邮政局、潮安县人民电信局合并，称潮安县人民邮电局。二是接收金融业。1949年10月，由当时的军民合作社在潮城分别接收广东省银行潮安办事处和中国农业银行潮安办事处。三是接收出版印刷业。1949年12月，粤东行署接管在潮城的潮安商报社，改组成立"潮汕自由韩江出版社"，又在原报社印务所的基础上成立"地方国营潮安人民印务局"。四是接收工业企业。1950年接管大华碾米厂等企业；1954年5月，依法没收励华火柴厂并将其转为国营企业。五是接收交通运输业。1952年10月，分别接管丰乐汽车公司和安荣车行公司，将两家公司并入汕头运输总站。六是接收医院、娱乐场所。1949年10月，军管会接管原潮安县卫生院，并改名军事管制委员会人民卫生院。1951年初和1954年5月，先后接管光华电影院和安乐电影院，并进行改造和修建，成为全民所有制的专业电影院。

由于正确执行党的方针政策，没收官僚资本工作进展顺利。人民政府对官僚资本企业采取原封不动，整套接收的原则，对企业的管理人员和技术人员，除个别反动破坏分子以外，一律按原薪原职留用，让其继续履行生产经营管理职责。在接管过程中，做到机器照常运转，业务正常开展，人员照常工作，生产正常进行，为进一步发展国营经济打下了良好的基础。

（四）扫除社会丑恶现象

1. 禁毒：1949年潮州解放前夕，全县罂粟种植面积近67公顷，县城有鸦片烟馆54家。1949年11月3日，军管会颁布严禁烟毒的布告。12月4日，军管会再次发布禁烟命令，并责令各区派员下乡劝导，有效地制止农民栽种罂粟，烟地全部改种其他农作物。自此，潮州结束了种植罂粟的历史。1950年2月，中央人民政府政务院先后颁发了《严禁烟毒的通令》《中华人民共和国惩治毒犯条例（草案）》，禁止种植、贩运、制造、售买毒品，违者从严惩治。1950年5月，中南军政委员会发布禁烟禁毒的布告，规定中南区禁烟禁毒的实施办法。8月，广东省人民政府发布《关于执行禁烟禁毒工作的指示》。9月，潮汕专署发出布告，明令"严禁种植烟苗与贩运毒品，实行登记烟民，限期戒绝"，并要求在1951年春耕前，将全部烟地改种农作物。潮安县政府迅速转发上述通令、条例和布告，全面开展禁毒斗争。同年6月20日，县公安局在县城统一行动，一举逮捕贩毒吸毒人员40名，并遣送劳动改造。1951年1月28日，县公安局发布《严令禁止赌博和吮吸鸦片》的布告，并在县政府门前当众烧毁一批烟具和毒品鸦片。1952年4月30日，县卫生院奉命在县城司巷郭厝祠广埕焚毁罂粟壳及鸦片270.795公斤。

从1951年3月至1952年7月，一方面开展禁烟禁毒宣传教育活动；另一方面继续清查、搜捕贩毒吸毒人员，共破获贩毒吸毒案件28宗，逮捕贩毒犯46名，缴获鸦片40两。自禁烟禁毒运动开展以来，全县（含今湘桥区域）共惩处毒犯275人。至此，为害社会多年的烟毒在潮州境内得到禁绝。

2．禁娼：潮安县城历史上作为潮州府城，凭借韩江水道之便利，成为闽粤赣边的货物集散地，商贸业历来发达，各地商贾往来频繁，酒楼、旅店业兴旺，卖淫嫖娼也应运而生。潮州沦陷期间，嫖宿卖淫之风尤甚。至中华人民共和国成立前夕，城区有卖淫场所6处，妓院20家，妓女约百余人。

潮州解放之初，人民政府迅速采取有力措施，着重清查藏匿在卖淫嫖娼场所等社会阴暗角落的反革命隐患，接着又明令废除娼妓制度，关闭所有妓院。但仍有一些酒楼茶室的女招待暗中从事卖淫活动。1950年，县公安局对娼妓实行统一登记清理，还会同民政部门收容一批暗娼送头塘农场劳动教养。同时，根据娼妓中大多数人为贫苦妇女而被迫卖身的实际，各级妇女组织积极配合党和人民政府组织妓女集中学习，进行思想改造，开展健康检查，对有性病者给予治疗，并给予妥善安置；组织她们开展生产自救，有的从事刺绣抽纱等手工生产，有的回家务农，使她们脱胎换骨，过上正常人的生活，成为自食其力的劳动者。1951年10月，广东省人民政府发布布告，禁止卖淫，取缔妓院。根据省政府的部署，潮州城区以公安、民政部门为主，结合镇反运动，对暗中胁迫、唆使、引诱妇女从事暗娼卖淫活动的流氓恶棍进行严厉打击。通过一系列措施，使旧中国长期以来严重摧残妇女的社会丑恶现象，在潮州解放后的短短时间内基本绝迹。禁娼得到广大人民群众，特别是妇女群众的拥护，树立了党和人民政府的良好形象。

3. 禁赌：潮州解放前夕，城乡赌风甚盛，仅潮城的公开赌场就有250处。为铲除赌博危害，在禁毒、禁娼的同时，党和政府还开展严禁赌博的行动。1949年10月28日，军管会发布严禁赌博的布告。《布告》称："为迅速建立革命秩序，改造不良社会风气，自即日起严禁一切赌博，违者严惩不贷。"11月26日晚，潮州城区政工队组织禁赌突击行动，查抄了大型"花会"赌场，没收其全部赌具，为首者被拘留查处。1951年1月28日，人民政府再次颁发布告严禁赌博。随后，又广泛发动群众，揭发取缔在城的各种赌博场所，没收赌资、赌具，严惩一批聚赌牟利的庄家赌头及屡教不改的赌徒。对一般参与赌博的人员进行教育劝导，促其浪子回头，自觉戒赌。经过全社会的共同努力，在旧社会十分盛行的赌博陋习基本被扫除。

（五）废除封建婚姻制度

1950年5月1日，中华人民共和国成立后的第一部具有基本法性质的法律《中华人民共和国婚姻法》（简称新《婚姻法》）颁布实施，其中明确规定"废除包办强迫、男尊女卑、漠视子女利益的封建主义婚姻制度"，实行"男女婚姻自由、一夫一妻、男女权利平等，保护妇女和子女合法利益的新民主主义婚姻制度"。同时实行婚姻登记制度，使合法婚姻受到法律保护。新《婚姻法》颁布后，民政部门和各级妇女组织采取多种方式宣传贯彻新《婚姻法》。妇联还结合各项政治运动，对广大妇女进行反封建、求解放、争取男女平等的社会主义思想道德教育。同时针对带包办性质的换婚和按旧习俗办婚事等现象开展批评教育，提倡婚事新办。部分地方的妇女组织还配合有关单位分别于春节、劳动节、国庆节等节日，为新婚青年举办集体婚礼。通过一系列的宣传教育，使广大青年男女逐步树立正确的恋爱观、婚姻观和家庭观。

为进一步推动新《婚姻法》在潮州的贯彻实施，1953年2月2日至9日，市人民政府举办首期"新婚姻法"宣传骨干训练班，参加学习的有工人、农民、城镇居民共523人。在全市掀起学习贯彻新《婚姻法》的热潮，开展一场移风易俗、反对封建婚姻的斗争。

（六）社会主义改造

从1953年起，中国共产党领导全国人民对原有的农业、手工业和资本主义工商业进行了社会主义改造。中共潮州市委贯彻落实中共中央的政策。

1. 1956年潮州市郊农村实现了社会主义的农业合作化。建立了7个高级社，入社户数1923户，占总户数的99.68%。实现农村土地公有制，为发展生产，支持工业发展，提高农民经济收入，开辟了广阔道路。

2．潮州的手工业历史悠久，门类繁多，各行各业十分发达。自1954年开始，潮州市委从竹、木、铁行业做起，分批开展手工业合作化运动。

1954年底，潮州市委召开手工业代表会议，围绕手工业的出路问题，组织学习过渡时期总路线、总任务。会议贯彻粤东区委指示，结合城镇民主改革运动，教育引导手工业者处理和改善劳资、师徒、雇佣三者关系，加强手工业者内部团结，指明手工业在过渡时期的地位、方向和出路，从而为手工业的合作化铺平道路。

在党委的领导下，广大青年工人、学徒积极参与其中发挥作用，使手工业的社会主义改造步伐加快。1955年1月，潮州市组建手工业生产合作社103个，参社人数5192人，占手工业从业总人数的99.6%。至此，潮州市对手工业的社会主义改造基本完成。

3．在对资本主义工商业的改造方面，1956年1月18日，广东省委发出了《关于加速资本主义工商业改造，加强领导，迎接运动全面高潮的紧急指示》，要求各地"打破老一套工作方法的束缚"，"加快运动的速度"，并要求全省此项工作于1956年上半年搞完。根据中央和省委的指示，潮州对资改造轰轰烈烈地铺开。

1956年春，全国资本主义工商业的社会主义改造出现了高潮，实现了全行业公私合营。潮州市私营工商业者和全国各地私营工商业者一道，在本市工商业先进分子陈辅文、周亮三、王显群等16人的带动下，于1956年元月，掀起了社会主义改造的高潮。

潮州市工商业者纷纷报名参加公私合营和合作化运动，前后仅用10多天时间，全市就基本实现了全行业公私合营和合作化。全市私营工业有17个厂、99户，参加公私合营；私营商业有23个行业、527户（除3户纸业外）全部参加合作化，建立了35个合作商店（组），参加人数占总人数的98%。至1956年底，潮州市18个行业、115户私营工业全部合营完毕；私营商业（包括饮食、服务业）有2344户组织起来，成立合作商店（组），占总户数的83%。

三、潮州城区工业运输业的发展

（一）地方工业的恢复发展

1．传统手工业的发展。20世纪50年代初期，抽纱私营商号共有215家。由于西方国家的经济封锁，潮州抽纱的出口受到限制，生产量急剧下降。1955年，随着外贸形势的好转，市委把17家抽纱商号组织起来，联合经营，成立潮州市抽纱公私联营社。当年，抽纱女工迅速增至7.7万人。1956年，又成立潮州市公私合营抽纱加工公司，抽纱女工增至9.6万多人。1955年，抽纱加工值74.6万元，比1950年增长49.2%。抽纱产品外销市场更为广泛，从1952年起，开始销往苏联和民主德国等国家。

刺绣服装是潮州的传统特色产业。中华人民共和国成立初期，全市有13家绣庄组成顾绣公会。1956年潮州市12家绣庄合并为联营社。同期，潮州市各街道也成立了11个绣花社，绣工达9000多人。同年，服装手工业户也逐步走上合作化道路，共组成8个缝纫生产合作社。这一时期相继创建了潮州服装厂、潮州潮绣厂。

其他的传统手工业如文具、制鞋、皮革、南金、竹器、造伞、小五金等行业纷纷通过走公私合营和合作化道路，加快发展，其中大部分产品出口，为国家创造外汇。一些传统工艺品如木雕、花灯、剪纸等还多次选送到国内外展出，广受好评。潮州市委、市政府及时帮助企业解决实际困难。如1954年通过人民银行共向全市手工业发放贷款7.417万元，加速了手工业的资金周转。

2. 轻纺工业的发展。中华人民共和国成立初期，潮州的轻纺工业主要有印刷、电池、玻璃、火柴、纺织、制药等行业。1955年，潮州市区的15家私营印刷商号组成印刷联销处，14家私营色纸商号也组成潮州市色纸联营社。1956年初，印刷联销处与色纸联营社合并为公私合营全联印刷厂；同年6月，该厂与潮安人民印刷局组建成地方国营潮州市印刷厂；印刷行业工业产值从1949年的5.91万元增至1956年的56.48万元，增长8倍多。电池行业的三星电池厂于1955年6月实行公私合营后，生产得到发展，品种增加，销路进一步拓展。1955年干电池产量291万只，比1949年增长1.8倍。玻璃行业于1950年由3家小厂合并为联营厂，1956年转为公私合营，当年生产日用玻璃106吨，比1949年增长2.3倍。火柴行业的励华火柴厂，由于该厂官僚资本家于潮州解放前夕逃往香港并移走资金，造成解放后该厂生产一度瘫痪。1954年5月，人民政府依法没收励华火柴厂并转为国营企业，生产重新焕发生机，1955年生产火柴29420件，比1949年增长1.5倍。纺织行业在潮州市有一定基础。1950年，在人民政府的扶持下，城区由个人集资创办友生织布厂；1952年城区又成立生产毛巾的洁友毛巾厂；1956年两厂合并组成公私合营潮州市织布厂。在此期间，纺织行业有了较快发展，1956年工业产值比1951年增长1.7倍。制药行业在潮州有一定的历史。中华人民共和国成立初期，潮州有宏兴药行药厂、紫吉安药店和大娘巾卫生馆。1956年1月经公私合营，3家企业合并组建宏兴制药厂。初期，该厂年工业产值只有12.9万元；后该厂转为地方国营，生产规模有了较大发展，年产中成药188吨，工业产值400万元。

3．食品工业的发展。中华人民共和国成立初期，全市食品行业共有253家作坊和2家工厂。从1955年开始，各个行业先后实现公私合营或手工业合作化。其中，烟丝业将36家烟丝户分别组成6家烟丝联合生产社，1956年6家烟丝产制社实现公私合营。凉果业37家加工场于1956年分别组建公私合营潮州果子厂、五味姜厂和东津果子厂。酿酒业于1956年转为公私合营潮州酒厂。糕点业于1955年由76户店（组）、作坊分别合并为包饼供销生产合作社和包饼一、二社，意溪食品生产合作社；1956年又组建公私合营潮州食品厂和潮州豆制生产社。

4．化学工业的初步发展。潮州解放前夕，只有若眉化工颜料社和饶利兴肥皂厂。1954年至1955年，潮州市先后有5家厂商投入漆油和化工颜料生产，1956年合并为化工颜料生产合作社。若眉化工颜料社则转为公私合营，在生产陶瓷颜料的同时，建立炼钴专业车间，开始有钴原材料的生产。饶利兴及其他个体户合并组成化工日用生产合作社，产品仍以肥皂为主。这一时期化学工业的初步发展为今后潮州市化工行业的发展打下了基础。

5．造船业的初步发展。中华人民共和国成立之初，潮州修造船舶作坊有城区的周来好等20家，意溪的王古等5家；1955年1月，以原潮安县造船工程队为主体，成立潮州市船舶修造生产合作社，原意溪造船生产组也同时并入该社。并于1956年扩建为造船生产合作社。1956年3月，潮州市船舶修造生产合作社承造"建汕"客货轮。该轮设双层客舱，共有330个客位，总吨位182.5吨，全船木材用量达200立方米。该轮船的建成，轰动了当时的潮汕地区运输界。

6．能源（电力）工业的初步发展。1950年至1955年公私合营前，潮州城区先后开业的小电厂共4家，总装机40千瓦。1955

年5月洪裕记碾米厂及所属电力分站先实行公私合营，1956年2月又与颐华卷烟厂的发电部分及建安、明光、大光、永光等4家小电厂合并为公私合营华光电力厂。该厂总装机10台，125马力，交流发电机9台，82.5千瓦，固定资产2.22万元，1956年发电量13.14万千瓦小时。至1956年，潮州城区的火力发电已发展至18家，装机35台（套），发电能力291千瓦。1954年转为地方国营潮州电力厂，至1956年底，共有机组5台，装机容量共57千瓦，年发电量2至5万千瓦小时。在此期间，还先后建设意溪粮食加工厂发电机组等一批乡镇电厂（组）。电力工业的初步发展，在一定程度上缓解了当时生产用电的紧缺状况。

（二）发展交通运输业

1. 陆上交通运输：在过渡时期，潮州市通过争取中央和省支持拨款、地方筹资、发动群众参加劳动等措施，先后扩建整修和新建8条省道主干线和支线公路。1956年又发动民工对全线进行重修，并重点加固城区东门至大水溪路基。从中华人民共和国成立初期至1956年，潮州市先后组建运输总站、汽车站、运输公司、运输队、搬运公司等一批国营和集体交通运输企业，客货运输能力不断增强。

2. 水上交通运输：流经潮州境内的韩江是潮州航道的主道，也是潮州北连闽、粤、赣边，南接汕头的黄金水道。为充分发挥韩江航道优势，服务经济社会发展，于潮州解放初期，建立起第一家地方航运全民所有制企业——利民公司。1953年至1955年，又成立公私合营韩江轮船公司。各水上运输线路不断扩大。客运方面，开辟潮州至松口、茶阳、高陂、瑠隍、峙溪、归湖、汕头、东里、程洋岗等9条航线，并设有站点65个，基本实现沿江两岸各乡村都有站点。货运方面，主要运载建筑器材、农副产品、陶瓷制品和上游山区的林产品，促进平原地区和山区的物资交流。与此同时，加快韩江潮州港建设。1953年成立内河局潮梅办事处分驻所；1955年成立港务所，港口建设开始有规划地进行，先后建设码头18座，仓库5座，堆场19座，装卸机械14台，港口建设和水上运输都得到发展。

四、社会主义建设在探索中前进

（一）宣传学习贯彻中共八大精神

1956年9月15日至27日，中国共产党第八次全国代表大会在北京召开。八大召开后，潮州市委遵照省委和地委的指示，成立八大宣传教育办公室，部署、指导全市党员干部和群众学习和宣传党的八大文件，迅速掀起学习、宣传八大精神的热潮，使八大精神家喻户晓，深入人心。

各级党委在系统学习的同时，联系自身实际，检查思想上的主观主义、工作上的官僚主义和组织上的宗派主义，进一步完善党的领导。由于各级领导联系实际，带头学习，使宣传学习活动既有声有色，又取得实实际际的效果。

在开展学习、宣传的同时，市委根据当地实际，提出"积极发展为农业生产和满足城乡人民生活日益提高所需的地方工业、手工业生产，加强工业、手工业的技术改造，变消费型的潮州市为社会主义工业生产城市；同时相应发展商业、文教卫生等事业，进一步提高人民物质、文化生活水平"的方针。

在八大精神鼓舞下，潮州市掀起了生产大高潮，广泛开展"比、学、赶、帮、超"增产节约劳动竞赛和争创先进生产者运动，促进了工农业生产的大发展。潮州市委在宣传、学习和贯彻"八大"精神过程中，通过放手发动群众提合理化建议，促进了全市工业生产和企业管理水平的提高。1957年上半年，全市有70%以上的国营工人提出合理化建议1523条，全部被采纳，下半年结合整风运动又提出32893条；手工业工人也提出合理化建议1991条。通过采纳工人群众的合理化建议，堵塞了浪费漏洞，促进了企业生产成本的降低、产品质量的改进和管理水平的提高。1957年，全市创制和仿制的新产品达243种；全市实现工农业总产值2296万元，比1956年增长17.4%，其中工业产值增长16.1%，手工业产值增长19.5%，农业产值增长6.9%。

（二）活跃城乡市场

1956年，经过对私营商业的社会主义改造之后，潮州市的市场运作得到进一步加强，在商品批发及零售额中，国营、公私合营的比重达到96%以上，基本建立起适应社会主义计划经济体制的统一市场。但由于市场依赖政府命令而存在，因此在运作中突现了商业网络分布不均匀、经营管理死板等弊端。单蔬菜一项，当时潮州市郊菜农种植的蔬菜，大部分由国营商业包揽收购，菜农的产品无法自主贸易，被统购剩下的产品又不能拿到集市出售；城镇居民不能直接向菜农买菜。这种大包大揽的做法严重地影响农民生产积极性和城镇居民的生活所需。针对全国出现的初级市场上存在的管理过严过死的普遍现象，国务院副总理陈云十分重视，4月，中共中央指示在一定范畴内开放国家领导下的自由市场。8月21日，广东省委发出《关于改进商业工作的指示》，要求改正前一时期商业工作存在的市场统得太死，经营管理过于集中，流转环节不合理，商品品种减少等现象，以活跃城乡市场。

10月25日，地方党委根据省委的要求，发出"开放农村自由市场"的指示，决定除国家统购统销或统一收购管理之外的农副产品，准许国营供销社、合作商店和其他小贩自由购销，准许农户自产自销。对鲜活商品鸡、鹅、鸭、池鱼、蛋品、蔬菜以及小宗土产番薯、木薯、腌制品及柑桔、杨桃等水果开放了自由市场。农副产品的上市，轻工产品花色品种的多样化，活跃了市场，促进了城乡交流。一些滞销产品如五金铁器打开了销路，既激发了农民及小手工业者的生产积极性，也促使国营商业、供销合作社采取灵活多变的经营措施，城乡呈现出物资丰富、市场繁荣的喜人景象。

1957年1月4日，潮州市人民委员会发布《潮州市市场管理暂行办法》，提出按商品性质、特点，把商品分为统购统售、国家掌握及自由买卖三大类，并对不同商品采取不同价格管理。

（三）"二五"计划的制订和实施

1957年12月17日至26日，中共潮州市第一次代表大会第二次会议召开。会议传达贯彻中共八届三中全会精神，并根据三中全会通过的《一九五六年至一九五七年全国农业发展纲要（修正草案）》和15年超英赶美的要求，讨论通过了《潮州市第二个五年工业建设规划》。提出了在第二个五年计划内，一是继续完成社会主义改造，巩固农业合作化，扩大集体所有制和全民所有制；二是进一步发展工业、农业和手工业生产，并相应发展运输业和商业，扩建8个企业；三是在基本建设投资中，首先保证农业机械、肥料、电力、陶瓷、造纸、原材料工业的投资，适当对公私合营小厂矿的投资；四是提高人民的物质生活和文化生活水平。

但在执行"二五"计划的前3年，由于受1958年以来的"大跃进"和反右倾运动带来的高指标、高速度、高征购的浮夸风影响，"二五"计划的编制和执行中出现了严重的冒进倾向，造成国民经济的严重失调：

1. 农业受到严重削弱，而工业特别是重工业片面增长。1960年同1957年相比，工业总产值增长37.52%，而农业总产值则下降33.34%。工业和农业产值的比例由4∶6，变为5.8∶4.2；粮食产量由1957年的214660.35吨，下降到1960年的164168.95吨，下降率30%。

2．基本建设战线太长，规模过大，投资急剧上升。1958年至1960年基本建设投资额2736.13万元，比"一五"期间增长3倍。

3．由于农业、轻工业大幅度减产，造成市场商品可供量急速下降。

4．企业职工人数增加过快。1960年比1957年增加职工18516人，增长1倍多。

5．城乡人民实际生活水平下降。1962年全民所有制工业企业职工年平均工资为523元，比1957年增加55元，但扣除物价上涨因素，平均每年下降5.8%；农民年平均口粮（稻谷）只有188.5千克，下降34.48%。

1961年至1962年，通过贯彻调整、充实、巩固、提高的"八字方针"，国民经济计划转入调整时期。"二五"期间，工农业大多数产品产量达不到计划指标。1962年，工农业总产值17656万元，比1957年下降20.24%，平均每年递减4.4%，粮食总产量187310吨，比1957年下降12.74%，平均每年递减2.5%；工业总产值8083万元，比1957年下降7.84%，平均每年递减1.63%；地方财政收入平均每年递增3.65%；城乡储蓄余额206.3万元，比1957年下降34.30%。

（四）整风运动和反右派斗争

1．整风运动：1957年4月27日，中共中央作出《关于整风运动的指示》，决定在全党进行一次普遍、深入的反官僚主义、宗派主义和主观主义的整风运动。5月15日，广东省委制定了《关于整风运动的计划》。6月20日，汕头地委成立整风领导小组。7月15日，地委发出《关于整风运动计划的意见》。

潮州市委根据中共中央和省委、地委的部署，迅速在全市开展以正确处理人民内部矛盾为主题的反对官僚主义、宗派主义、主观主义的整风运动，成立市整风领导小组，制订整风方案。市整风运动分机关、城镇、农村3条线进行，步骤分为4个阶段：第1阶段开展大鸣大放大辩论；第2阶段进行大整大改；第3阶段开展反右派斗争；第4阶段开展交心谈心和思想总结。

整风运动的开展基本上是正常和健康的。通过整党整风，在政治战线和思想战线取得了一定成果，进一步增强了共产党员的党性观念，克服了官僚主义、宗派主义和主观主义，提高了党员干部的政治觉悟和思想觉悟。

2．反右派斗争：潮州市委按照党中央和省委、地委的部署，从1957年7月起开展反右派斗争运动，党政机关和各条战线分别成立反右办公室，以加强对运动的领导。至1958年8月中旬基本结束。运动期间，潮州市共划出右派分子124名，其中机关工作人员47名，文教系统49名，工商界28名。同时还处理了反革命、坏分子及违法乱纪分子共341名。反右派斗争中，由于受特定历史环境和"左"的思潮影响，扩大了打击面，使一批知识分子、爱国民主人士、党员干部和青年学生被错划为右派分子，不但造成其个人和家庭的悲剧，也使国家在人才方面造成严重损失。1959年9月，广东省委遵照中共中央关于摘掉右派分子帽子的指示精神，作出《对于确实悔改的右派分子摘帽子的意见》，具体规定了摘帽的条件。并决定成立专项领导小组，迅速在全省开展这一工作。9月20日，汕头地委发出《关于确实悔改的右派分子摘掉帽子问题的指示》，决定在庆祝建国10周年前夕，摘掉一批右派分子的帽子，并准备继续分期分批做好这一工作，1958年至1960年三年来处理了一批党员干部与非党干部的案件，通过复查共作出平反7名、改判纠正450名。1961年12月12日，对处理好右派分子摘帽后的工资待遇等问题特提出处理意见，从而解决了右派分子摘帽后的工作和经济待遇问题。

在中共十一届三中全会以后，对"右派分子"的平反工作全面展开。1978年5月至1979年10月，根据中共中央有关文件精神，成立摘掉右派分子帽子工作领导小组（下设办公室），给157名尚未摘帽的"右派分子"全部摘掉帽子，并对全市"右派分子"进行复审。经复审认定，全部属于错划，全部予以改正。随后，逐人发给改正通知书，恢复政治名誉，并做好本人及其家属的妥善安置和其他善后工作。至此，纠正了反右派斗争的错误。

（五）总路线、"大跃进"和人民公社化运动

1．宣传贯彻"三面红旗"的工作：1958年5月5日至23日，党的八大二次会议在北京召开。会议正式制定了"鼓足干劲，力争上游，多快好省地建设社会主义"的总路线，通过了15年赶上并超过英国和提前五年完成全国农业发展纲要的目标，通过了"苦干三年，基本改变面貌"等口号。在贯彻总路线的同时，相继发动了"大跃进"和人民公社化运动。社会主义建设总路线、"大跃进"和人民公社并称"三面红旗"。而其中的"大跃进"运动从1957年下半年就开始酝酿。

1957年11月21日至12月5日，中共广东省委召开一届二次会议，贯彻中共八届三中全会精神，主题是"反对右倾保守思想"。潮州市委召开会议，贯彻省委一届二次会议精神，批判右倾保守思想，落实中共中央的指示。同时，发动广大农民掀起一个兴修水利、养猪积肥和改良土壤为中心的农业大生产高潮，拉开了"大跃进"运动的序幕。

1958年5月，市委决定将5月份作为"宣传月"，通过以发动全民写民歌、民谣、潮州歌册等形式，宣传"三面红旗"，唱

响社会主义主旋律，鼓舞广大干群斗志。从6月1日开始，市掀起全党、全民学习宣传建设社会主义总路线高潮，开展破除迷信、解放思想教育运动。10月，全市开展人民公社好、前途远景好、集体生活好、共产主义道德好、敢想敢干好、钢铁生产好的"六好"宣传活动，从政治上、思想上调动广大人民群众的积极性，推动各项工作的大跃进。

1958年6月1日，潮州市委、市人委召开有5万人收听的广播大会。市长在会上作《全市人民行动起来，大搞工业生产，大力进行技术改革》的报告，号召全市人民投入"四献"运动中去，参加储蓄投资，把家里的金、银、铜、铁、锡和剩余木材无偿捐献给国家，支援工业建设。这次广播大会是全市开展"大跃进"的动员会。会后，掀起全市性的"四献"运动高潮，群众砸铁窗、拆铁门，把家藏的金银和日常使用的铜锅、铜脸盆、铜门环、铜锁头献给国家。

随着"大跃进"运动的开展，潮州市在制订第二个五计划（1958—1962年）时，定出不切实的高指标。

"大跃进"的最大失误是在建设速度上急于求成，光有冲天的革命干劲，而缺乏严肃认真的科学态度，加上决策本身产生的失误和执行过程中出现的偏差，其结果是欲速则不达，经济建设和社会发展不仅没有达到预期的目的，反而遭受到挫折，其教训是深刻的，永远值得后人汲取。

农村人民公社化运动最初是由高级农业生产合作社的小社并大社引起的。在农村普遍建立人民公社的同时，中共八届六中全会要求各地进行城市人民公社的试点。1958年11月15日，省委召开的区党委、地委书记会议上要求，"中、小城市可以立即着手建立人民公社"。1958年11月，撤销潮州市建制，原所辖行政区建立潮安县城关镇（后改称潮州镇）人民公社，下辖的5个管理区分别改设城关镇人民公社湘桥、西湖、金山、太平、南春分社。

人民公社化运动的最大失误是违背历史发展规律，在所有制关系上盲目求纯。大办人民公社的过程，实际上成为刮"共产风"的过程。从实践看，人民公社化运动使农村生产力受到破坏，这是党在探索建设社会主义道路中的一次重大失误，其中可供借鉴的教训是极为深刻的。

2. 大炼钢铁运动：在农业大放高产"卫星"的同时，一场以大炼钢铁为中心的工业"大跃进"也轰轰烈烈地开展起来。

1958年8月27日，市委召开扩大会议，动员部署全民大炼钢铁运动。29日至30日，潮州市召开机关干部、厂矿企业和学校领导参加的会议，研究大搞群众性大炼钢铁运动。会议决定全力以赴，动员全党全民力量，参与到大炼钢铁运动中去。自此，潮州市掀起全民大炼钢铁热潮。在"小、土、群"的方针指导下，各机关、团体、厂矿、学校以至社区、乡村都行动起来，建起小高炉、土砖炉，把贫铁矿石、生铁、木炭或木材填在一起，以烧火、鼓风的方法炼起钢来。缺乏铁矿砂，就动员各单位、居民将锅、鼎、锁头、刀、铲、锄头、铁门环、窗户的铁条都献出来；没有煤炭，就砍树伐林；没有经验，就在炼钢中学炼钢，用土办法炼钢铁。在"炼钢炼人炼红心"等口号的鼓舞下，一时间，到处人头攒动，火光冲天，浓烟滚滚，遮天蔽日；一到夜晚，满天通红，无论是干部、工人、农民，还是教师、学生都奋战在高炉旁，不少人眼睛发红，声音嘶哑，甚至高烧不退，仍坚守岗位，不下火线。

大炼钢铁运动以其不科学的方法和冒进的态度，带来了严重的后果。一是耗费了大量的人力、物力、财力，换来的大多数是不合格的产品，甚至是相当粗劣的铣铁，一些还废弃不能使用，造成了极大的浪费。

3．大规模的农田水利建设成效显著：水利是农业的命脉。在"大跃进"运动及以后的一段时期，从中央到地方都十分重视农田水利建设。1957年9月24日，中共中央、国务院作出《关于今冬明春大规模地开展兴修农田水利和积肥运动的决定》。10月21日至23日，省人委召开扩大会议，发出《关于开展冬季兴修水利运动的指示》。潮州市委贯彻执行中央和省委的决定。

防洪工程方面，重点是韩江南北堤。韩江南北堤位于韩江下游西岸，是全省第二大堤围，始于潮城北面的竹竿山，止于汕头市郊的梅溪防潮闸，总长42.9公里。韩江南北堤捍卫着汕头、潮州、揭阳、普宁、潮阳等各县、市43个乡镇的人民生命财产和6.97万公顷耕地的安全。历史上屡次发生险情，是防洪工程的重中之重。经1953年、1954年的大修后，"大跃进"期间又进行第3次大修。北堤堤面高程从原来的17.1米提高至19米；南堤堤面高程从原来的15.5米提高至17米。南堤堵塞旧涵洞17个，加固修理涵洞2个，砌石护坡65处；历史上大堤溃决留下的19个深潭，基本上进行填沙加固，保护了堤基；同时筑反滤层和导渗沟，治理涌泉200处。期间投入的工程总费用200万元，其中国家投资150万元。这一时期兴修的中型防洪工程有意东堤、东厢围、北溪堤等。

治涝工程方面。"大跃进"以后，大、小涝区普遍得到有效整治。河内湖涝区位于意溪镇河内片，每逢暴雨，文祠水、桂坑水洪峰相逐，出口处又受北溪韩江顶托，故河内堤围经常漫堤、决堤，0.1万公顷农田因此经常受灾。从1956年起，采取筑闸拒洪，防止倒灌；缩水归槽，裁弯取直；文祠切洪，湖内配套电排3项主要措施，逐年整治涝区。通过"大跃进"期间和其后的连续整治，基本解决了涝患。

　　蓄水（水库）工程建设。岗山水库是湘桥域内的中型水库。1959年10月11日，水库大坝破土动工。坝长325米，高28米。移动土方3.8万立方米。1961年至1963年夏，连续加高背水坡，厚度2.5米至10米。1962年9月，土质迎水坡砌石护坡。1963年10月，大坝加高风浪墙，长325米、宽0.6米、高1米；后又继续增加配套建设，形成控制流域面积88平方公里，总库容5303万立方米，实际灌溉面积2027.3公顷的中型水库。

　　引水工程建设。北关引韩灌溉工程位于潮州市城北堤竹竿山脚。工程于1954年11月动工，1955年3月竣工。1958年继续扩建。受益地区有潮安县、揭阳县的7个镇、110个村，有效灌溉面积5884.6公顷。

　　潮州市在开展水利建设的同时，开展以大规模平整耕地为中心的农田基本建设。1958年春耕前，潮州市郊掀起平整耕地群众运动。采取"因地制宜，就地取材，全面规划，综合利用"的方针，对过去遗留下来的崎岖不平的小片土地全面进行规划平整。通过截弯取直，削高填低，搬沙堆、墓地，改田埂、沟渠，把原来大小不一、崎岖不平的土地平整为大小划一的耕地。

改革开放初期湘桥区域的建设

一、恢复潮州市建制及县市合并

1979年8月1日，国务院批准恢复潮州市（其辖区为今之湘桥区地域）建制，隶属汕头地区。同年12月底，成立中国共产党潮州市委员会和潮州市革命委员会。翌年1月1日，潮州市党政机关正式挂牌。

1980年5月15日至19日，中国共产党潮州市第五次代表大会召开。彭启安当选中共潮州市委书记。

6月24日至7月2日，政协潮州市委员会第三届第一次全体会议召开。翟振岳当选潮州市政协主席。

6月24日至30日，潮州市第六届人民代表大会第一次会议召开。彭启安当选潮州市人大常委会主任，马友当选潮州市市长。

1983年3月，广东省同意潮安县并入潮州市；7月1日，新的潮州市正式成立。潮州市由广东省委托汕头市代管；12月，国务院批复广东省政府，批准潮安县并入潮州市。姚立明任中共潮州市委书记，马友任潮州市市长。

潮州市设25个公社、3个社级镇和5个街道。

1984年3月21日至27日，政协潮州市委员会第四届第一次全体会议召开。翟振岳当选潮州市政协主席。

3月22日至26日，潮州市第七届人民代表大会第一次会议召开。陈坚当选潮州市人大常委会主任，马友当选潮州市市长。

9月23日至28日，中国共产党潮州市第六次代表大会召开。林锡荣当选中共潮州市委书记。

1988年12月，广东省人民政府办公厅发文通知，潮州市自1989年1月1日起归省直接领导，并享受市（地）一级经济管理权限。

1990年1月1日，潮州市被定为副地级市。

二、加强党的建设

（一）加强党的思想建设，有效地激发了党员、干部建设"四化"的积极性

1. 开展"真理标准"讨论，引导党员、干部正确理解中共中央的政治思想路线：1980年2月25日，新恢复建制的潮州市委发出关于学习贯彻邓小平《目前的形势和任务》的通知，要求全市党员干部在学习贯彻中要结合实际，重点解决好干部的思想作风、安定团结和落实各项政策的问题，为"四化"（工业、农业、国防、科技现代化）建设创造一个良好的环境，调动各方面的积极性，同心同德干"四化"。

通过对中央政治思想路线的统一认识，使全市党员、干部普遍提高了思想觉悟，认清了政治形势，同时也激发了实现"四个现代化"的积极性。

2. 加强政治理论学习，提高党员、干部的党性觉悟：中共十一届六中全会以后，潮州市委举办党员、干部轮训班，认真学习《关于建国以来党的若干历史问题的决议》，回顾建党60年来的伟大成就，对全体党员和人民群众进行一次热爱祖国、热爱社会主义、热爱共产党的教育。增强全党全民的信心，振奋精神，团结广大群众，更加紧密地团结在党中央周围，同心同德，沿着

三中全会以来的路线前进。同时引导党员干部在学习过程中既要全面领会文件精神，又要抓住重点弄懂弄通基本观点。要理论联系实际，与本单位的思想、生产、工作的实际联系起来，切实解决本单位存在的问题，把市各级党组织建设成为带领人民群众进行两个文明建设的坚强领导核心。

1984年，潮州市委为贯彻执行中央关于开展整党决定的精神，以市委党校为阵地，先后分3期对各区（镇、街道）党群副书记，组织、宣传、纪检委员和市直各部、委、办、局党（总）支部正副书记等270多名骨干进行培训。随后，从市区到农村，从领导干部到党员群众，掀起了集中学习整党决定、深入开展教育活动的高潮。全市38个区（镇、街道）和厂、场党委采取先集中辅导，然后分散以支部为单位组织讨论的办法进行专题学习训练。参加学习的党员共33648人，占党员总数的96%。在开展的专题学习中，各级党组织坚持联系实际，以基层领导班子为重点，切实抓好边学边改、未整先改，从而有效地提高了广大干部、党员的思想觉悟，及时纠正了党员队伍中的一些不正之风。

3．强化文化知识学习，使党员、干部适应改革开放的需要：中共十二大把"实现干部队伍的革命化、年轻化、知识化、专业化"写入党章。为贯彻中央关于干部"四化"的精神，针对潮州市党员、干部普遍存在文化水平低、业务能力差、越来越难以适应改革开放和现代化建设的迫切需要的现状，1984年8月1日，中共潮州市委组织部、潮州市教育局发出《关于组织干部参加高中文化学习的通知》，要求全市干部凡年龄在50岁以下，文化程度不到高中或中专毕业水平的，和在1968年至1980年高中毕业的，均应参加此次学习。学习的形式要根据各单位生产、工作实际进行组织安排。一般以自学和业余学习为主，并与集中面授、辅导相结合，有条件的也可半脱产或全脱产学习。通知强调，各单位要加强领导，将此项工作列入党委议事日程，把干部学习高中文化知识与使用结合起来，将学习规划落实到人。通过一段时期的学习培训，全市党员、干部普遍提高了文化知识水平，有力地促进各项工作的开展，使之跟上改革开放发展的步伐。

（二）加强党的组织建设，提高党员干部队伍的素质

1．强化基层组织建设，提高各级党组织的战斗力：1983年10月，市、县合并后的潮州市委根据省委〔1983〕55号文精神，决定改革政社合一体制，改社建区，同时建立乡政权。全市原有25个公社，2个镇，2个局级林场，541个生产大队，5个市区街道，按"不打乱规模，保持相对稳定"的原则，公社设区，大队设乡，村落设立村民委员会。此后，各区、镇、场、街道先后召开党代会，选举产生党委领导班子。

1983年7月市、县合并后，全市共设有党总支部54个（其中农村党总支7个）、党支部1656个（其中农村党支部1120个），共有中共党员34236人（其中农村党员25266人）。

基层党组织调整理顺后，有利于贯彻执行党的路线、方针、政策和市委的决议、决定，发挥好党组织的战斗堡垒作用和党员的先锋模范作用。

2．充实领导班子和干部队伍，推进干部"四化"建设：在领导班子建设方面，潮州市委按照中共十一届四中和五中全会、全国组织工作座谈会的部署，贯彻"任人唯贤"的干部路线，加快干部的新老交替，推进干部"四化"（革命化、年轻化、知识化、专业化）建设，促进了各级领导班子建设和干部队伍建设。改革开放初期，市委结合平反冤假错案和处理历史遗留问题的工作，将一批已"平反"和"摘帽"的干部充实到市机关和公社的领导班子中。

在老干部安排方面，潮州市委根据中央关于在县级以上单位设置顾问的决定和建立老干部退休制度的规定，于1983年11月作出关于设置调研员的决定，在改革中挑选一批未到离退休年龄而退出领导岗位的同志担任调研员。其主要任务是对单位重大问题进行调查研究，提出建议和意见；受上级委托调查处理某项工作；发现人才和推荐人才；参加一些公务活动。同时也有一些老干部主动要求离开领导岗位，办理离退休或退居二线，腾出职位，使一批经过考验的中青年干部能够走上领导岗位。

改革开放初期，市委根据中央和省、地委"三位一体"调整领导班子，逐步实现各级领导班子"四化"的要求，从形势发展的需要出发，按照新时期的用人标准，正确处理德与才，工农干部与专业干部，家庭出身、政历社关与本人一贯表现等关系。全面看待干部，积极大胆地选拔一批优秀中青年专业技术干部充实到各级领导班子。1982年下半年，根据国务院批转国家科委、国家经委、国务院科技干部局关于颁发《工程技术干部技术职称暂行规定》和国务院关于转发《农业技术干部技术职称暂行规定》的文件精神，潮州市分别推进工农业技术干部职称的评定和考核晋升工作。至1984年8月，全市授予技术职称的工程、农业技术人员共942人。

3. 开展创先评优活动，挖掘典型，弘扬先进：潮州市委在党的组织建设工作中，注意发现典型，弘扬先进，积极开展表彰先进工作。1984年初，市委对开展"争先创优"活动作了具体部署，全市各区（镇、街道）党委和各基层党委都相对集中一段时间，组织所属党支部进行总结检查评比活动。通过这项活动，树立一批先进党支部表彰一批优秀党员。全市（含今潮安、湘桥）参加总结检查评比的党支部1615个，占支部总数的99.4%，其中搞得较好的有1058个，一般的476个，差的81个。全市各区

（镇、街道）党委和基层党委共评选、表彰先进党支部310个，占支部总数的19.2%；优秀党员2164名，占党员总数的6.3%。市委组织部隆重表彰了发扬实事求是精神，带领群众走农工商综合经营道路的陈桥乡（村）党总支等。

4. 积极慎重发展新党员，为先锋队增添新鲜血液：潮州市委一方面把主要精力放在教育提高现有党员的素质，整顿巩固基层党组织上；另一方面又不失时机地把那些具备入党条件的优秀分子吸收到党内来。重点在那些党员数量少，党的力量薄弱的部门和单位做好发展党员的工作。1979年至1983年，市、县在各条战线的技术骨干、劳动模范、先进工作者以及青年和妇女的优秀分子中共发展了1082名新党员。

1984年，潮州市委组织部发出了《关于我市近两年发展党员工作的情况和今后意见》，对发展党员工作的指导思想、要求、重点、方法和措施作了具体部署。同时总结推广了一些单位的先进经验，逐步解决了"知识分子入党难""青年入党靠不住"等问题。

（三）强化党的作风建设，进一步促进党风廉政建设的开展

1980年5月，潮州市成立了纪律检查委员会。纪委成立之后，按照中共十一届三中全会以来的各项部署，把党风建设作为加强党的建设的重要保证，采取多项措施推动党风建设的开展，重点是开展党风党纪教育、健全党风制度等工作。

1. 开展党风党纪宣传，领导干部率先垂范作榜样。市纪委成立以后，认真贯彻执行中共十一届三中全会精神，积极地遵照纪律检查工作"预防为主，教育为主，先立法，后教育，有法必依，执法必严，违法必究，既坚决又稳妥地进行"的方针。宣传、贯彻中央、省纪委工作会议精神，使各级党组织进一步明确党的纪律检查工作，主要是维护和执行三中全会以来的路线、方

针、政策，促进四个现代化建设的顺利开展，巩固安定团结的局面，搞好民主与法制，消除妨碍纪检工作方针的消极因素，使党风发生重要变化。

1981年3月，市纪委、政法委发出《关于在广大党员、干部、职工群众中贯彻遵守"八个不准"的通知》，要求通过各级党的组织，在广大党员、团员、干部、职工中开展"八个不准"的宣传教育。"八个不准"即不准赌博；不准搞封建迷信活动；不准乱砍滥伐山林；不准煽动或参与闹事；不准群体斗殴；不准走私、漏税、投机倒把；不准受贿、贪污、盗窃；不准包庇纵容违法犯罪的人。对于违反"八个不准"和经常有工不做、有学不上的党员、干部、职工、学生，要进行批评教育。屡教不改、继续从事违法活动者，党内或行政上要给予严肃处分，情节严重的，要报公安机关依法处理。

2．加强党规党章培训，促使党员、干部严格遵守《准则》。1980年5月，潮州市委作出《关于切实搞好党风建设的决定》：①艰苦奋斗，勇挑重担；②解放思想，实事求是；③顾全大局，增强团结；④立党为公，不谋私利；⑤努力学习，精通业务；⑥发扬民主，严以律己；⑦举贤让能；⑧关心群众，与群众同甘共苦。同年7月，市委又发出《关于在下半年对全市党员进行做一个合格共产党员教育的决定》，指出教育活动要以中共十一届三中全会精神为指针，以《中国共产党章程（修改草案）》《关于党内政治生活的若干准则》为教材，结合学习毛泽东、刘少奇、周恩来等老一辈革命家的有关论述，学好路线、方针、政策、党纪、党风等课程。用整风的方法，联系实际，揭露问题，对照检查自己，开展批评与自我批评，制订整改计划，边学、边整、边改。1981年，潮州市先后参加党风党纪轮训的党员共3479人，占党员总数的93%。

通过一系列的宣传、培训工作，潮州市的党风建设更上一层楼，党员、干部的思想觉悟大有提高，有效地促进了潮州市改革开放的顺利开展。

（四）严肃党的纪律，提高党员、干部廉洁自律的自觉性

1. 清理干部住房，刹住分房建房中的不正之风：改革开放初期，中纪委先后发出《关于刹住部分党员干部利用职权非法盖私房之风》《坚决纠正分配住房中的不正之风》的通报。潮州市委根据中纪委的通报精神和省、地委的部署，开展对以权谋房等歪风的斗争，并把它作为一项政治任务，作为争取党风好转的突破口来抓。市成立了清房办公室，拟订住房标准，召开清房工作会议，号召党员干部端正党风，坚决反对以权谋房及多占住房。要求各级干部自觉清退超标准住房，对那些不清退者，超标准部分按高价收取建房款或房租。随后，市抽调人力全面清理干部住房，清退了一部分明显多分多占的住房。

潮州市首次共查处了超指标多占住房18户共1839平方米，非法建住房14人，并采取了相应措施。通过查处党员干部的违纪行为，有效地纠正了分房建房中的不正之风，维护了党在群众中的威信。

2. 严肃党风党纪，密切干群关系：改革开放初期，潮州市纪委围绕贯彻执行中共十一届三中全会以来中央的路线、方针、政策，开展对贪污盗窃、违反财经纪律、滥发资金、用公款大吃大喝、利用职权走后门等违纪行为进行调查，及时将情况向市委汇报，提出处理意见，研究改进措施。对好人好事通报表扬，对不正之风给予批评教育，从而伸张正气，纠正不良倾向，促进各级党组织学习贯彻《准则》、带头搞好党风的自觉性，增强组织纪律、财经纪律，初步纠正了饮食风、滥发奖金风、特殊化风、乱砍滥伐风和官僚主义瞎指挥等不正之风。

市、县合并后，市纪委紧密围绕党委各个时期的中心任务，根据不同时期党员出现违纪行为的不同特点，运用典型案件，及时处理、通报，组织党员认真学习讨论，吸取教训。通过查处案件，进一步维护了党规党纪的严肃性，提高了广大党员、干部遵守党的纪律的自觉性，恢复和发扬了党的优良传统，密切了党群关系。

三、改革开放春风浩荡　活力进进

1978年12月18日至22日，中共十一届三中全会召开，决定将全党工作重点转移到社会主义现代化建设上来，全会确定了"解放思想，实事求是，团结一致向前看"的指导方针。潮州市委市政府认真学习贯彻中共十一届三中全会精神，带领全市人民开创对内搞活、对外开放的新局面。

随着党的工作重点转移到社会主义经济建设上来，实行改革开放的方针政策，把高度集中的计划经济体制，逐步向社会主义市场经济转变，开辟多渠道筹集资金进行经济建设的新途径，打破封闭型的经济格局，逐步向多层次、多形式的开放型和外向型经济转化，加快经济发展步伐，潮州市（含今湘桥区）经济社会发展发生了巨大变化。

（一）实行家庭联产承包责任制

1979年后，潮州市认真贯彻执行中共十一届三中全会的路线、方针和政策，农村进行生产和经济体制改革，逐步试行各种形式的生产责任制，后来发展为普遍性的家庭联产承包责任制。

1983年，农村的农林牧副渔各业，已全面实行联产承包责任制。在承包期内，集体把土地分包给农民，包干生产和分配：承包者的收入，除交足国家、留足集体部分外，剩余的归自己所有。1985年以后，除粮食实行合同定购外，取消生猪、"三鸟"、塘鱼、果蔬、蔗糖等农副产品的统派购任务。农村经济结构随之发生了变化，农业种植业产值在农业总产值中的比重由1978年的75.98%下降到1985年38.76%；林、牧、副、渔四业在农业总产值的比重由1978年的24.02%上升到1985年的61.24%。二、三产业从此在农村蓬勃兴起，农民就地或外出创业经商、富余劳力从事劳务输出工作，增加了农户的家庭经济收入。1986年，潮州农民已基本解决了温饱问题。

1987年，公社三级所有制进行改革，把政社分开，建立合作经济组织。生产队或自然村成立经济合作社，大队成立联合社，乡镇（即原公社）成立经济联合总社。通过制订社章、加强管理、壮大经济实力，成为农村新的经济实体。农村群众生活得到相对的保障，潮州的广大农村出现生机勃发的繁荣景象。

（二）乡镇企业及对外经贸快速发展

对内搞活、对外开放政策的深入贯彻，使潮州的乡镇企业异军突起。在坚持"公有制为主"的前提下，改变农业经济"以粮为纲"结构单一的状况，发展多种所有制和多种经营方式并存的乡镇企业。到1987年，形成了乡、村、联户、个体四大层次，集体企业、联户企业、个体企业、横向联合体四种形式共同发展的乡镇企业格局。乡镇企业的异军突起，成为发展经济的重要力量。潮州市通过港澳同胞引进原料加工，发展"三来一补"和"三资"企业，一批外商投资的皮塑厂、针织厂、表带厂等蓬勃兴起。

在乡镇企业蓬勃发展的同时，对外经济贸易随之活跃起来。1978年起，对外贸易开始探索和发展来料加工、来件装配、来样订货和补偿贸易（简称"三来一补"）新形式。当年8月，潮州绣衣厂与外商签订来料加工绣衣定点厂协议，这是今湘桥属地对外加工装配的开端。1979年，今湘桥域内对外加工装配企业只有

3家，加工装配的产品以服装为主。1985年9月，联营粤东塑料厂与香港欧美（轻工）有限公司合作，利用港资开展补偿贸易。由港方公司出资130.86万元，提供日本先进生产设备28台，3年内中方以编织布（袋）600万平方米偿还。至1988年底，该项目执行完毕，成为今湘桥属地首个成功开展补偿贸易的项目。

1980年起，今湘桥域内开始兴办中外合资、合作和外商独资企业（简称"三资"企业）。首个"三资"企业是交通运输合作项目的潮港小车队。1984年11月，二轻专用机械厂与香港华泽轻工业品设计公司合资兴办潮泽塑料制品有限公司，投资10万美元（其中港方出资2.5万美元），生产塑料制品。1986年，潮州第一次与日本客商合作，由今湘桥域内的轻化工业公司和广东省财务发展公司与日本小出有限公司成立中日纺织实业有限公司，引进日本生产设备，生产提花织绒制品。项目投资总额435.33万美元，是当时潮州市规模较大的"三资"项目。

（三）基础设施建设长足发展

改革开放以来，潮州市（含今湘桥区）通讯、交通、供电、供水等基础设施得以发展。

1981年12月潮州市邮电局自行设计制作的准电子自动电话交换机开通使用，至1983年终局容量1000门。1987年7月增至3000门，并开通240回线小程控，使潮州至广州、汕头、香港3个方向的电话具备直拨功能。1988年7月潮州城区拥有电话容量6440门。1989年，潮州开始建立邮政无线寻呼台，设有自动台989、9808，人工台2280181；频率：155.6500MHz、154.7500MHz、155.3750MHz；寻呼信号覆盖范围为市区和潮汕三市及主要乡镇。1990年初，无线寻呼台引进加拿大建利尔公司自动寻呼CL3000XL系统设备，容量为10万寻呼用户和10万语音信箱，并配备有8个2Mb/s中继卡接口和47套语音缓冲卡。尔后，潮州邮电局与潮州百安实业发展公司联办"潮州市百安寻呼台",设有自动台9931,人工台2206333;频率:152.375MHz;采用PCM自动传呼系统,具有全自动传呼、中文信息服务、股票实时发布、行业特级传呼等多种功能;寻呼信号覆盖市区和粤东及福建部分地区。

1980至1988年,旧城区道路进行改造,改扩环城东路、西河路、开元路西段、南较路、南华路、潮枫路和新桥路;新开辟城新路、西荣路、东湖西路、永护南路和北园路。1989年改扩建城新路、西荣路和枫春路。

1971年,位于城区金山的金山水厂建成,日产能力0.3万吨,初时先安排为城区北片和西片的缺水居民户供水,并逐渐供应机关单位,随后给水管道向南延伸,配置供水站17处。1980年,设备能力已达日产1万吨的规模,城区用水居民1860户,占城区居民总数4.5%,单位558户,机关单位基本用上自来水,供水站也增至34处。1982年,桥东简易水厂建成,解决韩江东岸的工业和居民用水问题。1984年,城区的水管道网延伸到各街巷,供水站自此撤销。1985年5月,竹竿山水厂第一期工程建成投产,日产水量3万吨。1987年桥东水厂扩建,日产量从0.5万吨提高到1万吨。城区的3家水厂日产能力4.5万吨。1988年,城区自来水普及率75%,饮用自来水14万人。

1979年底,以原城区的西湖供电站为基础成立潮州市供电公司。1983年8月,撤销潮安电力公司,成立潮州市电力公司,城区设立市区供电所和桥东供电站。

1985年9月25日,韩江南北大堤加固工程破土动工。此项工程列入1985年度全省水利基建项目,分5年实施。潮州范围的工程规模为:土方77.54万立方米,沙方53.67万立方米,石方24.46万立方米,拆迁房屋16094平方米。省直接投资部分为2438万元。工程竣工后，将使南北大堤的抗洪能力，从不到20年一遇提高到50年一遇的标准。

1985年11月3日，潮州市韩江大桥举行奠基典礼。参加奠基典礼的各级领导有省人大主任罗天、副省长匡吉、中共汕头市委书记林兴胜等。全国侨联副主席、香港南洋商业银行董事长庄世平，香港潮安同乡会永远荣誉会长庄静庵和旅暹潮安同乡会理事长廖少贤也率观礼团前来参加奠基典礼。经过几年的努力，1989年4月30日，隆重举行韩江大桥通车典礼，中共广东省委书记林若，国家交通部、铁道部和广东省、汕头市各级有关领导干部，旅居海外乡亲以及本市的各级领导和各界代表共1000多人参加韩江大桥通车庆典。

1987年2月，整治三利溪工程破土动工。工程分城区段和枫溪段，城区段工程铺设下水道、混凝土路面，并建商店住宅综合楼23幢，建筑面积32650平方米。

1988年4月6日，潮枫路扩建工程动工。该工程全长2780米，路面扩宽至36米，至1989年3月底，主车道全面竣工。

同年7月中旬，城区新桥西路扩建工程竣工。该路全长1260米，成为潮州市西南方向进出城区的主干道。

1990年6月，西荣路扩建工程竣工。西荣路全长2000米，路宽22米，车道为25厘米厚的混凝土路面。工程于1991年春节前竣工。

（四）市区商业市场活跃

1980年后，潮州市区商贸机构及各专业公司随着业务范围拓展而增加批零、销售网点，个体商户也随之逐渐增加。1988年，市区的商业系统有工业品批发机构和农副产品批发机构15个，零售营业网点116个。

随着社会主义市场经济的建立，鼓励竞争，转变经营模式。

新型超市、商行、商店和个体商户取代了大部分国有商业。原先由国有经营的商业企业大部分转为股份制或由个人承包经营。

1982年，城西一带的新桥百货商场、西门五交商场、开元商场等3个大型批零兼营商场相继落成开业。

位于西新居民区的百货、水产、食品、糖专、纺织、饮食等6个专业门店也陆续投入使用。同年年底，位于西河路口的潮州商业贸易中心落成开业。1983年1月，位于城区西河路中段的潮安商场落成开业，从而形成以西河路至西门古为中心的新商业区。

1980年，成立潮州合作商店管理委员会，并把共负盈亏改为自负盈亏。1988年，市区商业综合公司共有104个门店，采用多种形式经营承包责任制，包括个人抵押经营、承包经营、集体承包盈利分成、超额分成和个人承包定额上缴等经营模式。

改革开放后，市区商业全面放开，大多数集体商业的能工离岗自主经营。1985年，城区个体商业户7026户、8330人。至1988年，城区个体商贩达9569户，从业人员16400人，分别为1976年的8.6倍和11.3倍。

随着改革开放不断的深入，城乡各种专业市场应运而生。1981年，在桥东虎头下开设农贸市场，主要经营水果、杉木柴炭。1983年7月，市区设立市场交易站，加强对城区12个贸易市场的管理。1987年，市区兴建南桥市场，市场共有1000多个摊档，经营单位有国营、集体和联合体；经营方式有零售批发、批零结合、代购代销、联购分销、期货购销等。至湘桥区建制时，城区主要商场有40多家，较大型商场有百货大楼、潮安商场、商业贸易中心商场、开元商场、华侨商品供应商店和友谊商店等6家。市区市场集中分布在古城区开元路、西平路岳伯亭、北马路青亭巷等。随着新市区的扩展和老市区人口的外迁，市场逐步向新区扩展。为适应城市发展，各级政府重视市场建设，分别在枫春路、新洋路等处建设市场。

四、获评历史文化名城

潮州古城区是今之湘桥区辖属的地域，潮州解放前，名胜古迹遭受严重破坏；中华人民共和国成立后，历届市委市政府十分重视古城区的建设，潮州古城的名胜古迹逐步得到保护和修复，做了许多工作。

1980年8月下旬，广东省文化局、潮州市文化局在笔架山中部虎头山清理3座宋窑，出土瓷器、窑具655件。其中的佛像基座铭文为"治平三年（1066）丙午岁次九月一日题"。

1980年12月22日，潮安县机械厂应潮州市文化局、博物馆的要求，为湘子桥重铸一头鉎牛（原鉎牛在"文化大革命"期间被毁）。鉎牛重1.4吨，按原鉎牛造型，头部铸有"镇桥御水"四字。该鉎牛置于湘子桥原址。

1981年8月21日，中共潮州市委发出《关于成立潮州市文物、名胜古迹修建筹委会的通知》，宣布成立潮州市文物、名胜古迹修建筹委会。筹委会设于市文化局，负责文物及名胜古迹的保护和修复。

1982年1月2日，潮州开元寺第一期修复大雄宝殿、观音阁、地藏阁工程竣工，2月8日，开元寺举行大殿、观音阁、地藏阁及重造圣像修复工程落成典礼，前来参加典礼的有中国香港、泰国两个佛教朝圣团以及内地佛教徒共100多人。至1988年底，开元寺先后进行4期修复工程。

1983年9月，潮州市完成文物普查工作，清查文物点657处。

1984年6月，潮州市文化古城保护建设小组成立。翌年4月30日，该小组改称潮州市文化古城保护建设委员会。1987年12月1

日，该委员会更名为潮州市国家历史文化名城保护建设委员会，下设办公室和历史文物研究组。

1984年10月5日，市人民政府在韩祠举行修建韩文公祠奠基典礼。韩祠第一期修建工程于1985年11月竣工。同日，市编制委员会批准成立韩愈纪念馆和韩祠管理所。

1986年1月初，潮州市文物管理委员会拨出专款，对许驸马府三进屋顶进行维修；工程至当月中旬完工。同月，广东省博物馆文物队在潮州市东郊笔架山发掘一条宋窑址（第10号窑址），窑地长78米，宽3米许，窑壁完好，有阶梯，最大坡度为24度。这是我国至此时为止发现的一条最长的古代瓷窑。

1986年5月4日，"潮州八景"之一的"北阁佛灯"景区首期修复工程破土动工，1989年4月竣工；新建玄天阁、佛灯、韩江楼，修复景区内的古城墙、一天门；并筑造围墙和辟建大门。同年11月底，由香港知名人士杨成捐建的潮州西湖大门石牌坊落成。

1986年12月8日，国务院批准潮州市为国家历史文化名城。

1987年11月，"潮州八景"之一的"鳄渡秋风"亭暨祭鳄台竣工，该工程于当年5月动工兴建。12月1日，潮州市人民政府发出《关于重新颁布我市第一批重点文物保护单位的布告》，有43处文物点列为市的重点文物保护单位（其中包括4处省级文物保护单位）。

1988年1月13日，潮州市的广济桥（湘子桥）被列为全国重点文物保护单位。

1989年4月29日，西湖南岩（寺）复建工程竣工。南岩（寺）历史上几经兴废，复建后称南岩寺，寺中间有大雄宝殿、塑金身三圣，供十八罗汉；两廊为祖堂、禅房；后殿供观音菩萨。全国政协副主席、中国佛教协会会长赵朴初为南岩寺题额。

同年6月，广东省人民政府公布第三批重点文物保护单位，其中潮州市7处，属今湘桥地域的有5处，即韩文公祠、许驸马府、海阳县学宫、广济城楼和己略黄公祠。

1990年1月20日，潮州市省级重点文物保护单位凤凰塔维修工程竣工。同年4月30日，位于城区昌黎路的"昌黎旧治"石牌坊复建工程落成。

1991年年底，开元镇国禅寺泰国式佛殿由旅泰侨领谢慧如捐资兴建。佛殿毗邻东山公园（今慧如公园），占地23310平方米，主要建筑有大殿、门亭、牌坊、白塔、西阁、东亭、望江亭和两口放生池。大殿建筑风格仿泰国云石寺模式，宽22米、深26米、高17.6米，面积约478平方米，大殿供奉泰式跏趺坐大铜佛像，高3米，重1.5吨。

五、开展"五讲四美三热爱"活动

1981年2月，团中央等9个单位联合发出开展"五讲四美"活动的倡议。潮州市委发动各级团组织积极响应，在青少年中开展了较大规模的文明道德教育。各级团组织精心组织，带领青少年打着团旗队旗，走上社会，为群众为集体"送温暖、做好事"。建立了青少年学雷锋小组和青年服务队，把青少年"五讲四美"活动推向高潮。"五讲四美"活动使全市青少年道德风貌发生了可喜的变化，热爱集体、遵纪守法、尊老爱幼、助人为乐、拾金不昧、见义勇为、讲究卫生、勤奋学习的风气开始在青少年中逐步形成。

在"五讲四美"活动全面铺开的基础上，"三热爱"热潮又频频掀起。潮州市的各级团组织引导团员、青年学习党史、中国近代史和中华人民共和国史，学习对越自卫还击战英雄事迹，学习中国女排的拼搏精神，运用丰富生动的史实和事实，激发青年热爱祖国、热爱党、热爱社会主义的感情。各级团组织还把对青年进行反对资产阶级思想腐蚀的教育作为"三热爱"活动的一个内容。随着经济领域和其他领域的对外开放和文化交流的扩大，资产阶级思想文化乘虚而入，为此，各级团组织把教育青年抵制资产阶级精神污染作为思想政治工作的一项内容来抓，通过组织健康有益的文体活动占领青年的业余生活阵地，引导青年自觉不听、不看、不传播反动黄色下流的录音、录像和书刊。

在开展"五讲四美三热爱"活动的基础上，自1982年起，各级团组织以共产主义思想教育为核心，结合各个阶段的中心工作和青年的思想实际，突出主题，开展形式多样、卓有成效的教育活动，加强对广大团员、青年的理想、道德、文化和纪律教育。

开展学史活动，唤起青年爱党爱国之心。这一活动作为"振兴中华"读书活动的一个组成部分，对加强青年的思想教育工作收到了初步效果。潮州市在3年内共建立起青年读书小组1400多个，参加的团员、青年达到19000多人。1983年，为把学史活动引向深入，团市委举办了市区团干部培训班，培训骨干400多人，使全市青年的学史活动一浪推一浪。团市委还积极配合有关部门举办"振兴中华"读书演讲比赛和"振兴中华"读书知识百题竞赛，有330多名团员、青年参加了竞赛。

第二，抓好教育月活动，突出主题教育。1983年，团潮州市委认真组织了"五月传统教育月"和"十月爱国主义教育月"活动。组织团员、青年，访问革命老前辈，瞻仰革命烈士纪念碑，用革命烈士的英雄事迹教育团员、青年；举行"我爱祖国、我爱家乡"征文、摄影活动，激发青年爱国爱乡的巨大热情，掀起学英雄见行动、比先进争贡献的活动。

第三，结合学习雷锋的活动，掀起学习张海迪的热潮，团潮州市委组织基层团委书记带头观看有关张海迪事迹的录像，收听张海迪事迹报告会实况录音，并扩展为全市性的学习高潮。为把活动引向深入，团市委在团员、青年中开展"人生的价值是什么"的讨论，提倡"人生的价值在于奉献而不在于索取"，使雷锋精神得以发扬光大。

第四，加强青年的法制教育，增强法制观念。1983年潮州各基层团委都举办了法制教育讲座，请司法部门给团员、青年上法制课。在治安综合治理中，各级团组织配合治安部门做了大量的工作，发挥了积极的作用。与此同时，各级团组织把开展帮教活动同加强法制教育结合起来，教育后进青年，挽救失足青年，使部分违法人员弃旧从新。

整个20世纪80年代，潮州市区"五讲四美三热爱"活动搞得有声有色。

第七章
湘桥区建制后各项事业蓬勃发展

第
一
节
党建及政权建设

1991年12月，国务院批准潮州市升格为地级市并扩大区域，设置潮州市湘桥区。1992年2月22日，潮州市湘桥区筹备组成立。1992年4月，中国共产党潮州市湘桥区委员会、潮州市湘桥区人民代表大会常务委员会、潮州市湘桥区人民政府以及中国人民政治协商会议潮州市湘桥区委员会挂牌。

一、党的历次代表大会

1993年8月10日至14日，中国共产党潮州市湘桥区第一次代表大会召开。出席区第一次党代会代表230名，大会听取和审查中国共产党潮州市湘桥区委员会常务委员会工作报告；审查中国共产党潮州市湘桥区纪律检查委员会常务委员会工作报告；选举中国共产党潮州市湘桥区第一届委员会；选举中国共产党潮州市湘桥区纪律检查委员会；选举出席中国共产党潮州市第九次代表大会代表。第一届委员会选举出第一任书记。

1998年10月13日至16日，召开中国共产党潮州市湘桥区第二次代表大会。出席大会代表250名。选出新的区委书记。

2003年3月17日至21日，召开中国共产党潮州市湘桥区第三次代表大会。出席大会代表280名。选出新的区委书记。

2006年11月15日至19日，召开中国共产党潮州市湘桥区第四次代表大会。出席大会代表294名。选出新的区委书记。

2011年9月26日至30日，召开中国共产党潮州市湘桥区第五次代表大会。出席大会代表290名。选出新的区委书记。

2016年9月25日至28日，召开中国共产党潮州市湘桥区第六次代表大会。出席大会代表287名。选出新的区委书记。

二、历届人代会

1992年10月21日至26日召开潮州市湘桥区第一届人民代表大会，本届大会代表223名。大会听取、审议并批准《潮州市湘桥区人民政府工作报告》；大会依法选出第一届区人大常委会主任和区长以及区人民法院院长、区人民检察院检察长。

1998年2月21日至25日，召开潮州市湘桥区第二届人民代表大会。大会依法选出新的区人大常委会主任和区长。

2003年2月24日至28日，召开潮州市湘桥区第三届人民代表大会。大会依法选出新的区人大常委会主任和区长。

2006年11月26日至30日，召开潮州市湘桥区第四届人民代表大会。大会依法选出新的区人大常委会主任和区长。

2011年11月7日至11日，召开潮州市湘桥区第五届人民代表大会。大会依法选出新的区人大常委会主任和区长。

2016年11月21日至25日，召开潮州市湘桥区第六届人民代表大会。大会依法选出新的区人大常委会主任和区长。

三、政协历届会议

1992年10月22日至26日，召开政协潮州市湘桥区第一届委员会第一次全体会议，出席会议的委员和特邀委员共95人，选出第一届区政协主席。

1998年2月20日至23日，召开政协潮州市湘桥区第二届委员会第一次全体会议，出席会议的委员120人，选出新的区政协主席。

2003年2月23日至26日，召开政协潮州市湘桥区第三届委员会第一次全体会议，出席会议的委员119人，选出新的区政协主席。

2006年11月25日至28日，召开政协潮州市湘桥区第四届委员会第一次全体会议，出席会议的委员115人，选出新的区政协主席。

2011年11月6日至10日，召开政协潮州市湘桥区第五届委员会第一次全体会议，出席会议的委员132人，选出新的区政协主席。

2016年11月20日至23日，召开政协潮州市湘桥区第六届委员会第一次全体会议，出席会议的委员155人，选出新的区政协主席。

抓住新机遇，迈开新步伐

一、推进企业改革

1992年湘桥区政府成立后，接管原潮州市的部分国有工商企业和二轻企业，并分别针对企业不同情况，采取不同形式试点，然后推进转换企业经营机制。1993年，区政府抓紧对《广东省贯彻〈全民所有企业转换经营机制条例〉实施办法》的贯彻落实，推进企业转换经营机制，采取"一厂一策"的办法，对企业分类排队，实施分类指导，帮助企业深化改革，以增强企业的活力，使一批老企业焕发生机。1994年，加大企业的改革力度，区政府成立深化企业改革领导小组，制定全区企业改革的规划和相关政策，确定建立现代企业制度的试点单位，协调各项改革的进度，解决企业改革中出现的重大问题。此后，把企业的改革、改造、改组和加强管理结合起来，对工商企业实施了兼并、分拆、租售、承包经营、拍卖、嫁接港资外资等的改革措施。1997年，围绕建立社会主义市场经济体制的目标，继续深化经济体制的各项改革，对一批企业实施股份制改造，承担债务式整体兼并、产权转让、抵押承包经营等改革措施，从而盘活了资产，复活了企业。2000年，全区党政机关与所办的经济实体完全脱钩，企改围绕"国企脱困、减亏增效"的目标，大力推进股份改造、资产剥离重组联合兼并、产权转让、资产处置等触及产权制度的改革。2003年，全面完成对挂靠集体企业甄别改制，企业明晰了产权成

227

为独立经济主体。至2005年，全区的企业改革基本完成。

二、建设工业园区，扩展企业发展空间

湘桥区原有的企业大部分分布在老城区，企业的发展受到制约，为增强经济发展后劲，区委区政府于1992年8月成立花园工业区领导小组，筹划工业区的建设，并于当年9月完成花园开发区102.8公顷的征地工作，破土动工，先期投入资金1.2亿元。1993年，开发区基本完成"五通一平"，进行项目的立项、申报和其他配套服务，开展招商引资工作，当年有18个项目投入基建。从1992年至1997年底，花园开发区累计投资5.44亿元，投建项目67个，完成建筑面积46.2万平方米，开发区建设基本完成，形成一定规模的工业群。同时区政府鼓励各街道（镇）利用征地补偿款和划留用地，加快工业小区规划建设。至1997年底，全区共建设工业小区32个，累计投资2.5亿元，投建企业48家。1998年，区政府着力培植经济增长点，不断拓展发展空间，至2002年，辟建工业用地162万平方米，投入基础设施及配套建设资金3.79亿元，投建企业825家，形成花园开发区和各街道、镇工业小区的新工业群体。此后，区政府加强对各工业小区的工业用地整合利用，各种基础设施建设日趋完善。

2012年，建成节能高档卫生洁具生产基地和日用陶瓷产业转型升级示范基地。

三、扶持企业，壮大经济实力

（一）简政放权　服务企业

1992年，区各有关职能部门制订一系列扶持、鼓励经济发展的政策措施，主要有：区经委简政放权8项措施；区工商局支持企业发展28条规定；区审计局支持企业大胆改革，为企业保驾护

航的6项措施；区税务局关于税收优惠政策的若干意见；区财政局关于支持经济发展的意见；区劳动局关于放开企业用工管理的5项规定等。1994年，区政府坚持重点扶持和整体推进相结合，抓"龙头"骨干企业，促进工业生产持续快速增长。1999年，区政府加大引导、扶持、管理和服务力度，落实领导扶持重点企业责任制，帮助企业解决生产经营等方面碰到的具体问题。同时，建立区人才智力市场和人才资源信息库，支持企业引进人才；引导企业引进先进设备，建立区科技信息与电子商务网站，为企业提供信息服务。2003年至2010年，区政府大力鼓励民资民力发展民营经济，出台扶持民营经济发展优惠措施，促进革命老区民营经济大发展、大提高。

2012年，区委、区政府着力转方式调结构、扩内需稳增长、强基础增后劲、惠民生促和谐，有力地推动了全区经济社会平稳健康发展，较好地完成各项目标任务。

（二）调整优化行业结构

1992年，区政府推动产业产品的调整和优化。1995年，区政府对行业和企业进行优化调整，"抓两头、促中间"调整产业结构。1997年区政府坚持以工业为主导，实施"工业立区"战略，针对原有企业规模小、效益低的实际，注重调整结构，形成具有湘桥区域特色的服装、陶瓷、塑皮、电子、电器、玻璃、化工、特种工艺等八大行业支柱。经过不断的整合和产业优化，至2004年全区形成服装、陶瓷、塑料、特种工艺、农副产品加工等五大支柱行业，生产规模不断壮大，在全区经济发展中起着龙头拉动作用。至2012年，新兴的光碟、医药、保健品等行业也迅速发展。

（三）推动科技创新

从1992年开始，区政府推进科技改革和产业创新，鼓励企业依靠科技进步，揽高引新发展新项目，开发科技效益经济。政府、企业不断加大科技创新的投入。2000年，全区有8个项目列入省市科技项目计划，有2个项目（汽车启动马达、可降解塑料母料）填补国内的技术空白，1家公司为省高新科技企业；2家企业为省民营科技企业。2001年，区组建了"潮州市日用陶瓷工程技术研究开发中心"，并加大资金的注入。同时，陶瓷企业引进了全自动电脑控制窑炉、车花机等一批先进设备，有效增强科技开发和创新集聚优势。2002年，鼓励和扶持企业走科技兴工和规模化生产、集约化经营路子，以增创科技开发创新的新优势。2003年至2012年，民营企业科技创新步伐不断加快，投资继续加大，科技成果转化应用步伐加速，使企业提高了市场的竞争力，经济效益明显，区域经济得到增强。

2012年，继续实施"科技兴区""质量强区"战略，共推荐申报省级以上科技创新、技术改造项目69个，有力推动区域企业科技创新体系建设。坚持品牌发展战略，共有17项商标、产品被评为省级以上名牌名标称号。积极鼓励扶持企业发展绿色、环保、节能的新工艺和新技术，全区单位生产总值能耗下降幅度达3.73%，全面完成年度节能目标任务。

（四）拓展外向型经济

1992年，区政府积极开展招商引资工作，扩大对外经济的联系，鼓励"三来一补"企业和"三资企业"的创办，并实施优惠措施。在对外贸易上，采取应变措施，扭转了出口被动局面，1996年，出口总额9655万美元，比增16%。1997年，扩大对外经济交流，拓展内外贸易和积极引导、支持企业设立境外机构，帮助企业申报并获得自营进出口权，争取出口产品原产地证签证认证权，多方拓宽外贸出口渠道，制订和落实激励措施，促进外贸出口快速增长，当年出口额达1.32亿美元，比1992年增长548.75%。2001年，实施"外向带动"战略，加强对企业加入世贸组织的引导，注重对外贸易出口的协调与服务，并相应出台了鼓励出口政策措施，优化通关环境，争取了海关出口"绿色通道"和外汇"绿色柜台"，获得全国首家县（区）级商会"国际商事出证认证"资格。2003年，根据外贸形势变化和政策调整，落实措施、改善服务、优化出口结构、创新贸易方式，巩固原有国际市场，拓展新兴市场，力促企业产品多出口、多创汇、多创税。2005年，全区外贸出口额2.01亿美元。2010年，全区外贸出口额3.14亿美元。2012年，全区出口超百万美元企业92家，新增对外贸易经营者备案登记企业11家；实现进出口总额55241万美元，同比增2.48%。

四、优化农业产业结构

1992年建区后，区政府加强对农村工作的领导和引导，在稳定粮食种植面积的基础上，以服务城市为导向，发展"三高"（高质、高产、高效）农业，逐步提高农业产品的科技含量，建立了一批"三高"农业生产基地。1997年，针对郊区农业生产特点，调整种养布局，在抓"米袋子"的同时抓好"菜篮子"工程建设，推进粮食、水果、蔬菜、禽畜、水产五大基地建设。2004年，加快农业区域化、产业化的步伐，优化农业的产业结构，发展效益农业、旅游农业、生态农业，建设无公害蔬菜、水果生产基地，提高农产品产量和质量，增加农产品的经济效益，进一步繁荣市场。

1992年至2010年，区政府坚持以稳定促发展，以发展保稳定的方针，引导农民利用新城建设的拉动效应，推动农村经济向城市经济转变，兴办经济实体，向二、三产业方向发展。农村利用征地补偿款办企业，置铺面，解决部分农民的就业问题，增加农民收入，壮大村级集体经济。1995年，吉街、春光、陈桥、大新乡等4个管理区（村）实现年产值超亿元。区政府鼓励和引导革命老区的街道、镇，利用划留用地，加快工业小区规划建设。1997年，全区由街道、镇和村建设的工业小区32个。2002年，各街道（镇）工业小区实现工业产值29.85亿元。

2012年，大力开展韩江湘桥区段综合整治，制定实施《韩江综合整治长效管理机制》，韩江水环境整治和堤围保护成效不断巩固扩大。扎实推进生态景观林带建设，强化造林绿化工作，区被评为"广东省林业生态区"。认真落实基本农田保护制度，不断加大土地卫片巡查力度，严厉打击非法采矿和违法占地行为，区域土地管理秩序进一步规范。

五、抓好项目建设

1994年，各级政府增加基础设施投入，在老区加快集贸市场建设，新建、扩建、改建市场5座。1997年后，确立"建市场、促流通"的思路，发挥区域商贸优势，调动多方积极性，加快市场建设步伐，形成街道、村集体投资、个人独资、企业投资、公司开发的多元化投资格局。先后有枫春综合市场、潮州商贸城、新春市场、粤潮市场等专业批发市场和义安、义井、枫春、东平、新春、南门等鱼肉菜市场；大福源等大型自选购物商场和南桥市场、新桥东路商业街等。组织企业参加国内各地的展销会、博览会和洽谈会，扩大湘桥产品在国内的市场份额，搞活商品流通，拉动区域经济增长。

区政府发挥中心城区优势，在建筑业、装修业、房地产业、运输业、保险业、中介、旅游、饮食、购物等服务行业上扶持革命老区，培植城市特色经济，为经济发展培育新的增长点。

2012年，大力抓好重点项目建设，精心组织"湘桥区2012经贸洽谈暨一批重点项目竣工仪式"，兴业陶瓷、庆发陶瓷等重大工业项目建设竣工，紫莲·国际公寓、潮州市传统工艺文化创意产业基地等现代服务工程项目加紧建设，河内湖涝区排涝整治工程加紧推进。全社会固定资产投资总额48.74亿元，比增22.17%，增速居全市第一。其中，7个市级重点项目完成投资10.28亿元，完成年度计划的115%。

六、推进社会各项事业发展

（一）计划生育

1998年，区政府抓好新的《广东省计划生育条例》的贯彻和衔接过渡工作，加大计划生育基础建设的投入，形成较为健全的经常性服务体系和规范化管理工作体系，坚持"三为主"方针，推行"三结合"做法。2000年，推进计生工作重心下移，全区各村（居）委成立计划生育办公室，夯实基层工作基础，强化计划生育目标管理责任制，计划生育工作逐步走上法制化轨道。

2012年，湘桥区认真落实计生政策，切实稳定低生育水平，当年全区出生人口3509人，人口自然增长率为2.99‰。区被国家计生委评为"全国阳光计生行动示范单位"，连续十二年被省政府评为"计划生育工作先进单位"。

（二）环境卫生

1992年，区政府制订湘桥区《关于加强城市街巷环境卫生管理工作的意见》，在全区建立街道、镇一级的城管机构。按照"统一领导、以块为主、属地管理、各司其职"的原则，实施对城市环境卫生的管理。整顿城区乱搭乱建，清理以街代场、占路为市等行为，整治城市的脏、乱、差和环境污染，美化市容与街景。1999年，推进环卫体制改革，马路清扫保洁实行向社会公开招标承包和竞争上岗，市区全面推行居民生活垃圾袋装化，并逐渐向农村推进。2003年，抓好垃圾闭密转运工作，整治"城市牛皮癣"。2005年至2012年，重点对城乡结合部尤其是革命老区区域环境卫生进行整治，构建环境卫生管理长效机制，使城市管理逐步走上规范化、制度化轨道。

（三）教育事业

1993年，区政府制订《关于在全区普及九年制义务教育若干问题的决议》，当年小学入学率为100%。1994年，全区"普九"实现达标。区政府加强学校的基础建设，通过财政拨款、当地投资、群众集资、华侨捐资等多种渠道筹集资金，改建、扩建、新建一批学校。至1997年新建和改扩建学校49所，新增校舍9.32万平方米，比1992年增加1.1倍，优化办学布局，初步缓解城区入学难状况。2000年，继续巩固和发展"普九"成果，大力推进"普高"教育，全面完成"改薄"任务，认真落实"减负"措施，加强和改进中小学德育工作，推进素质教育。2002年，政府加快教学改革步伐，加强教育信息化建设，全面实施素质教育，推行新课程实验，提高教学质量，至2005年全区学生高考录取率逐年上升，成为潮州市的教育强区。

1992年至2017年，革命老区的适龄儿童均能入学读书。

（四）文化事业

区政府重视文化事业，加强街道、镇尤其是革命老区的文化站和村文化室建设，发挥文化阵地在社区建设中的积极作用，鼓励文艺创作和群众文化活动；开展"扫黄打非"行动，净化文化市场。1998年至2017年，文化工作注重面向基层，组织送戏下乡，发展广场文化、社区文化，组织大型文艺活动，活跃城乡文化生活。2004年，意溪镇被省文化厅授予"广东省民族民间艺术金漆木雕之乡"和"广东省民族民间艺术大锣鼓之乡"。2004年以后，区政府围绕建设"文化潮州"的要求，建立"潮州历史文化研究传播中心"，加快文化事业发展，发掘潮州传统文化内涵，传承和弘扬潮州文化。

2012年，广泛开展新时期"广东精神"主题教育活动，不断提升全民素质。围绕创建全国文明城市目标，积极开展"乡村潮乐大舞台""首届桥东社区文化节""道德讲堂"和"南粤幸福活动周"等特色文化活动，不断丰富群众文化生活。以建制20周年为契机，编辑出版《湘桥风采》画册，举办"丹青惠民行"书画作品巡回展。积极开展非物质文化遗产保护工作，区艺葩木雕厂被国家文化部命名为"非物质文化遗产生产性保护基地"。

（五）卫生医疗事业

区政府从城乡的实际出发，开展城区的"脏、乱、差"整治和消灭"蚊、蝇、鼠"的爱国卫生运动，搞好农村尤其是老区的改水和改厕工程，倡导公共卫生和家居卫生，预防和监控流行性疾病。2000年，及时扑灭"登革热"疫情；2003年，全力抗击"非典"，区域内没有"非典"及其他传染病的发生；2004年和2005年，做好"高致病性禽流感""登革热"等传染病的预防工作。

1995年，区的初级卫生保健工作经省验收达标。在巩固城乡的初级卫生保健效果的同时推广农村合作医疗制度，推进医疗进社区，服务社区，服务大众。至2005年，全区51个行政村中有36个、58959人参加合作医疗，参合率56%。2012年，湘桥区革命老区开展残疾人居家康复服务工程。由院部医护人员专人专职专门为重度肢体残疾人提供功能评估，开展运动治疗、物理治疗、作业治疗、生活能力训练、社会适应能力训练、语言矫治和训练及各项康复护理、指导等服务。

（六）体育事业

区政府认真贯彻实施《全民健身计划纲要》，倡导群众体育活动，推动竞技体育的发展。2001年，区成立业余体校。组织体育健儿参加各级各类比赛，获得好成绩，并为上级输送了一批体育人才。1992年至2005年，湘桥区运动员在历年的各类比赛中，共获得世界冠军6项（湘桥区籍运动员林跃获奥运会跳水冠军），亚洲冠军3项，全国冠军72项，省冠军20.5项。1996年湘桥区被省体委评为实施全民健身计划先进单位。

2012年，湘桥区积极培训三级社会体育指导员。在各街道（镇）、各体育群体中选派了562名三级社会体育指导员进行培训。湘桥区有意溪镇、桥东、凤新3个社会体育指导服务站。

（七）旅游事业

1992年，潮州市升格为地级市，政府加大对文物古迹的管理力度，增加资金投入，先后修复了一批名胜古迹。同时，加强城市基础设施建设，加快旅游配套设施的建设步伐。2003年，潮州市政府确立"旅游旺市"战略。2004年8月，湘桥区成立区旅游局，负责对区域内旅游业的管理、策划和推介，促进潮州古城旅游业的发展。

湘桥区山川秀美，悠久的人文历史留下了众多文物胜迹。列入国家重点文物保护单位7处，为广济桥、许驸马府、开元寺、己略黄公祠、笔架山宋窑遗址、韩文公祠、老城古民居建筑群；列入广东省文物保护单位6处，为葫芦山摩崖石刻、凤凰塔、海阳儒学宫、涵碧楼、广济门城楼和丁允元墓；列入潮州市文物保护单位11处。此外，域内还有不少古文化遗址、古井泉、古民居、古牌坊等。

可供游览观光的景区主要有金山、葫芦山、笔架山、别峰山、紫莲山、玉瑶山庄、西湖、北阁佛灯、祭鳄台、凤凰洲、牌坊街、甲第坊古民居、石庵、淡浮院、滨江长廊等。

（八）社会治安

1996年以来，社会治安立足以防为主，打防结合，在辖区内重点部位设立治安岗、报警点，建立报警指挥中心，组建巡警队伍，构筑群防群治网络，提高治安防范能力。2000年，坚持重点治乱、打黑除恶、组织专项行动，并着重开展打击"六合彩"赌博活动。2004年，开展"百日行动"，严厉打击各种违法犯罪行为；加强社区联防、街区联防、校区联防的队伍建设，构建平安和谐社区。

2012年，扎实推进"百日防护期"控稳工作，不断加大信访维稳和矛盾纠纷排查化解工作力度，群众信访量明显减少。加强社会治安综合治理，完善群防群治网络，高度重视社区联防、社区禁毒、社区矫正等工作，深入开展"粤安12""南粤亮剑""打四黑除四害"等专项整治行动，严厉打击各类违法犯罪活动，有力保障区域社会安定。

（九）劳动就业与社会保障

区政府贯彻执行《劳动法》，推进劳动合同制的实施，加强劳动力市场的调控和管理，全区各街道建立了再就业服务机构，落实再就业基金，加强对下岗职工的职业技能培训，拓宽就业渠道，使再就业工程得到有效实施。社会保障体系方面，1996年，初步建立全区统一管理，政府、企业和个人共同负担的社会保障制度。1997年，实现了全员参保，提高社会保障覆盖面。从2000年开始，推进社保扩面征缴工作，参保人数逐年增加，养老金也全部实现社会化发放，提前完成省、市下达的社保工作目标。2005年度社保基金征收率达99.95%，社保发放率100%。

2012年，认真落实就业再就业扶持政策，全年城镇新增就业4128人，下岗失业人员实现再就业1329人，培训农村劳动力1139人，农村劳动力转移就业3062人，城镇登记失业率控制在2.36%

以内。全面完成各街道（镇）基层人力资源社会保障公共服务平台建设，启动城镇居民社会养老保险工作，促进基本医疗保险城乡一体化，不断扩大社会保险覆盖面，全区参加企业养老、失业、工伤、职工医疗和生育保险的人数分别达到65500人、48099人、48177人、53869人和33286人。严格落实各项优抚安置政策，实施低保动态化管理。加大扶贫助残工作力度，扶贫开发"双到"工作任务全面完成。人民生活水平稳步提高。

另外，还开展优抚救济和扶贫济困、助残扶残工作，解决革命老区困难户住房问题，落实城乡居民最低生活保障制度。

七、加强财税金融工作

区政府对全区街道、镇从1992年起，统一实行"按经济性质划分税种，核定收支基数，超收奖励，节余留用，超支不补，一定三年"的包干办法。此后，财政包干办法仅在包干年限做了调整，一直延续到2005年。

1999年，区政府在财政管理上，坚持落实"收支两条线"，加强对预算外资金收入、罚没收入、各种行政事业性收费和票据使用的管理，并不断地完善管理制度。2000年改革了财政工资发放形式，实行工资统发。2001年，建立政府采购制度。

1994年，推动新税制的改革，协调国、地税部门之间的工作关系，及时解决实行新税制碰到的新问题，确保新税制的实施。2000年，区政府配合上级开展出口货物税收的专项检查，严厉打击骗取出口退税违法犯罪行为，贯彻落实税收政策，培育税源，切实加强税收征管，查漏清欠，勤征细管，严密稽查，确保税款均衡入库。

为支持区域经济发展，区政府发挥金融部门组织资金的主渠道作用，广开门路吸储，多方融通资金，扶持企业生产。1994

年，成立凤城城市信用社，发展农村合作基金会，通过区域资金内部互助互济，多方吸纳闲散资金，解决企业发展中的资金紧缺问题。1997年，在金融改革中推进银行商业化的同时，组建了湘桥区农村信用合作联社。1998年，受国际金融风波的影响，市区一些非银行金融机构先后出现支付困难，金融形势比较严峻，区政府支持金融部门防范化解风险，抓好吸储揽存和清收不良贷款工作，强化内部管理，稳定金融形势，确保金融运营正常。至2000年，金融风险有所缓解，遗留问题逐步得到解决，金融业务运作平稳。

2012年，积极稳妥化解财源结构单一、税源政策性减收等诸多困难和矛盾，坚持公平征管和培植税源相结合、税收和非税收入两手抓，千方百计激发增收潜力，财政收入稳步增长。

八、推进民主法制建设和政务公开

区政府从1992年开始，开展普及法律知识教育，增强群众的法制观念，"三五"普法教育取得较好效果，"四五"普法教育深入开展。

区政府执行区人民代表大会及其常委会的决定和决议，主动向人大常委会报告工作，向人民政协通报情况，自觉接受监督；充分发挥各民主党派参政议政的作用；认真落实人大代表和政协委员的议案、提案、意见和建议。广泛听取人民群众意见，开展行业评议机关活动，强化对政府机关的监督；推进基层民主政治建设，完成第一届村委会选举和第二届换届选举，2002年度湘桥区被省授予"村民自治模范区"称号。

重视政务公开工作，健全领导机构，做好工作规划，落实责任制，坚持"领导、措施、责任"三到位，保证政务公开工作的实施；1998年，在农村尤其是革命老区推行民主管理和村务公开工作；1999年，在企业实行厂务公开制度；2001年，在街道（镇）、区直部门、事业单位推进政务公开制度。至2005年全区的政府机关、街道（镇）、事业单位全面实行政务公开，初步形成了区、街道（镇）、村（居）三级联动的全区政务公开体系。

2012年，民主法治水平进一步提高，密切联系工商联、工会、共青团、妇联等人民团体和各民主党派，广泛听取人大代表、政协委员和基层干部群众的意见建议，全年办理各级人大代表建议24件、政协委员提案26件。积极推进政务公开，区政府公众信息网站建设水平不断提高。深入实施"六五"普法，干部群众的法制意识进一步增强。

九、鼓励外商投资

自1992年起，外商投资企业在湘桥区建设厂房及附属设施，免征固定资产投资方向税、免征土地使用税、3年免征房产税（属华侨、港澳台同胞五年免征）。

外资企业生产属生产性，实际经营期在10年以上的，从开始获利年度起，免征所得税2年，第3年至第5年减半征收（简称二免三减）；在依法免税、减税期满后，凡当年出口产品达到当年企业产品值70%以上的，经批准可减半征收当年企业所得税。

外商投资企业按合同规定以投资进口的机器设备，零部件及其他必要物资和用追加投资进口国内不能保证的机器设备；为履行其产品出口所需进口的原材料、燃料、零部件、元器件、配套件、包装物料等；企业进口自用的交通工具，办公用品（限于合理数量）；外商常驻机构和外资企业中常住人员携带进口自用交通工具、办公用品、安家物品（限于合理数量），免征进口关税和进口环节的工商统一税。

生产性外商投资企业减按24%税率征收企业所得税，如属技术密集、知识密集型或投资在三千万美元以上项目，经批准可减按15%税率征收企业所得税。

外国投资者从外资企业分得利润，汇出境外时，免征汇出所得税。

2012年后，湘桥区紧紧抓住国家"一带一路"建设战略时机，加大开拓市场力度，多形式、多渠道搭建各种经贸合作平台。

十、对外贸易活跃，促进老区经济发展

（一）加工贸易

加工贸易是湘桥区对外贸易的重要组成部分。湘桥区的加工贸易以来料加工为主，这也是建区以来最早起步的贸易形式。

1992年10月，潮州市湘桥恒升制衣厂第一个与香港恒达公司签订来料加工睡衣套协议，是湘桥区建制后首宗签订的来料加工合同。

1992年至2005年，全区共有来料加工企业179家；来料加工客商200多家，其中绝大多数为香港客商，旅港潮籍客商占一半以上。来料加工的主要产品有服装、表带、鞋、塑料制品、工艺品、金银饰品、盒式录音带、纸箱等。

2012年，内外市场有效拓展。坚持在巩固传统市场的基础上，加大力度开拓新兴市场，积极筹办"2012广东潮州特色产品（义乌）展销会"，组织企业参加"广交会""2012广东潮州特色产品（武汉）展销会"等商贸交流活动，帮助抢订单、拓市场。

（二）一般贸易

一般贸易也称正常贸易，是对外贸易的主要形式。

1993年，湘桥区城西服装厂获国家外经贸部批准，成为区首

个取得自营进出口权的企业。

1992年至2005年，全区经批准获得自营进出口经营权的企业共66家。其中出口纺织服装类产品的企业26家；陶瓷工艺类产品的企业19家；鞋帽塑料类产品的企业13家；科技类产品的企业2家；其他类产品的企业6家。2005年，一般贸易出口值18563万美元，占全区出口总额（20144万美元）的92.2%，是1993年的213倍。

区政府积极引导老区有条件的企业拓展农村电子商务，2012年6月8日，"中志农业"（企业名称）仅用12小时就对外成交5000订单，卖出12.5吨青柠檬。区政府号召学习"中志模式"，以期促进全区农业经济的发展。

（三）进出口贸易

1992年，全区出口2038万美元，其中"三资"企业出口1275万美元；来料加工完成工缴费763万美元（按当时全国的统计口径，以完成工缴费作为出口额统计。当年，按归属在湘桥区的来料加工企业通过市装配公司出口的数据计入湘桥区的出口额）。

1992年至2005年，湘桥区外贸出口累计151096万美元（1998年以前按业务口径、1999年后按海关口径统计）。

2012年进出口总额55241万美元，增长2.48%。其中出口53519万美元，增长2.80%；进口1722万美元，下降6.46%。进出口差额（出口减进口）51797万美元，比上年增加1575万美元。全区年出口超百万美元企业92家，新增对外贸易经营者备案登记企业11家。

中共十八大后改革开放更上一层楼

一、学习十八大文件及习近平总书记的讲话

2012年11月，中国共产党第十八次全国代表大会在北京召开。中共十八大开幕后，区委立足抓早抓主动，2012年11月16日，召开区委理论学习中心组学习会，对十八大精神进行传达，并就学习贯彻会议精神进行部署。同时，不断创新学习形式，做到多层次组织专题传达学习、多渠道开展宣讲培训、多形式营造浓烈舆论氛围、多领域开展群众学习活动，迅速营造浓烈的学习宣传氛围。一是领导干部带头学习。二是在学习的安排上求深求质求实效，把学习贯彻十八大精神和习近平同志的讲话作为重要任务来抓，通过开展学习会、辅导会、支部会等多种形式，深入开展学习宣传活动，并把十八大报告的新思想、新论断和新部署编印成学习资料，帮助党员群众了解掌握十八大的精神实质和相关部署。在学习报告会上，还安排十八大代表陈文娟为参会的领导干部交流参加十八大的心得体会，使与会同志对党的十八大有了更直观的认识。三是注重学用结合，把学习领会精神的过程转化为提高认识、统一思想的过程，转化为推动新一轮科学发展的创造性实践，提升学习教育的实效。

2013年至2017年，中共湘桥区委把学习十八大和十八届二中、三中、四中、五中、六中全会精神以及习近平总书记的一系

列重要讲话当作一项大事抓紧抓好。

2013年，开展党的十八大和十八届三中全会精神、习近平总书记一系列重要讲话精神、中国梦、中国特色社会主义理论体系等专题理论学习。区委中心组共开展集中学习10场次，中心组成员围绕学习习近平总书记一系列重要讲话精神和分管的业务工作撰写学习心得文章17篇。全年共编印《中心组学习资料》7期2100多册。

2014年，以党的十八届三中全会和四中全会精神、习近平总书记系列重要讲话精神、党的群众路线教育、培育和践行社会主义核心价值观等内容为重点，开展各级党委（党组）中心组集中学习。区委中心组共开展专题学习会10场次；邀请省市专家、学者为全区领导干部做专题报告会4场次。编印《中心组学习资料》5期2000多册，发放《习近平谈治国理政》《习近平总书记系列重要讲话读本》等学习书籍一大批，组织全区领导干部撰写"学习习近平总书记系列重要讲话精神"心得体会文章。

2015年，湘桥区委以党的十八届五中全会精神、习近平总书记系列重要讲话精神、"三严三实"、培育和践行社会主义核心价值观等内容为重点，充分发挥党委学习中心组的龙头带动作用，组织区委中心组学习会8场次，"三严三实"专题学习研讨会3场次；十八届五中全会精神专题学习3场次，编印《中心组学习资料》3期1100多册，发放《习近平谈治国理政》《理论热点面对面》等学习书籍、资料一大批。

2016年，组织"学习贯彻习近平总书记在党的新闻舆论座谈会上重要讲话精神"、"扎实做好意识形态工作"、"学习贯彻习近平总书记在网络安全和信息化工作座谈会上重要讲话精神"、习近平总书记"七一"重要讲话精神、党中央治国理政新思想新理念新战略和学习贯彻党的十八届六中全会精神等党委中心组专题学习会12场次；编印"新闻舆论""传统文化""依法治国""党的十八届六中全会精神"等《中心组学习资料》4期1400册，发放学习书籍、资料一大批。通过集体学习、专题调研、个人自学、辅导报告等形式，扎实推动各级党委中心组和党员领导干部的理论学习。

2017年，区委宣传部举办"学习宣传贯彻习近平总书记重要批示精神"等党委中心组专题学习会12场次；举行省委、市委宣讲团专题报告会10场次；编印《中心组学习资料》5期1800册，发放《习近平的七年知青岁月》《全面从严治党面对面》《学习活页文选》等学习书籍。通过集体学习、专题调研、个人自学、辅导报告等形式，扎实推动各级党委中心组和党员领导干部的理论学习。

二、中共十八大后经济社会跨越式发展

中共十八大以后，中国特色社会主义进入了新时代。从此，在以习近平同志为核心的党中央领导下，湘桥区与全国人民一道，以习近平新时代中国特色社会主义思想为指导，为全面建成小康社会，加快推进社会主义现代化建设而努力奋斗。从2013年至2017年五年来逐年所取得的成绩，可以看到湘桥区实现跨越式发展的步伐。

2013年

1. 突出抓好服务扶持，区域经济综合实力有效增强。

①产业结构更加优化。坚持以提升综合实力和经济效益为中心，切实加快转变经济发展方式，着力推进园区建设，研究出台了扶持民营企业发展的24项政策措施，支持新办小额贷款公司2家，规模以上企业增至94家。新增农民专业合作社18家，实现农业总产值2.53亿元，比增5.0%。房地产业和信息、物流、中介、

商贸等第三产业全面发展。②创新能力不断增强。以创新驱动为抓手，不断提升优势特色产业核心竞争力，共推荐申报国家、省级技改技革、科技信息化项目64项。全区省级优势示范企业增至5家。省级企业技术中心和工程技术研发中心增至8家。③投资拉动成效显著。全社会固定资产投资总额60.24亿元，比增30.28%，增速居全市第一；全区8个市级重点建设项目完成投资28.13亿元，完成年计划的135.19%，完成的总量和进度均居全市首位。④内外市场同步拓展。全区新增对外贸易经营者备案登记企业12家；实现进出口总额56756万美元，比增2.7%；年出口超百万美元企业90家。扩大国内市场占有份额，规模以上工业实现内销100亿元，比增6.38%。

2. 突出抓好城乡建设，"一江两岸"发展格局逐步形成。

①"三旧"改造加快推进。全区累计申报"三旧"改造项目105个，总面积733.33公顷；获市政府批准的改造项目31个，面积276.76公顷；全年开工改造建设项目完成投资15.81亿元，完成年度计划投资额的143.6%。②城市东扩成效明显。全力抓好磷溪、官塘、铁铺三镇移交接管工作。扎实推进韩江东岸综合开发项目、恒大城、东方国际茶都、玉瑶山庄和潮州汽车贸易城等项目。③基础设施不断完善。护堤路湘桥区段、宾园路和五斗山征地拆迁工作全面完成。小厚线、象官路、慧如路等农村道路建设项目和磷溪攀月头引韩灌区等农田水利设施项目顺利竣工。④城市管理有新进步。深入开展"美丽乡村、环卫先行"活动，不断完善环卫基础设施。全面启动新一轮绿化湘桥大行动，环境整治和生态保护工作不断取得新成绩。

3. 突出抓好惠民共享，人民群众生活水平有新提高。

①文化事业日益繁荣。成功举办"以文盛城、和美湘桥"2013元宵文化活动周、丹青惠民行、文化走亲等文化活动。

积极参与"南国书香节"和"书香潮州"全民读书节，建成省级"书香校园"6所。12个街道（镇）文化站和58个村（社区）文化室装配了电子阅览室。②民生保障更加有力。城镇新增就业4075人、失业人员再就业1170人，农村劳动力技能培训1027人、劳动力转移就业2085人。全区参加企业养老、失业、工伤、职工医疗、生育保险人数分别达到69481人、50006人、50120人、58910人、36231人。人民生活水平稳步提高，市区居民人均可支配收入19674元，农民人均纯收入12114元，分别比增11.5%和12%。③社会事业协调发展。整合资源建设湘桥区中心幼儿园和湘桥区第一幼儿园。官塘中学和意溪中学新教学楼顺利竣工。继续实施非湘桥户籍人口子女享受免费义务教育制度。抓好人口计生管理，连续13年被评为省、市人口与计划生育先进单位。不断完善基层医疗服务体系，广泛开展爱国卫生运动，公共卫生服务水平不断提升。编纂历时近十年的湘桥区首部地方志书《潮州市湘桥区志》正式发行。④平安建设卓有成效。深入推进"平安湘桥"建设，认真落实领导干部联系户和开门接访、带案下访制度，妥善排查化解矛盾纠纷，解决群众合理诉求。严厉打击各类违法犯罪活动，切实强化安全生产、食品药品监管等工作，不断增强应急防范能力，有效应对强台风"天兔"等自然灾害的袭击，全区社会大局持续稳定。

2014年

1. 经济综合实力较快提升。

①经济发展态势良好。全年实现生产总值174.36亿元，比增8.5%。税收总收入23.98亿元，比增11.60%。地方财政收入完成4.02亿元，比增12.33%。固定资产投资完成90.93亿元，比增30.02%。②产业素质有新提高。全年新增高新技术企业4家、市级科技计划项目10项，完成专利申请384项、发明申请20项。

全区113家规模以上工业企业实现工业增加值50.05亿元，比增11.90%。工业经济效益指数达243.43%，比上年同期提高28.93个百分点。大力发展第三产业。三大产业比例为3.7∶46.3∶50.0。③发展基础更加扎实。中山（潮州）产业转移园湘桥分园扩能增效有序开展，园区全年共完成投资5.01亿元。大力促进开放合作，与中山对接帮扶工作成效明显。铁铺—南头、意溪—大涌、城西—沙溪等中山潮州专业镇对接帮扶工作深入开展。全年新登记各类市场主体2249户，个体户升级为企业68家。

2．城市扩容提质加快推进。

①"一江两岸"建设成效明显。"三旧改造"全面深入开展，全年完成投资8.06亿元。潮州文化名城旅游发展服务中心涉及的用地顺利征收完毕交付使用。潮州新区起步区建设加快推进，韩东新城建设用地征收工作全面铺开。②城市基础设施日臻完善。全年基础设施总投入达12.56亿元，同比增长55.38%。12条市区巷道改造整治工作以及东西溪大桥等项目的征地拆迁工作全面完成。完成新农村公路路面硬底化建设40千米，完成汛期应急除险维修工程项目7宗。③美丽城乡建设取得实效。建设造林示范点12个、乡村绿化美化示范点11个、生态景观林带15千米60公顷，新增市级森林公园1处、区级森林公园2处，全区森林覆盖率达49.03%。新建成垃圾压缩站2座，营造了整洁有序的城乡环境。统筹推进村、社区建设，累计投入名村示范村建设资金1.18亿元，基本完成第二批14个名村示范村创建任务。

3．社会民生事业有新进步。

①社会保障更加完善。创建"充分就业社区"49个，组织大型劳动力现场招聘会5场，提供就业岗位15083个，城镇新增就业3913人。全面开展新一轮扶贫开发"双到"工作，低保标准提高到城镇370元/月、农村230元/月。社会保险覆盖面不断扩大。

劳动监察执法力度不断加大，全年共化解劳资纠纷案件35宗，为务工人员追回拖欠工资231万元。②文化建设再创佳绩。着力打造"府城"文化品牌，区被评为"中国民间文化艺术之乡""广东十大传统美食之乡"，"文化古城·乐享名街"系列活动被省委宣传部评为全省优秀群众文化活动项目。加强非遗和文物保护工作，2014年度共有3人被评为第四批省级非遗传承人，8人被评为第四批市级非遗传承人。10个文明社区先行点创建活动有序开展。③公共服务全面加强。全面加强教育软硬件设施建设，义务教育标准化学校覆盖率达到100%。区人民医院顺利搬迁新址，6家医疗机构开展家庭医生式服务，13个卫生院及社区卫生服务中心完成预防接种规范化门诊建设。积极开展爱国卫生运动，有41个村荣获"省卫生村"称号。加强人口计生服务管理，认真落实"单独两孩"政策。稳步推进国防和民兵建设，双拥、优抚等各项社会事业不断取得新进步。④社会和谐稳定。建设平安示范点70个，排查各类矛盾纠纷74宗，化解率达到98.65%。严厉打击各类违法犯罪，切实开展重点青少年群体关爱帮教工作，区被省评为重点青少年群体服务管理和预防犯罪工作优秀县区。村级"两委"换届顺利完成。区级应急指挥中心平台建设全面完成。

2015年

1. 经济综合实力显著提升。

①工业实现提质增量。大力实施创新驱动战略和"抓大扶小育微"工程，至2015年，全区共有9家企业被认定为省级工程技术研发中心，2家企业被认定为省级知识产权优势企业；获评省级以上名牌名标产品称号19个，获评"国家专利奖金奖"1项；新增各类市场主体12228户，自营进出口企业75家。省专业镇增至5个。全区实现工业总产值269.3亿元，规模以上工业总产值239.1亿元。②农业基础更加扎实。全年实现农业总产值10.55亿

元。2015年，全区共拥有农民专业合作社86家。全面加快各项民生水利工程建设，扎实推进水利建设示范县工程、官塘桥闸灌区改造工程和六亩闸重建工程等农村水利建设项目。大力实施"农村淘宝""智慧旅游"等"互联网+"发展战略，着力古城文化经济开发。③第三产业蓬勃发展。以打造古城生活化、体验式旅游为核心，加强古城文化街区的管理和维护，开辟了西马路喜庆街、中山路潮州工艺街等特色街区；积极发展老区旅游业，共有3个在建生态旅游重点项目。分别是紫莲森林度假村配套项目、千果山旅游区"度假生态园"、潮州市玉瑶山庄建设项目。至年底，3个重点项目共完成投资额13405万元，完成年度投资计划的69.5%。同时，房地产、住宿餐饮、商贸物流、金融服务、电子商务等产业迅猛发展。当年全区实现旅游总收入29.05亿元，社会消费品零售总额126.48亿元。三大产业比例为3.30：45.64：51.06。④发展环境更加优越。抓住国家实施"一带一路"战略契机，认真落实企业"走出去"帮扶措施，积极组织企业参加广交会等大型展会共38场次。至2015年为238家外贸企业申报补助资金近1500万元，全区海关累计进出口总额26.78亿美元。积极筹建区行政服务机构，开展商事制度改革，市场活力持续迸发。

2. 城市扩容提质取得突破。

①重点项目加速落地。顺利完成宾园路、护堤路湘桥区段、奎元路和市区系列巷道的拓通改造。"三旧"改造成效明显，和谐港湾、柏嘉名庭、海悦名庭等一批改造项目顺利竣工。当年，全区固定资产投资总额107.87亿元。②城市空间大幅拓展。扎实抓好磷溪、官塘、铁铺三镇无缝接轨和城市化建设，区域面积由原来的155.14平方千米增加至325.35平方千米。以全市"一中心三片区"全域规划为引领，坚持"拓东先拓中、重点在南部、北

部自然成"的思路和"三心引领、两轴推进、三片协同、网络提质"的空间发展策略，举全区之力、集全区之智建设韩东新城。③园区载体初具规模。扎实做好总面积226.7公顷的潮州经济开发区南山片区的移交接管和产业提升工作，顺利接管企业118家，产业聚集、做大总量的经济发展平台得到进一步优化壮大。以"镇园合一"为核心的中山大道、X086铁洪线大修等基础设施加速配套，教育、医疗等公共服务不断完善，铁铺镇打造区域中心镇初具雏形。至2015年底，全区城镇化率达88.47%。④城乡管理规范有序。全面推进"文明镇街、文明村居"创建活动，村（居）乡贤咨询委员会建设实现全覆盖。区政府针对城市管理、市容环境卫生存在的问题及薄弱环节，落实整改措施。一是加强对沿街铺户、流动摊档的规范化管理，二是联合各街道（镇），对市区主次干道及景区周边的违规占道经营现象予以清除。三是对有碍市容观瞻的吊挂物，予以清理。四是加大对市区垃圾乱堆乱倒现象的整治力度。五是抽调城监队员，专门清理沿街的广告乱张贴、乱涂鸦而影响市容的现象。顺利完成环卫市场化改革，新建垃圾压缩站6座，环境卫生工作机制更加完善。切实抓好韩江河道综合整治和畜禽养殖污染物减排工作。全面开展新一轮绿化湘桥大行动，区被评为"广东省林业生态区"。

3. 社会民生事业全面进步。

①民生保障更加有力。新型城乡居民医疗保险和新型农村社会养老保险参保率均达到99.9%。扎实抓好就业再就业。当年全区参加城乡养老保险140300人，参加城镇职工基本养老保险67400人。积极开展公共就业服务活动。全区城镇新增就业3591人，城镇失业人员再就业574人，就业困难人员再就业253人，农村劳动力转移就业1325人，分别完成市下达任务的102.6%、104.4%、110%和101.9%。千方百计保障和改善贫困群众生活，

创新扶贫助残形式，全市首家慈善超市在西湖街道正式运营，扶贫开发"双到"任务顺利完成。2015年，城镇居民年人均可支配收入22860元、农村居民年人均可支配收入12997元。②文化事业日益繁荣。坚持文化惠民导向，公共文化设施全面升级达标。2015年，革命老区不断完善基层公共服务体系，加强区文化馆和图书馆升级达标建设，提高"两馆"免费开放服务水平，举办暑期免费培训班，培训学员300多名。区图书馆实现对外借阅业务。当年完成88个村（居）电子阅览室的装配工作。区先后获评"中国民间文化艺术之乡""广东省潮汕文化（湘桥）生态保护实验区""广东十大传统美食之乡"。意溪镇和凤新街道分别被评为"中国民间文化艺术之乡""广东省民间文化艺术之乡"。③公共服务全面加强。创建"义务教育发展基本均衡区""教育强区"分别通过国家和省级验收。深化医药卫生体制改革，公共卫生服务能力不断增强。加强人口和计划生育工作，认真落实"全面二孩"政策。④平安建设卓有成效。落实各项"人防、物防、技防"措施，严惩各类违法犯罪活动，当年，全区加强矛盾预防，深化平安细胞建设、依法打击犯罪、推进民主法治建设，社会和谐稳定，营造了平安湘桥的氛围。全区三级平台共受理群众来信来访等各类案件数1178宗，调解1176宗，调解成功率达到99.83%；区医调会受理医患纠纷19宗，调处19宗，调解成功率100%，履行率100%；司法行政部门调解组织共开展排查523次，调解各类纠纷1368件，调解成功率99%，履行率100%。积极清除各类不稳定因素，全年共查处突出矛盾纠纷30宗，已化解29宗，化解率达到96.67%。同年7月31日，湘桥区法学会成立，其主要职能是发挥党委联系基层法律工作者的桥梁和纽带作用，为构建和谐湘桥创造良好的法制环境。区被评为"重点青少年群体服务管理和预防犯罪工作全国优秀县区"。

2016年

1. 经济实力取得新提升。

①区域发展态势良好。全区实现生产总值212.22亿元，比增7.2%；规模以上工业企业实现增加值74.2亿元，比增7.4%；税收总收入27.95亿元，比增22.8%；财政收入4.43亿元，比增5.54%。全年共发展各类市场主体3878户，个体户升级为企业147家，新增规上、限上企业23家，上市企业1家，城乡居民人均可支配收入23226.8元，比增8.1%。②产业结构更加优化。三大产业结构比例为3.48∶44.82∶51.70。全区共完成专利申请959项，其中发明申请102项。新增省级企业技术中心1家。进一步做优做实第三产业，房地产、住宿餐饮、商贸物流等产业全面发展。启动汉学大师饶宗颐故居修缮工程等文化旅游项目建设，区域民居客栈增至12家，古城文化旅游特色区被评为首批"广东省文化旅游融合发展示范区"。③内外贸易同步拓展。组织企业参加广交会、21世纪海上丝绸之路博览会等大型展会，成功举办"国际设计走进潮州"系列活动，新增外贸综合服务平台3家。大力实施"互联网+"行动计划，拓展农村电子商务，扶持电子商务园区建设。大力促进区域信息化建设，实现住宅小区和行政村100%光纤全覆盖。

2. 城乡建设迈出新步伐。

①重点项目加速建设。全区18个市级重点项目累计完成投资36.3亿元，完成年度计划的103%，完成进度与总量均居全市各县区前列。全年实现新开工"八网+产业"项目共16个，累计完成投资16.8亿元。"三旧"改造深入推进，完成投资10.92亿元，完成年度计划的131.58%。②基础设施不断完善。仙洲岛环岛路拓宽工程等交通项目稳步推进，潮汕环线高速公路、潮州东大道征拆工作取得突破性进展，交通"成网成型"迈出新的步伐。全年

累计完成农村公路硬底化建设总里程25.25千米，村村通自来水工程完成投资2270万元。③人居环境明显改观。扎实抓好农村"三资"管理平台建设和农村土地承包经营权确权登记颁证工作，城乡治理水平进一步提升。持续加大"治水、治气、治脏"工作力度，深入推进城区街道环境卫生和镇容镇貌专项整治行动，顺利通过"省卫生城市"复审。大力开展环境扩绿创优工作，区域森林覆盖率达到50.29%。

3. 社会事业获得新进步。

①民生保障更加完善。全年民生类支出12.07亿元，占财政支出的87.82%。积极组织开展各类招聘活动，城镇新增就业3933人，再就业人数1019人。参加企业养老、失业、工伤、生育和医疗保险人数分别比上一年增长3.9%、5.1%、4.6%、5.8%和5.0%。扎实推进精准扶贫工作，顺利完成年度脱贫任务。②文化发展日益繁荣。着力传播湘桥好声音，凝聚发展正能量，广泛开展核心价值观主题街巷、广场和校园创建活动，营造了践行社会主义核心价值观的浓厚氛围。积极推进"广东省潮汕文化（湘桥）生态保护实验区"的前期规划。着力打响古城文化品牌，"文化古城·乐享名街"、"文化走亲·欢乐进万家"、文化大讲堂、书香潮州全民读书节等群众性文化活动广受好评。③社会事业协调发展。全面启动"广东省推进教育现代化先进区"创建工作，顺利通过"省社区教育示范区"的省级验收。全力做好创建"卫生强区"和"强基创优"工作。抓好登革热、人感染H7N9禽流感等重大传染病防控工作，有力保障人民群众身体健康。④社会大局和谐稳定。扎实推进"平安湘桥"创建工作，全区三级综治信访维稳平台共排查受理矛盾纠纷1114宗，成功调处1110宗，调处成功率达到99.64%。深入开展"飓风2016"专项整治行动，重拳打击违法犯罪行为，一年来共破获刑事案件874宗，打掉犯罪

团伙22个。严格落实三防减灾、食药品安全、消防安全、安全生产等工作责任制，深入开展各类风险点、危险源排查整治专项行动，全年没有发生较大以上安全事故。

2017年

1. 经济运行稳中向好。

①区域经济稳中向好的态势更加稳固。全年全区实现生产总值225.55亿元，比增6.6%；税收总收入28.31亿元，比增2.9%；城乡居民人均可支配收入24531元，增长5.6%；三大产业比例为2.0∶44.4∶53.6。②全年全区共发展各类市场主体4431家，注册登记的各类市场主体超过2.4万户，认定"四梁八柱"民营企业40家，个体户升级为企业135家，新增规上、限上企业33家，全区产值超亿元的规模以上工业企业达到50家。年产值100万元以上企业565家。③调动招商引资积极性，对吸引外资50万美元以上到辖区落户的引资人实施奖励，每引资50万美元奖励人民币1万元，由区财政在项目实际投产时一次性兑付。

2. 改革开放纵深推进。

①着力构建"亲""清"政商关系，深入推进"放管服"改革，扩大开放、加强合作，不断增强经济发展的活力和动力。大力实施"多证合一、一照一码"等商事制度改革，积极创新国地税联合办税体制机制，区地税局、区国税局双双被评为全省法治税务示范基地。②成立公有物业管理中心和瀛洲置业有限公司，积极探索公有资产投资增值和"智慧停车"等新模式。③想方设法缓解中小企业"融资难"问题，推荐23家企业申报潮州市中小微企业贷款风险补偿基金入库企业，共有12家入库企业向银行贷款共计3530万元。

3. 产业质效持续提高。

①全年共组织13家企业参加省级企业技术中心复审，组织7

家企业申报省知识产权保护重点企业和2017年市科技计划项目。共完成专利申请872项、发明申请45项，PCT申请2项。全区高新技术企业累计达到18家。②建成全省首家"人才咖啡"，为高端人才和区域企业搭建了新的交流合作平台。深入实施"互联网+"行动计划。③以创建"广东省全域旅游示范区"为契机，稳妥推进牌坊街规范管理，完善节假日交通疏导和管理服务机制，加强特色街区业态引导和环境治理工作。古城文化游持续升温，以文化旅游为龙头的第三产业呈现良好发展态势。当年，域内有国际和国内旅行社14家；较具规模的酒店17家，其中四星级酒店3家，三星级酒店5家，共有客房950间，床位1632个，其他服务配套设施较为齐全。全年累计接待海内外游客约337万人次，比增19.71%；实现旅游总收入约40亿元，比增17.64%。④扎实开展农村土地承包经营权确权登记颁证工作。全区专业合作社达到56家，其中国家级示范合作社3家，省级2家，市级11家。

4. 发展基础更加扎实。

①全区18个列入市督查的重点项目累计完成投资41.65亿元，完成年度计划的108.05%。"八网+产业"9个项目累计完成投资16.66亿元，完成年度计划的105.94%。全区"三旧"改造项目完成投资11.79亿元，完成年度计划的141%。②全区5个水利项目完成投资1.52亿元，韩东新城防洪（一期）、韩江北堤等综合整治工程全面动工。市区45座公厕全面完成改造提升，为潮州市获评全国"厕所革命优秀城市"奠定了坚实基础。中山路、新桥路改造提升工程和东山路临街建筑优化项目进展顺利。建立健全市容环境卫生网格化管理长效机制，全年累计投入整治资金约3235万元。③注重生态文明和环境保护，全区先后整治乱摆乱卖的摊档129333处，取缔乱搭乱设的广告灯箱等25920处，清理乱贴乱挂的东西104005处，拆除乱搭乱建的物件11787处，清理卫生死角

12000处。建垃圾压缩站6座，有效降低"二次污染"，使区的环境卫生面貌得到明显改观。全面完成11项整改工作年度任务。深入推进农村"三清三拆三整治"行动，农村人居环境综合整治获得省农办的普惠达标奖和叠加争先奖。④推进绿化湘桥大行动，全年共完成造林40公顷、中央森林抚育133.3公顷、省级森林碳汇抚育237.2公顷。全面推行河长制，扎实推进"水岸同治"和韩江水源地保护工作，韩江入选全国十大"最美家乡河"。当年，完成农林牧渔业总产值7.36亿元，比上年增长5.2%，实现农林牧渔业增加值4.51亿元，比上年增长5.2%。粮食总播种面积2960公顷，其中水稻面积2214.7公顷、番薯面积380公顷，粮食总产量2.04万吨，下降4.9%；蔬菜种植面积1746.7公顷，总产量6.31万吨，增长2.4%；茶叶种植面积180公顷，总产量0.04万吨，增长257.3%；水果种植面积1226.7公顷，总产量4.1万吨，增长4.1%；生猪饲养量6.38万头，增长16.5%，出栏3.46万头，比增8.9%，年末存栏2.92万头，增长27.2%。韩金果种植专业合作社和绿辉生态农业两家专业合作社被评为国家级示范社。全区专业合作社达到75家。

5. 社会民生全面进步。

①全年社会民生领域投入资金12.41亿元，占财政总收入66.62%，公共服务供给质量和水平稳步提升。②大力弘扬和践行社会主义核心价值观，广泛开展"文化古城·乐享名街""回潮·团圆""为你朗读"等群众喜闻乐见的品牌文化活动，打造了太平街道甲第巷等7条社会主义核心价值观主题街巷。积极推进"广东省潮汕文化（湘桥）生态保护实验区"规划工作，全区现有"非遗"保护项目15个、传承基地3个、传承人62名，"非遗"项目数量在省内县级建制区域名列前茅。扎实推进基层文化设施建设，8个单位被市纳入"博物馆之城"建设体系。③始终

把脱贫攻坚作为头等大事和第一民生工程，全年共有853人实现脱贫，顺利完成年度脱贫任务。扎实推进就业再就业工作，新增城镇就业2910人。全力推进社会保险扩面征缴，养老、医疗等社会保险覆盖率进一步提升。④全力推动"广东省推进教育现代化先进区"创建工作，区教育局被评为"全国群众体育先进单位"，当年，城基中学学生夺得世界教育机器人大赛（WER）2017赛季世界锦标赛初中组亚军；意溪中学在第17届广东省青少年机器人竞赛中分别获得VEX机器人工程挑战赛高中组冠军和机器人创意比赛初中组二等奖，并代表广东省参加国赛，是潮州市第一支在该赛事冲入全国赛的队伍。意溪、磷溪、官塘三镇顺利通过"广东省教育强镇"复评验收。2017年，全区拥有各类学校242所，其中幼儿园104所，小学76所，完全中学1所，普高2所，初中15所，技工学校1所，成人中学1所，九年一贯制学校5所，十二年一贯制学校1所，特殊教育学校1所；在校学生59022人。教师学历整体达标，其中初中教师本科以上达标率80.19%，小学教师本科以上达标45.33%，均已超过"创现"标准。19所村卫生站公建规范化建设全部通过验收。⑤深化平安湘桥建设，抓好特别防护期社会维稳工作，基层治理"四化"建设试点工作扎实推进，全区三级综治信访维稳平台全年共受理群众来信来访1190宗，调解1186宗，调解率达到99.66%，刑事、治安警情全面下降。全区积极开展社会治安整治行动，推动基层四项治理，加强"中心+网格化+信息化"建设，探索创新社会治理模式。开展"四级同创"法治建设工作，不断提高广大群众的安全感和满意度。同年，推进"一门式一网式"政府服务模式的改革。实现电子政务网络镇（街）全覆盖。共设立全程代理为民服务窗口（公共服务站）148个，配备代理员148名，进一步做到便民利民。各层级安全生产责任制有效落实，三防减灾能力有效提升。大力推进省级食品安全示范街和放心肉菜示范超市创建工作，率先在全市实现零的突破。

2013年至2017年，国防、民兵、双拥、优抚、外事侨务、对台、民族、宗教、科普、区志、档案、妇女儿童、残疾人等各项事业都取得显著成绩。

三、展望未来

2017年，湘桥区举办了一场"思想再解放，改革再出发"专题大讨论活动，领导班子成员结合学习贯彻习近平总书记重要讲话精神，带头谈体会、找短板、查差距、谋突破，发挥示范带动作用，推动全区党员干部和社会各界人士深入开展学习研讨，为建设革命老区进一步推动解放思想、创新思路，进一步破除思想障碍和陈规陋习，营造勇挑改革重担、敢于担当作为、善抓工作落实、争创一流业绩的浓烈氛围，推动湘桥区掀起新的发展热潮。

（一）深化改革开放，激发内生动力

站在改革开放的新起点上，湘桥区将推动全区党员干部牢固树立"四个意识"（政治意识、大局意识、核心意识、看齐意识），坚定践行"两个维护"（坚决维护习近平总书记在党中央的核心、全党的核心地位，坚决维护党中央权威和集中统一领导），以习近平新时代中国特色社会主义思想和党的十九大精神为指导，围绕打造特色精品城区、粤东西北科教强区的目标定位，进一步认清形势任务，理清工作思路，明晰节奏步骤，发扬只争朝夕的工作作风，坚持"三个马上办"（马上办、马上就办、马上办好）的工作态势，勇于担当作为，乘势而上推动区域加快发展。

在新的历史条件下，湘桥区既面临着难得的发展机遇，也

面临严峻的挑战。解决前进道路上的困难和问题，关键还是要靠改革开放这个重要法宝。要学习、借鉴和引进新的发展理念和经验，引导市场主体全方位融入粤港澳大湾区、广东自由贸易试验区建设，深挖"一带一路"沿线市场潜力，加快发展更高层次的开放型经济。

（二）做强实体经济，提升产业品质

实体经济是经济发展中的核心主体，湘桥区将发挥辖区内科技教育资源丰富的优势，坚持以科技创新为引领，全力提升产业品质，打造粤东西北科教强区。

今后，将继续加大高新技术企业培育力度，推动陶瓷、服装等传统产业加快数字化、网络化、智能化和绿色化技术改造，着力破除无效供给，增加有效投资，加快转型升级步伐。大力发展现代物流、金融保险、商务会展、科技服务、文化创意等都市型现代服务业。在革命老区有针对性地落实扶企惠企措施，推动"个升企、企升规、规升高、高改股、股上市"。集中力量推动革命老区的现代化、高科技园区集聚发展。

（三）把握三大关系，促进协调发展

湘桥区将聚焦发展不平衡不充分的问题，重点处理好古城与新城、城市与乡村、物质文明和精神文明协调发展的三大关系，加快城市东拓步伐，打造区域发展新增长极。

将大力实施乡村振兴战略，加快革命老区城乡一体化发展。引导各方人才回归老区创业兴业，扎实抓好精准脱贫、"万企帮万村"行动等重点工作，全面推动老区产业、人才、文化、生态的振兴。坚持物质文明精神文明两手抓两手硬，持续加大创文力度，抓好新时代文明实践中心（站、所）建设试点工作，加快提升老区人民的文明素养和社会的文明程度。以更加有效的举措补齐民生短板，提升老区群众的生活品质。

（四）加强党的建设，开创发展新局

湘桥区将坚决贯彻习近平总书记关于加强党的领导和党的建设的重要指示，发挥党建引领作用，推动全区党员干部实干担当、狠抓落实，以新的更大作为开创改革发展新局面。要坚持以政治建设为统领，推动全区党员干部牢固树立"四个意识"、坚定"四个自信"（中国特色社会主义道路自信、理论自信、制度自信、文化自信）、践行"两个维护"，始终在思想上政治上行动上同以习近平同志为核心的党中央保持高度一致，更加扎实地推动习总书记对广东的重要指示和中央、省委、市委的决策部署在湘桥革命老区落实落地，结出丰硕成果。要大抓革命老区党的基层组织建设，培育一批硬件完善、软件规范、特色鲜明的基层党建示范点，精准整顿软弱涣散基层党组织，全面提升基层党组织的组织力、凝聚力和战斗力。营造为敢担当的干部担当、为敢负责的干部负责的浓厚氛围，激发老区干部队伍干事创业的精气神，为新时代湘桥革命老区改革发展提供坚强政治保证。

附　录

附录一 革命战争年代大事记

（1917年—1949年）

1917年

12月，潮州城东发成号、万泰号、协茂号等10多家柴炭行的青年店员、学徒，自发组织了一个研究新文化的团体——城东青年图书社。

1919年

城东青年图书社扩大为潮安青年图书社。

5月上旬，"五四"爱国运动影响到潮安。5月7日，由省立金山中学堂和省立惠潮梅师范学校学生发起，城内各中小学学生2000多人举行反帝爱国大游行，并查收各铺户的日货。

5月中旬，潮州学生救国联合会在县城开元寺成立。此后工界、商界、妇女界、农界、自由职业者、青少年等爱国团体相继成立。反帝爱国运动高潮在潮州掀起。

1920年

1月，潮安青年图书社在开元寺内设新刊贩卖部，出售来自京、沪的《新青年》《新潮》《新生活》《新妇女》《少年中国》《少年世界》《独秀文存》《胡适文存》等数十种书刊。

5月1日上午，由潮安青年图书社和工界联合会发起和组织，潮安各工团二三千人在开元寺旷埕集会，庆祝"五一"国际劳动节，会后举行游行。这是潮安历史上第一次大规模举行的庆祝

"五一"活动。

1921年

1月，以青年图书社成员为骨干的30多名进步青年，在潮安城区成立潮州社会主义青年团。这是全国最早建立的17个青年团地方组织之一。由于与上级失去联系，该团不久便解散。

同年，省立金山中学堂改称省立潮州金山中学（1923年改为省立第四中学校），由留学法国归来的张竞生博士出任校长，日本东京早稻田大学留学回潮的李春涛任学监（后代理校长）。学校宣传新思想，推行新文化，革除陈规陋习。同时，招收女学生，实行中学男女同校同班。

1922年

1月28日，青年图书社在开元寺举办"家庭恳亲会"，开创潮州男女一起集会的先例。

3月，潮州锡箔工人罢工，要求增加工资，改善生活。资方被迫答应工人要求。

1923年

2月上旬，潮安各界声援京汉铁路工人罢工，并快邮代电告孙中山和各地工会，表示愿作京汉铁路工人后盾。

5月9日，潮州城学生举行国耻日游行。

9月，城区工界、学界联合惩处偷办日货奸商。

同月，彭湃抵潮州城。在震动全国的海丰县"七五"（阳历8月16日）农潮发生后，为营救被捕同志，彭湃两次赴老隆找陈炯明交涉。途经潮州城时，彭湃找留日同学李春涛帮忙草拟《海丰全县农民泣告同胞书》。通过李春涛的引荐，郭仰川、谢汉一等潮安工农运动骨干，结识了彭湃，并一起商议开展工农运动、实行工农联合事宜。尔后，谢汉一等根据彭湃的意见，把"农界救国联合会"改为"潮安农民协会"，张卧云任会长，谢汉一任副会长。年底，潮安农民协会加入彭湃在汕头组织、领导的"惠潮梅农会"。

同年，潮汕地区第一个新文学团体——火焰社在潮城成立。潮州籍青年知识分子丘玉麟、洪灵菲、戴平万、冯瘦菊（冯铿之兄）等加入该社。

1924年

1—2月间，韩师和金中部分进步师生组织社会科学研究社，学习《向导》《中国青年》《觉悟》《马克思学说概论》等刊物，研究马克思列宁主义和俄国社会主义革命的经验。

5月4日，潮城学生在开元寺隆重集会，纪念"五四"运动5周年，会后游行。

1925年

1月，中国社会主义青年团改名为中国共产主义青年团，潮州的团组织也相应更名为共青团。

2月1日，第一次东征开始。3月7日，东征军许济旅进驻潮安。黄埔军校校长蒋介石、军校政治部主任周恩来和黄埔军校学生军教导团同日进入潮城。

11月5日，东征军第二次进驻潮城。

11月，中共潮安县支部成立，属中共汕头特支领导。从此潮安的革命斗争在共产党直接领导下，进入了一个新阶段。

12月1日，潮安第一次全县农民代表大会召开。

12月5日，潮安各界群众和东征军将士近5万人在西湖运动场举行公祭东征军阵亡将士大会。蒋介石主祭，周恩来等东征军和地方政要出席大会。

12月18日，陆军军官学校潮州分校举行开学典礼，宣告军校潮州分校正式成立。分校校址设于潮城中山路李厝祠。

1926年

4月底，周恩来在潮州城介绍"中山舰事件"真相，严厉批评《民魂报》歪曲事实、造谣中伤的行径，并勒令《民魂报》停刊。

7月11日，潮安县第一次工人代表大会在潮州城扶轮堂召开。

8月23日，潮安县在县城举行庆祝北伐胜利（北伐军8月22日占领湖南岳阳）、拥护省港罢工大会。参加大会共有82个团体。大会通电慰问省港罢工工友及北伐前线战士，会后举行示威巡行。

9月26日，潮安县第一次工会代表大会在潮州城召开。

10月，广东省农会潮梅海陆丰办事处正式成立农军部，以督促指导各地农军工作。

12月，中共领导下的潮安妇女改进会成立。

12月23日，潮安县第二次工会代表大会在潮州城召开。

1927年

1月1日，潮安各界200多个团体约5万多人在西湖运动场举行大会，庆祝北伐军歼灭孙传芳主力，占领九江、南昌，北伐战争取得胜利。

1月，潮安劳动童子团第一次全县代表大会在城区扶轮堂召开。

同月，潮安农军模范队训练所同学会成立。

3月，潮安各界20多个团体200多名妇女代表在省立第四中学（金山中学）举行纪念"三八"国际劳动妇女节大会。

春，中共潮安县部委发动各群众团体配合支持金中进步力量，回击右派势力的挑衅，进行反击"驱杜"的斗争。

4月14日，中共潮安县部委在潮州城十八曲巷头驻地召开会议，针对国民党的反革命政变，对本地区的应变措施作了部署。

4月15日，国民党到处疯狂地搜捕共产党人和革命分子，潮州城陷入白色恐怖之中，这一天地方史称"四一五"反革命政变。

6月，中共潮安县委员会成立。

9月23日，"八一"南昌起义军主力占领潮州城，周恩来、贺龙、叶挺、彭湃、郭沫若等同时到达。司令部设于西湖涵碧楼。起义军帮助潮安成立革命委员会。随后潮州城遭国民党军队重兵包围进攻，经过激烈战斗，30日起义军撤离潮州。起义军在潮州的活动前后共7天，史称"潮州七日红"。

12月1日，秋溪区农会在当地党组织的领导下，举行了大规模的抗租示威活动。

1929年

4月，中共潮安县委举办党员、团员学习班，传达贯彻中共六大会议精神。

10月10日，为迎接中国工农红军第四军进入东江地区，是夜，潮安县委组织发动工农群众散发大批反对国民党的标语、传单，放土炮烧毁西湖广场演讲台。

11—12月，在中共潮安县委领导下，潮城工人先后举行4次罢工，反对印务、理发行业东家开除工人。

1930年

1930年底至1935年1月，中共中央开辟途经潮安的地下交通线。较大规模的接送转移活动共有3次，第一次在1930年冬至1931年春；第二次在1931年4月；第三次在1932年底至1933年1月。

1931年

9月，"九一八"事变消息传至潮安，各界群情激昂，纷纷成立各种抗日救国群众团体。省立第四中学（金中）、省立第二师范学校（韩师）和潮安县立中学的进步学生，不顾国民党当局的禁令，开展抗日宣传和抵制日货。第二师范等学校还组织学生义勇军及救护队，开展军事训练。

12月1日，潮安学生抗日救国联合会成立。

1932年

年初，潮州城的进步学生秘密组织了读书会。

四五月间，韩师发生了轰动一时的《罢风世界》事件。

秋，中共秋溪区委成立。

同时，岭东教育劳动者同盟成立。

冬，潮澄澳县委以东江特委派来的武装骨干为主体，在秋溪区的大涵埔成立中国工农红军东江独立师第二团第三连（简称红三连）。

1933年

春，秋溪区游击队成立。

八九月间，秋溪区革命委员会成立。

1934年

一二月间，红三连开赴平原，连战皆捷。

3月，红三连与红二中队合编为中国工农红军潮澄澳第三大队（简称红三大队）。

1935年

11月，重新组建中共潮澄饶县委领导班子，陆位保为书记。

1936年

春，潮州的进步青年开展潮州话拉丁化新文字运动。

11月上旬，岭东小学教师救国会潮安分会成立。

1937年

3月，中共韩江工作委员会成立，李碧山为书记。

9月9日，日本战机首次轰炸潮州城。下午3时，3架日机在西车站、发电厂和县立中学投弹6枚。

9月上旬，成立中共潮安职工支部，书记邱创荣。

10月，成立中共潮安县工作委员会，书记金缄三。

10月17日下午，日机第二次轰炸潮州城。此后，日机轰炸的次数渐趋频繁，目标多处，重点是铁路线、飞机场、水运河道、码头和一些重要设施。

1938年

1月，中共韩江工委内迁至梅县，另成立潮汕分委。3月，撤销韩江工委和潮汕分委，成立潮汕中心县委和梅县中心县委。属潮汕中心县委领导的潮安县工委，于4月改组为第一中心区委（设于潮州城）和第二中心区委（设于庵埠），不久又合并为潮安中心区委（领导人与县工委时同）。

年初，中共潮安县工委在县、区党组织中增设妇女部、妇女科，以加强党对妇女的领导。3月，中共青抗会妇女支部成立，书记钟铮。

4月8日和10日，县青抗会先后举行庆祝台儿庄大捷和济南胜利的火炬游行。

6月，成立青抗会基本干部工作总队，总队长陈诗朝。

8月13日上午7时许，1架日机在湘子桥上空向韩江江心投弹2枚，掷中江心湘子桥的梭船，死伤70多人。

1939年

5月，青抗会组织了一次"保卫大潮汕"的游行和誓师大会。

6月，日军逼近潮州，局势紧张。16日，驻潮独九旅旅长华振中下令拆毁潮汕铁路，破坏潮汕沿线桥梁和马围机场，阻碍日军进入潮境。

6月27日，2000多名日军分三路先后开进潮州城，潮州城陷落。潮安县政府迁至登荣区溪尾村（今属归湖镇）。

7月7日，汕青抗武装大队成立，政委卢叨，大队长罗林。

7月15日夜，驻潮州国民党守军独九旅六二五团、六二七团在保安四团、预备六师和自卫总队、县自卫团配合下，总共约6000人，发起反攻潮州城的战斗。日军四处调集兵力包抄反攻部队，双方激战三昼夜，反攻部队死伤400多人，最后撤离潮州城，潮州城再次陷入敌手。

9月，中国香港、泰国、新加坡3地侨胞筹款20多万元赈济潮汕难民。

11月5日上午7时，日军数百人分3路进犯意溪，并以飞机、大炮助战。国民党守军顽强抵抗，至下午4时多，日军溃退。

11月20日上午8时，日机3架、汽艇2艘、兵员400多人，再次进犯意溪。日军在意溪劫夺稻谷、杉木，午后4时许退回潮城。

1940年

1月2日至4日，驻潮安的日军先后出动1000多人，进犯西塘等村（今属湘桥区），遭到国民党守军和当地乡民的顽强回击。激战3昼夜，日军被歼四五百人。西塘之战是潮安抗战史上日军伤亡最大的一次，也是守军打得最好的一仗。

3月5日至9日，日军分3路再次攻打枫溪。枫溪守军及乡民浴血奋战，死伤几百人，终因敌我力量悬殊，至3月9日，枫溪再次陷落。

5月20日，国民党当局下令解散青抗会。

12月，中共潮梅特区临时委员会成立，潮澄饶中心县委改为潮澄饶县委，书记李平。

1941年

6月，中共潮安三四联区区委成立，书记张震。

7月，中共潮澄饶县委改组为潮澄饶县委和敌后县委。潮澄饶县委书记方朗（女）。

1942年

5月26日，中共南方工作委员会（简称南委）组织部长郭潜在曲江被捕叛变。6月初，南委受到破坏。9月，南委根据中共中央南方局的指示，作了具体部署：贯彻"长期埋伏，积蓄力量，以待时机"的方针；解散领导机关，撤退有色彩的党员干部，但各级要留下根子（秘密干部），以及了解党内外情况，等待时机，恢复组织活动；组织停止活动；隐蔽下来的党员要执行"勤学、勤职、勤交友"的方针；沦陷区的党组织及领导机关继续保持活动，对敌开展武装斗争。此为史称之"南委事件"。

停止组织活动的决定，潮澄饶县委在10月以后开始贯彻到党的基层组织。

1943年

潮汕地区大旱引发大饥荒，沦陷区每天都有几百人饿死。饥民流离失所，饿殍遍野。潮城其时有13万人，由于饿死逃荒，灾后只存5万多人。

同年，潮州霍乱大流行。潮城内新街头附近共有居民20户，死于霍乱者便有89人，其中绝户3户、26人。

1944年

5月，第五行政区专员兼保安司令陈卓凡在饶平县召开东线党政军联席会议，决定于5月15日实施韩江东岸对敌封锁。潮安意溪橄榄宫被指定为封锁的出入口之一。

10月，周礼平召开潮澄饶汕党的领导骨干会议。同月，中共潮澄饶县委建立，书记周礼平。

1945年

3月，共产党领导的潮汕人民抗日游击队成立，发布了《潮汕人民抗日游击队成立宣言》。

6月下旬，潮汕人民抗日游击队扩编为广东人民抗日游击队韩江纵队，林美南任纵队司令员兼政委。

8月15日，日本天皇签署《停战诏书》，宣布无条件投降。

9月14日，潮安各据点的日军撤回潮城集中，听候中国政府的处理。

9月15日，潮安光复。

1946年

1月，中共潮安县工作委员会成立，书记陈汉。

3月，潮安县政府在中山公园（今西湖公园）建立忠烈祠。

1947年

上半年，中共潮安县工委辖下有10个党支部和5个党小组。

6月底，潮汕人民抗征队潮澄饶武装基干队成立，队长赵崇护。后来，潮安县工委书记陈汉为政委。

1948年

1月14日，潮澄饶丰人民抗征队独立中队（简称"独中"）成立，队长赵崇护，指导员庄明瑞。

3月9日，成立了统一领导整个潮澄饶丰地区党组织和武装队伍的潮澄饶丰武装工作委员会（简称"武工委"），吴建民任书记。

6月，中共潮澄饶丰边县委正式成立，书记张震。同月，中国人民解放军韩江支队第十一团正式成立，团长许杰，政委张震。

8月，中共韩东地委（1949年1月改称"韩江地委"）成立，书记黄维礼。同月，成立潮澄饶平原县委，许士杰任书记。

11月，成立中共秋隆（秋溪、隆都）区委，书记林沛杰。

1949年

4月，撤销中共潮澄饶平原县委，成立中共潮安县工委，书记邱河玉。

5月14日，第一批团员青年奔向凤凰山参加武装斗争。6月1日，第二批团员青年上凤凰山入伍。

6月，中共潮汕地委决定成立潮汕地委潮澄饶丰澳分委，书记李习楷。

10月22日，中国人民解放军闽粤赣边纵队第二支队一团、三团和第四支队先遣部队占领潮州城。晚，四支队先遣队进驻潮安县政府。潮州城解放。

10月23日下午，中国人民解放军闽粤赣边纵队四支队从文祠经意溪、桥东于4时左右由广济门入城，隆重举行解放潮安入城仪式。

同日，潮安县军事管制委员会成立，李习楷为主任。

同日，新青团潮安县工作委员会（书记许云勤）和潮安县妇女工作委员会（书记陈通杏）成立。

重要革命人物

李春涛

李春涛（1897—1927），又名清荣，笔名景山、赤麟，清光绪二十三年（1897）生于潮州城区（今湘桥区）上西平路刘察巷15号。

光绪三十一年（1905）他进入县城城南学堂（今城南小学）读书；1912年进入潮州中学堂（今汕头金山中学）。其时，民国刚成立，年轻的李春涛为了表达对孙中山的景仰，著文时曾用"景山"的笔名。1917年9月，他和彭湃同赴日本留学于东京早稻田大学，攻读三年制的专门部政治经济科。在学期间，他俩经常一起切磋，成了莫逆之交，还发起组织"赤心社"，学习《共产党宣言》，出版油印刊物《赤心》。

1921年夏毕业回国。同年秋，李春涛应聘任潮州金山中学教务长，不久代理校长。在其影响下，许多学生接受进步思想，走上革命道路。"左联"常委洪灵菲就是其中之一。1922年初，李春涛接受彭湃聘请前往海丰任教，担任第一高等小学国文教员。在校期间，积极引导学生关心社会问题。1923年9月，李春涛回家探亲，在刘察巷家中接待彭湃，应约撰写《海丰全县农民泣告同胞书》。1924年以国共合作为基础的革命统一战线正式建立。自1925年底起，李春涛以国民党左派身份，担任由毛泽东主编的

《政治周报》编辑工作。

其时，在中国共产党帮助下，汕头国民党改组，李春涛当选为国民党汕头市党部委员、宣传部长。国民党潮梅特别委员会成立后，又被选为特委委员。1926年1月20日《岭东民国日报》出版，周恩来推荐李春涛担任报社社长。他把握革命方向，亲自撰写重要评论和文章，使该报在指导潮梅地区的革命斗争中发挥重要作用。时李春涛已信仰马克思主义，恳切要求加入中国共产党。但党组织认为，在国共合作条件下，他还是以国民党左派的身份开展工作，对革命事业更为有利，故未吸收他入党（周恩来称其为"党外布尔什维克"）。

1926年下半年，国民党反共活动猖獗，统一战线内部的斗争日益尖锐。李春涛坚定地站在工农群众和共产党一边，坚决反击国民党右派的进攻。1927年，国民党右派镇压工农运动，背叛孙中山倡导的"三大政策"。对此，李春涛进行了针锋相对的斗争。由于他主办的《岭东民国日报》宣传共产党的政治主张，坚持反帝反封建，捍卫工农群众的利益，因而引起了国民党右派和土豪劣绅的仇恨，不久被免去报社社长之职。

蒋介石在上海发动"四一二"政变后，潮梅警备司令以讨论工作为名，通知李春涛和共产党负责人到警备司令部开会，企图把汕头地区的共产党和国民党左派领导人一网打尽。当李春涛和廖伯鸿（中共党员）等人到达开会地点时，即被国民党当局逮捕。

4月27日深夜，国民党当局把李春涛、廖伯鸿等强行套进麻袋，用刺刀刺死后抛于汕头石炮台海中，海潮上涨时，烈士的尸体被冲上海滩。经汕头运输工会的工人辨认后，冒着生命危险把烈士遗体葬于"义冢"。李春涛牺牲时年仅30岁。

在李春涛的影响和带动下，其家庭先后有多人投身革命。

蔡英智

蔡英智（1910—1927），清宣统二年（1910）出生于潮州城内一个商人家庭。蔡英智在学期间，阅读《共产党宣言》《马克思浅说》《共产主义与共产党》等著作和《新青年》等新文化刊物，受到革命思想的启蒙。1926年，他加入了共青团，不久又加入中国共产党，并担任中共金山中学特别支部组织部长和共青团潮安县部委宣传部长，还任青年进步团体潮安青年图书社执委。

蔡英智在党、团组织领导下，与方慧生、郭子昂等一道，带领一批同学，办小报、印小册子、制发传单、张贴标语，向人民群众宣传革命道理，动员师生坚定地走改造社会的道路。

蔡英智在担任共青团潮安部委宣传部长时，善于发现和团结进步师生，利用暑假、寒假主办讲习会，向青少年推荐新文化，介绍《新青年》，宣讲《共产主义ABC》。在他和其他团县部委领导人的共同努力下，潮安团组织的思想建设和组织建设有了较大发展。

1926年9月，蔡英智以潮安农工商学联合会代表的身份，出席潮安县第一次工会代表大会。同年冬，蔡英智率被资方无理解雇的工人组成"十人团"，到国民党政府的县领导机关请愿、静坐，迫使当局不得不表示责成资方妥善解决复工等问题。

1927年4月15日，蔡英智和方慧生、郭子昂等人，按照"特支"应变部署，于当天傍晚派人护送杜国庠校长安全离开潮州城。就在当晚10时左右，国民党反动军警300多人突然包围金山中学，蔡英智、方慧生、郭子昂等不幸被捕（同时被捕的革命分子共有30多人）。

狱中，反动派一直对蔡英智死抓不放。在5个月的时间里，一日三审，软硬兼施，蔡英智没有被敌人的酷刑所制服，始终坚贞不屈。1927年9月6日下午，蔡英智被反动派杀害于潮城西湖山下，牺牲时仅18岁。

谢汉一

谢汉一（1880—1928），字子乔，号惟愚。清光绪六年（1880）生于潮州城区（今湘桥区）国王宫巷丁厝内。

谢汉一出身于贫苦工人家庭，13岁到首饰店当学徒，受尽老板的欺凌与剥削。黑暗的社会，悲惨的遭遇，使年轻的谢汉一逐步磨练出为追求翻身解放而奋斗的顽强意志。

1918年，谢汉一加入城东青年图书社，并成为该社的主要骨干。以后，相继担任潮州工界和农界救国联合会副会长。在反帝救国和反压迫、反剥削斗争中，作出了重要贡献。

1923年9月，经李春涛介绍，谢汉一会见彭湃，聆听彭湃介绍海丰农运的经验教训，并一起商议工农联合对付军阀及反动派统治的事宜。此后，他根据彭湃的意见，把农界救国联合会改为潮安农民协会，并于1924年加入彭湃组织的惠潮梅农会。从此，他除继续在潮城搞工运外，还以加工首饰为掩护，深入农村组织农会。潮安的南桂、隆津、登隆、登云、登荣、秋溪、归仁等区的许多乡村，都留下他的足迹。谢汉一是潮安较早期的中共党员之一。1926年7月11日，被选为潮安县总工会执行委员会副委员长。

1927年4月15日，潮安的国民党反动派包围中共潮安县部委和县总工会等机构驻地，捕杀共产党员。谢汉一面对反动派的疯狂镇压，置个人生死于度外，继续带领农民群众与当地反动势力进行坚决斗争。同年9月23日，南昌起义军开进潮州城，他积极组织工界、学界支援起义大军。

1928年5月11日，谢汉一途经文祠称架桥时不幸被捕。在狱中，他与国民党政府的潮安县长李笠侬及工贼侯映澄作针锋相对的斗争。同年6月1日，谢汉一被枪杀于潮城南校场。

庄淑珍

庄淑珍（1912—1928），女，曾用名剑魂，1912年出生于潮安（海阳）县城西马路一个封建家庭。少时喜读书，她读过《秋瑾》，深为这位女英雄的事迹所感动。

1926年春，庄淑珍到汕头女子中学就读。汕头女中是个进步学校，汕头妇女解放协会、岭东妇女解放协会均由该校发起组织。同年3月8日，她参加潮汕妇女界纪念"三八"国际劳动妇女节大会，聆听周恩来、邓颖超关于妇女问题的报告，进一步受到革命思想的熏陶和启迪。不久，庄淑珍参加学校的妇协会，并改名庄剑魂，以示投身革命的决心。同年秋，她加入中国共产党。年底，当选为潮安妇女改进会的监察委员。

1927年蒋介石发动"四一二"反革命政变后，潮汕的国民党反动派向共产党员和革命群众进行血腥镇压。庄淑珍一如既往，继续投入战斗。同年夏天，她受县委派遣，女扮男装，与方思琼（方方）等同志到鹳巢一带活动。后又与蔡丽真等到归仁、大和、桑浦山、隆津等地搞群众工作，为开展游击活动打好群众基础。

1928年初，庄淑珍任中共潮城区委委员，负责青少年工作，经常与同志们在潮安县城的一个秘密联络站开会。后联络站被国民党潮安县长李笠侬派兵查抄，庄淑珍机智逃脱。李笠侬悬红缉捕，她不顾个人安危，与蔡丽真等前往归仁区一带开展妇女和青少年工作。4月间，庄淑珍因腿部毒疮腐烂，不能行走，在当地群众掩护下，隐蔽于枫树员村的山后石洞中。后因叛徒告密，她和方立功、陈文光一起被捕，并被投入潮城监狱。

李笠侬是庄淑珍的表兄，他企图以亲戚关系从她口中获得潮安共产党组织的秘密，亲自到狱中装着关心的样子对庄淑珍说："只要你说是年轻受骗，填自新表，即可出狱。"她严词驳斥，使李笠侬无言以答。李笠侬又对她许诺，声称只要说出共产党的秘密，就可送她到外地升学深造。她却不为所动，坚决拒绝。李笠侬见软的不行，又用硬的手段，对庄淑珍施加毒刑，妄图使她屈服，但她宁愿忍受摧肝裂胆的痛苦，也不毁节求生。1928年7月13日，庄淑珍被国民党反动派杀害于潮城南校场，年仅16岁。

陈初明

陈初明（1915—1941），乳名阿古，书名贤馥，参加革命工作后改名陈克迅、陈初明，化名阿九、阿细。1915年生于潮安县黄金塘村（今湘桥区黄金塘村）。

陈初明于1930年考入省立第二师范学校（韩山师范）。在校期间，正当全国抗日运动风起云涌之时，他与同学一起投身抗日爱国运动。

1933年，陈初明为寻找革命道路而离开家乡。先到北平中国大学，参加反帝大同盟，后到上海，加入共青团。1934年12月，陈初明在进工厂区联系革命工作时被捕。

由于身陷囹圄，陈初明与组织中断了关系。1935年出狱后返回潮汕，走上新的征途。翌年6月汕头成立新文字研究学会，他立即投入新文字运动。1936年10月，陈初明参加潮汕人民抗日义勇军，并担负岭东小学教师救国会的领导工作，同年12月，加入中国共产党。

1937年初，党组织派陈初明到普宁梅峰公学，以教书为掩护开展建党工作。同年，建立梅峰第一个党支部，陈初明任支部书记。在其努力下，普宁县党组织迅速恢复和发展。同年6月，建立中共普宁县特别支部，陈初明任特支书记；1937年9月，成立中共普宁县工作委员会，陈初明任县工委书记。同年10月，在普宁流沙镇建立县"青救会""妇救会"等组织，打开了普宁县抗日救亡运动的新局面。

1938年4月，陈初明被调到潮汕中心县委，主抓青少年运动。翌年6月下旬，潮汕沦陷，他与罗天等到大南山区，建设潮汕抗日后方。7月，建立中共潮普惠揭中心县委，陈初明任县委书记。

1940年初，陈初明在闽西南特委党校学习结束后，调任中共龙岩县委组织部长。

1941年1月20日，闽西南特委在东霄窑头村召开县、区级扩大会议，从报刊上得知"皖南事变"的消息。特委意识到形势突变，立即布置应变计划。1月23日，陈初明奉命回龙岩传达特委指示。刚回到龙岩西陈区条围乡中共龙岩县委机关所在地的当夜，国民党的保安第十一团包围县委机关。陈初明为了掩护同志突围，不幸被捕。在狱中，陈初明坚贞不屈，大义凛然，敌人要尽花招，施以毒刑，仍无所获。1941年12月27日，陈初明被敌人活埋于龙岩后北山。时年26岁。

钟骞

钟骞（1916—1944），曾用名郑坚，意溪镇内人，生于1916年。

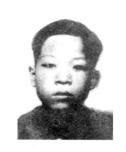

钟骞在襁褓中丧父，靠母养育成人。7岁进意溪启明小学，毕业后先后考进广东省立第二师范（韩山师范）前期班、广东省立第四中学（今汕头金山中学）高中部。

1934年秋，钟骞考进国立中山大学文学院。在学校进步师生的帮助和启发下，他认真阅读马列著作，从此选择了自己的道路，投身于民族解放运动。1935年暑假，他返回家乡，宣传抗日救国道理，鼓励亲友共赴国难，参加救亡运动。年底，北平学生开展"一二·九"爱国运动，全国各大中城市群起响应，广州爆发倒蒋抗日爱国学潮，开展"一二·一二"学生运动。钟骞是这次学生运动的积极参加者。同年，钟骞加入中国共产党。

钟骞先后任中共潮安县工委宣传部长、潮汕中心县委宣传部长、闽西南特委秘书长兼《前驱报》社长、闽南特委副书记。

钟骞长期致力于革命工作，积劳成疾。1944年5月初他肺病复发，临终前赋诗："思亲泪尽韩江水，报党唯悲命如丝。"同月31日，钟骞因肺病医治无效，与世长辞。1945年，中共闽粤边临委追认他为模范党员。1946年6月中共闽南特委将王涛支队第四大队命名为"钟骞大队"。中华人民共和国成立后，福建省人民政府追认钟骞为革命烈士。

江秀卿

江秀卿（1926—1948），女，又名幼凤、秀辉，化名阿贤、林华，1926年出生于澄海梅州村的一户贫苦船民家庭。

江秀卿性格倔强而又开朗。13岁时曾上识字班学习3个月。1941年江秀卿到南溪小学读预五班，受到革命的启蒙教育。1945年11月，她加入中国共产党。入党后经常为党组织送书信、文件到苏南等地，出色完成交通联络任务。

1946年经组织批准，江秀卿改名秀辉，并就读于潮安艺校。她与其他几位同志在艺校建立党的地下工作组，由她任组长。工作组经常为革命同志传送信件及进步报纸《华商报》。毕业后，党组织派她到意溪橡埔小学，以教书为掩护进行革命活动。1947年7—10月，她参加武装部队，12月编在潮澄饶丰第一政治武装工作队。1948年初，她曾在陈桥小学以教书为掩护，从事地下革命活动。

1948年2月10日，武工队在潮安棕尾店（今铁铺镇境内）宿营，突遭国民党饶平县保警第四中队包围。江秀卿在突围中因脚扭伤掉队而被捕。江秀卿被解到驻澄海樟林的广东省第五清剿区潮澄饶澳东地区指挥所。受审时，她大义凛然，言词尖锐，将主审者批驳得无言以对，狼狈不堪。在凶残的敌人面前，慷慨激昂地痛斥国民党的黑暗统治，表现了共产党员的崇高气节。最后，江秀卿被押赴潮州城郊竹竿山刑场，沿途她对着群众，数说国民党的罪行，并高呼革命口号。牺牲时仅22岁。

王增辉

王增辉（1923—1948），原名铁芳，化名道言、复源。1923年生于潮州城区（今湘桥区）竹木门许氏试馆。

王增辉于1936年小学毕业后，考进韩山师范学校。1937年"七七"事变后，在进步老师张华云等的教育影响下，投身于抗日救亡运动。并参加进步学生组织的"解放读书会"，传阅进步书刊，讨论时事，切磋形势。1938年，王增辉加入中国共产党。1939年6月潮城沦陷，他随中共潮安县委机关撤往文祠长背山村。不久，党组织派其参加独九旅战地工作队，在潮安归湖的仙洋村一带组织群众开展抗日救亡运动。

1940—1945年，党组织派王增辉到潮安铁铺许陇村及周边开展地下工作，任中共潮安三、四联区区委宣传委员，后来到潮饶边西陇担任潮安溪东区特派员。当时，他以教书为掩护，在复杂而又困难的环境中，密切联系群众，与日伪、汉奸和国民党顽固派开展针锋相对的斗争。

1945年9月，党组织派王增辉到汕头开展城市工作。在汕头市建立地下联络站华声书店。1947年8月到潮安任中共潮安县特派员（负责全面工作）。在组织武装队伍、建立凤凰山革命根据地中作出了应有的贡献。1948年4月，王增辉在凤凰山开会后，从县城搭乘往汕头的护堤公路汽车，行至阁洲车站时，被埋伏的特务逮捕。在狱中，敌人对其施以种种酷刑，但始终未能动摇其革命意志。

1948年4月18日，王增辉被国民党反动派秘密杀害于炭坑中。牺牲时才25岁。

柯国泰

柯国泰（1924—1949），又名嘉嗣，潮安县城刘察巷人，出生于1924年。全面抗日战争爆发时，正在潮安县立一中读书的柯国泰，即积极参加学生救亡运动。1938年，他加入中国共产党。中学毕业后，辗转奔波于潮安、揭阳等地，从事抗日救亡工作。

1943年春，就读于由上海迁徙到福建建瓯的暨南大学，并继续从事学生运动。抗日战争胜利后，他回上海，曾任暨大学生会主席，是暨大学生运动的领导人之一。他的革命行动受到国民党反动派的监视。1947年5月，经党组织决定，让他离开学校，转移香港；同年9月又转台湾彰化。抵台后，他继续从事地下革命活动。1948年初，他与妻子郑晶莹同时被捕。

1948年5月至6月间，他们由郑晶莹之父保释回大陆，重新走上革命征途。柯国泰担任过十一团龙连副指导员，后调中共潮澄饶平原工委，负责学运工作，并任《海啸》报编辑。

1949年7月，柯国泰在澄海沙美溪渡口被捕，并转押潮安监狱，柯国泰在狱中受尽种种酷刑，坚贞不屈。8月28日，赴潮城南校场路上，他昂首挺胸，慷慨激昂地说："同胞们，别悲伤，共产党是杀不完的！""解放大军已渡江南下，国民党反动派的末日已经到来，大家准备迎接解放吧！"到了刑场，他拒不下跪，尽力高呼"打倒国民党反动派！""中国共产党万岁！"慷慨就义。牺牲时年仅25岁。

李梨英

李梨英（1888—1961），女，清光绪十四年（1888）出生于海阳（潮安）县西坑村（今属湘桥区）的一户贫苦农家。李梨英16岁出嫁到大坑村。后丈夫病逝，她含辛茹苦地养育着6个子女。

1926年，潮汕地区的革命正值运动高潮，共产党所领导的工农运动蓬勃发展，李梨英先后送大儿子林松泉、女婿刘金城和三儿子林松才参加红军。

1933年初，游击队得知敌人准备包围红三连驻地的情报。红三连领导派李梨英侦察西坑村敌情，终于取得"黄儿坷伏击战"的胜利。1933年春，李梨英加入中国共产党。同年，国民党军队多次围剿大坑、嫌水坑等村庄，李梨英的女婿刘金城是中共秋溪区执委，不幸被捕，并于农历六月初二在潮安县城英勇就义；大女儿林松花也被捕入狱；后来，三儿子林松才又在保卫根据地的战斗中壮烈牺牲。面对失败、艰险、悲痛，李梨英并没有动摇对革命的信念。

1935年夏天，中共秋溪区委决定把队伍转移到凤凰山。当时党组织考虑到李梨英已40多岁，又带着两个10多岁的孩子，劝她到南洋去，以免遭敌人毒手。她却把15岁的女儿托养远亲，自己带着年仅12岁的小儿子林松森随队出发。以后队伍开赴福建，开辟乌山根据地，李梨英也随队伍到乌山，在伤兵站工作。1937年7月，闽粤边的武装队伍受到挫折，共产党的领导机关也被严重破坏。这时，李梨英及20多名伤兵仍留驻乌山根据地。由于她耐心做伤病员的思想工作，并积极解决伤病员的吃饭、治疗等问题，终使伤兵站安然隐蔽在乌山上。

同年年底，闽南游击队改编为新四军之一部，伤兵站20多名红军战士编入新四军二支队，奔赴抗日前线。

1941年，李梨英被调往中共南方临时工作委员会（简称"南临委"），在百侯新闻电台做掩护工作，后又负责掩护潮梅特委等党的领导机关。1945年夏天，李梨英调到潮汕特委直接指挥下的地下交通站工作。在她的努力下，交通站得以长期隐蔽，直到潮汕解放。

1951年国庆节，李梨英参加南方老根据地代表团到了首都北京，受到毛泽东主席、周恩来总理的亲切接见。

李梨英晚年患了癌症，在生命的最后一刻，她嘱咐把1800元存款作为党费交给党组织。1961年6月24日，李梨英与世长辞。

方方为"革命母亲李梨英公祭大会"撰写了挽联："十年游击战，十年地下工，匪特、汉奸、日寇，哪在你眼里，堪称智勇；为党献一生，为国献三子，挫折、伤亡、失败，信心永不摇，无愧忠贞。"

陈唯实

陈唯实（1913—1974），原名陈英光，又名陈励吾、陈悲吾。1913年出生于官塘乡。

陈唯实1929年就读于省立第二师范学校（韩山师范学院前身），1931年毕业后执教于澄海县永新乡小学。1934年赴北平，进北平图书馆自修哲学，一年中读了许多中外哲学书籍，被马克思主义的哲学所吸引。

1937年他到上海，参加艾思奇等发起的新哲学大众化、通俗化运动，出版了多部哲学论著，并参加了上海社联和上海文化界的抗日救亡活动。

1938年初到山西民族革命大学任政治系副主任，同年11月到延安，先后在北方大学、华北大学任教，并任中央研究院特别研究员等职。1941年2月在"抗大"参加中国共产党。1945年8月任北方大学教务处长，后任工学院院长。

1949年广州解放，他奉命创办南方大学，担任第一副校长兼教育处长（校长为叶剑英）。1952年底，"南大"结束，他出任华南师范学院院长。1957年离开华南师院，曾任中共广东省委宣传部副部长。1963年，调任解放军政治学院训练部、研究部副部长，授大校军衔。

"文化大革命"期间，陈唯实受迫害，1970年被迫离休回潮安，1974年病逝。

陈唯实的著作已出版的专著外，还有未出版的文稿、讲义约百余万字。这些文稿、讲义，1982年2月由华南师范大学的研究人员编成《陈唯实文选》，由广东人民出版社出版。

由于陈唯实在哲学研究上的成就，社会上曾有"南陈北艾"，指南方出了陈唯实，北方出了艾思奇，把陈唯实的名字与著名哲学家艾思奇并列。

卢叨

卢叨（1915—1993），原名卢在祥，1915年出生于意溪西都村一个农民家庭，1931年就读于省立金山中学。"九·一八"事变后，他积极参加抗日宣传活动。1933年他参加游击队，在潮澄饶印刷所工作；同年加入中国共产党。

1935年，卢叨随队伍转移到福建乌山地区。不久，他被调往闽粤边特委印刷部，从事特委机关刊物《战斗》《工农报》的出版工作。1937年5月，卢叨被委派为闽粤边革命武装最初谈判代表，与国民党驻军谈判合作抗日事宜。同年7月，由于闽南红军游击队个别领导人思想右倾，丧失警惕，致近千名红军在"漳浦事件"中，被国民党军队包围缴械。同日发生"月港事件"，闽南特委委员张敏和武装骨干被国民政府沈东强部抓捕并杀害。在这危急情况下，卢叨与仅存的同志一起，在党组织领导下继续宣传抗日，发动群众，争取重建红军。同年10月，卢叨被委派为中共和诏特区区委书记。此后，他历任中共云和诏县委书记，潮汕中心县委军事部长，闽南特委副特派员、书记，闽南地委书记，闽粤赣边第八支队政委。

1941年6月，卢叨赋诗《灯》，表达了对党的热爱对日本侵略者和反动派的仇恨。

在"文化大革命"期间卢叨遭受批斗迫害。中共十一届三中全会后，中共福建省委为卢叨的冤案彻底平反。1983—1987年卢叨任福建省政协副主席。

罗爱民

罗爱民（1918—2009），锡美村人，生于1918年。

罗爱民少时只念了3年书便辍学放牛、种田。1931年，在家乡参加农民协会和赤卫队，不久参加游击队。1932年，在中国工农红军独立师红三连当侦察员，同年加入中国共产党。

1934年，红三连与红二中队合编为红三大队，红三大队转移到闽南后改编为闽粤独立营。1935年独立营并入红三团。这期间，罗爱民先后当通讯员、通讯班长、排长和团的政治保卫队队长。

抗日战争全面爆发后，在南方各省坚持斗争的红军改编为新四军，罗爱民先后在新四军二支队四团任排长和连的政治指导员，在沪、苏、皖一带与日本侵略军作战。1940年任副营长。

1941年在"皖南事变"中，罗爱民带领两个连的战士英勇反击国民党军队的袭击；突围后任新四军第七师税务总局副局长；1942年回部队任营政治委员。

1943年罗爱民在新四军第七师皖南支队铜陵大队任教导员（团级），在日伪占领区坚持斗争。在一次战斗中，他为掩护部队和地方干部受了重伤，这是他参加革命后第七次负伤。

1945年，罗爱民调任新四军华东军区政治部干部大队队长和荣军学校政委。

罗爱民于2009年1月去世。生前是国家外国专家局局级离休干部。

附录三

重大革命事件

一、创办黄埔军校潮州分校

黄埔军校是陆军军官学校的简称。因它创建于广州黄埔长洲岛，故称"黄埔军校"。该校是国共两党第一次合作的产物，是孙中山以"创造革命军来挽救中国的危亡"为宗旨而创建的军事学校，是中国近代史上第一所革命的军事学校。

黄埔军校设立分校，是从潮州分校开始的。潮州分校是有机构建制的分校，正如《中央陆军军官学校史稿》所载的"本校之有分校，当自潮州分校始"，标志着黄埔军校开始进入全盛时期。

潮州分校筹备于1925年11月初，至12月正式开办，它是国民革命军两次东征的产物。1925年2月，广东革命政府对惠潮梅一带的军阀陈炯明发动第一次东征。此时，黄埔建校虽不到一年，也当即组织校军，由校长蒋介石、政治部主任周恩来等率领，随东征联军挺进东江，"不匝月而下潮汕"。尔后，黄埔校军奉命留守潮梅，维持粤东局势，并作战后休整训练。为使"随校军出发东征，辗转作战不遑修学"，始决定筹设分校，为1924年八九月间才入学的第二期学生补习课程。当时不仅选好校址，而且决定调黄埔第二期部分科目教官于4月底前来潮州授课。5月因发生广州杨（希闵，滇军司令）、刘（震寰，桂军总司令）叛乱事件，于21日东征军奉命回师平叛，"正在筹备之潮州分校，只好从缓处理"（《黄埔血史》1928年7月）。然而，自从第一次东征后，黄埔军校已开始在潮州、汕头设立办事处，这就为日后创办潮州分校作了某些准备。当东征军回师广州平定杨刘叛乱之际，已退至福建边境的陈炯明部又卷土重来，重占东江。为彻底肃清叛军，统一广东根据地，东征军于10月初再度挥师东指，仅用了一个多月时间，至11月初完全收复东江。随着第二次东征的胜利和潮梅局势的好转，创办潮州分校一事，复被提上议事日程。11月9日，在潮州西湖广场举行各界欢迎东征军大会上，蒋介石以东征军总指挥名义宣布："今后我们在潮州还要开一个军官学校，一班是容纳原来的军官，一班是容纳潮州的青年"，潮汕青年"于二星期之后可报名投考"（见《金中周刊》第106期1925年11月）。随后，又"委应钦教育，主持校务"（见《中央军事政治学校潮州分校手册》。下未注明出处之引文同此）。经过一番筹备，12月18日，潮州分校举行开学典礼，正式宣告成立。

黄埔军校第一所分校之创办于潮州，绝非偶然现象。因为随着国民革命形势的迅猛发展，黄埔军校也迅速发展壮大起来。1924年6月，黄埔军校创办时，学生和教职员共500余人，到了1927年大革命失败前，军校在校的学生、学员、士兵和教职员已扩大40倍，达2万余人，黄埔军校虽然有如此长足的发展，但仍不能满足革命形势发展的需要。因此，为了培养更多的国民革命军基层干部，设立黄埔分校势在必行。而东征的胜利又为分校的创办提供了合适的地点——潮州，这主要表现在以下三个方面：

（一）优越的地理环境

潮州地处韩江下游，为惠潮梅地区政治、经济和文化中心，又是连结粤、闽、赣三省的重要枢纽，水陆交通方便，城外三面环山，"足供拱卫之用"。城内"地方辽阔平坦，风景艳丽，不少洋房大屋，庙宇祠堂，遍地皆是，驻兵之所无忧矣"（见《蔡廷锴自传》）。两次占领潮汕后均把总指挥部置于汕头的东征军，何以将军校另办在潮州，这恐怕与潮州特殊的地理条件不无关系。何应钦在《分校成立之经过》一文中也说过，最初"拟设分校于潮州"，便是"因见潮州位居韩江下游，与闽赣相毗连，物产丰富，交通便利"。

（二）有利的政治气氛

第二次东征胜利后，何应钦为潮梅善后督办，负责惠潮梅等地的行政领导，周恩来协同开展农民运动和东江一带国民党的改组工作。从1925年11月上旬东征军再占潮汕，至次年3月初东江行政会议闭幕，"四月之间，扫除残敌，澄清官吏，禁绝烟赌，各地党部与人民团体亦复如春笋怒生，有长足之进步"（《政治周报》第9期，1926年）。经过两次东征洗礼的潮汕，一跃成为那时仅次于革命政府所在地广州的另一块重要根据地，这便给分校的开办创造了一个良好的政治局面，奠定了一定的群众基础。

（三）驻军的相对集中

二次东征后，总指挥部"令第二、三纵队分两路入闽追敌，第一军全军驻防潮汕"（见《广东文史资料》第37辑），以警戒残军反攻，保护潮汕平原。增开分校的主要目的既然是为了东征军就近训练的需要，以弥补黄埔本校远水救不了近火之不足，那么，驻军相对集中，客观上又具备兴学讲武基本条件的潮州城，当然成为创办分校的理想校址。这是黄埔军校第一所分校办在潮州的主要原因。

此外，在两次东征中，黄埔军校的一大批军事政治教官率军参战，来到潮汕，一定程度上削弱了黄埔本校的教学力量，但同时又为潮州分校的开办提供了现成的教学骨干，这件事也分别从两个不同的角度说明了创办潮州分校的必要性和可能性。

　　潮州分校开设于潮州城之"李厝祠"（位于今市区中山路）。据《中央陆军军官学校史稿》记载："十一月初旬开始筹备，假潮州城内李家祠为校址，就其旁附搭葵棚为学生教室寝室之用。……十二月十八日举行开学式。"1925年11月12日，分校开始招生，从国民革命军第三师、独立第二师、十四师选考下级干部348人，编为学员队；从东江潮梅各县招考中学生512人，编为入伍生大队。12月10日，兼分校校长蒋介石任命何应钦为分校教育长兼代校长；东征军总政治部主任周恩来、熊雄先后兼任分校政治部主任；王昆仑为秘书兼政治教官。同时聘请黄埔本校恽代英、肖楚女等共产党员为政治教官；陈勉吾、张光、张镜澄、方万方、张岳嵩等为军事教官。在分校任职的，还有办公厅主任王纯祖，政治部宣传科长兼政治教官杨嗣震，总队长兼学员大队长李卓元，总队副陈隐骥，教育副官罗策群，入伍生大队长阮开基，大队副宋思一，队长刘保定、刘汉珍、余锦源、孙天放、廖运泽、杨德亮，区队长杨育廷、李炳辉、黄文超，医官为许世芳（1896—1969，潮州人）。18日，潮州分校举行开学典礼，学员与入伍生各编为3队，共计700余人。23日正式开课。分校初名"陆军军官学校潮州分校"，由于1926年3月黄埔本校易名，故于5月改为"中央军事政治学校潮州分校"。

　　6月1日，潮州分校第一期学员队348人全部毕业，与黄埔本校第三期同等待遇，分配到第一军（军长何应钦）下属各师见习。6日，第一期入伍生大队入伍期满，正式升为学生队，称为潮州分校第二期，同时补入第一军下级军官50人参加军训。第二期学校组织人选有所变更，校长何应钦，教育长邓演达，政治部主任为何玉书。

　　北伐开始以后，潮州分校在潮安协同第一军准备攻闽南。

12月底，潮州分校第二期学生期满毕业，与黄埔军校第四期同等待遇，毕业学生380人，分配到革命军各军，参加北伐。其毕业文凭有两张：一为由何应钦签发，写"中央军事政治学校潮州分校第二期毕业文凭"，一为由蒋介石签发，写"中央军事政治学校第四期潮州分校毕业文凭"。此后，潮州分校并未续办。总之，无论在组织、结构、教学内容、学员毕业待遇乃至校名之变更等各个方面，潮州分校都与黄埔本校保持一致，"一切均照黄埔本校之旧"。此外，分校除以李厝祠为校址外，据一些本地人反映，当时隔壁的蓝厝祠和对面的黄厝祠都驻了分校的学生。且"因李家祠旁屋不敷分配，乃将入伍生分驻于金山中学及郭家祠。后来入伍生第三队亦入学，人数增加，潮城几无空隙可容纳。是时适学宫驻扎第一师之第一团迁驻黄家祠，只得将学宫略事修葺为入伍生宿舍，将入伍生全数迁入"。据载，分校先后招收学员990多人。而同时在校的人数最多时达700多人。李厝祠只是分校的校本部，用于办公和驻学员大队，而入伍生大队只能分驻外面。

分校毕业出去的学生，与校本部的毕业生参加北伐战争和抗日战争。在北伐战争中，他们转战南北，献身革命，打倒军阀；在抗日战争中，抗击日军，流血牺牲，为中华民族的生存作出贡献。

二、建立和保卫潮州第一个红色政权

1927年4月12日，蒋介石在上海发动反革命政变。7月15日，汪精卫在武汉公开背叛国民革命，标志着国共两党合作的全面破裂和大革命的失败。这个惨痛教训，使中国共产党认识到武装斗争和土地革命的极端重要性。为了挽救中国革命，根据中共中央的决定，周恩来、贺龙、叶挺、朱德、刘伯承等人，领导中共所掌握和影响的国民革命军第十军、第十一军二十四师，第四军二十五师和第三军军官教导团及南昌市公安局部分警察共两万余人，于1927年8月1日在江西南昌举行武装起义，打响了革命武装反抗国民党反动派的第一枪。

起义军占领南昌后，根据中共中央的预定计划，迅速撤离南昌，挥师南下，经赣南入闽西，直奔广东潮梅。其目的是准备同富有革命传统的粤东农民运动汇合，夺取出海口，开展潮汕革命斗争，建立革命根据地，争取共产国际的支援，积蓄力量，再度北伐，彻底推翻蒋、汪政权。9月23日至30日，南昌起义军进驻潮州，在潮城建立了存在7天的红色政权，史称"潮州七日红"。一代杰出军事家粟裕大将对其亲历的"潮州七日红"的历史地位和重要贡献给予了"潮州七日红，青史垂千秋""南昌风雷震大地，潮州七日红南粤"的高度评价。在中共潮安县委领导下，潮安人民出钱出力，舍生忘死，策应支援南昌起义军，为保存南昌起义火种，为朱德、毛泽东井冈山会师，为中央革命根据地的建立和发展作出了重要而又独特的贡献。

1927年8月5日，南昌起义军撤离南昌，千里转战，一路南下，9月18日，起义军直入广东境内，刚接任的国民党潮梅警备司令王俊，在大埔高陂打了败仗，22日不战自退，放弃潮州城。起义军于9月23日占领了潮州城，周恩来、贺龙、叶挺、彭湃、郭沫若等起义军领导同时到达。在潮安的共产党员、共青团员、工人、学生、妇女骨干和商会代表，组织起来热烈欢迎起义军入城。入城后，起义军前委成立了潮州第一个县级红色政权，即潮安县革命委员会，委派第十一军二十四师政治部主任陈兴霖为革命委员会委员长，政治保卫局警卫科长李国珍为县公安局长。当天傍晚，周恩来、彭湃分别接见潮安县委书记林务农，仔细询问了潮安的革命情况并作了重要指示。潮安县委根据起义军前委的指示，立即召开会议，部署建立区政权，恢复工、农、妇、学组织和发展工农武装等工作。当天晚上，潮安县委组织沿潮汕铁路线的6000名工农群众，连续奋战12个小时，修通了国民党军撤退时毁坏的铁路。

9月24日上午，在潮州西湖广场隆重召开了有数万名工农群众参加的大会，热烈欢迎起义军入城和庆祝潮安县革命委员会成立，周恩来等领导在大会上作了讲话。会后，周恩来带领前委和革命委员会领导随起义军乘火车前往汕头。起义军占领潮州城期间，潮安工农革命武装在驻潮起义军教导团的协助下，不断进行暴动，攻击各地的地方反动武装。9月25日，县委派许筹率农民自卫军和各地赤卫队攻打浮洋洪巷民团，攻占了洪巷。26日，农民自卫军和各乡赤卫队围攻徐陇乡，拔除了铁路线上两大反动据点，为起义军往返于潮州、汕头之间扫除障碍。

潮州城当时是粤东地区经济、文化的中心。韩江穿境而过，铁路相连，北通三河坝，南连汕头，东接闽南，与出海口和内陆的交通极为方便，是东江地区的主要物资集散地。且潮安县共产党组织健全，群众觉悟较高，又不至于直接遭受帝国主义和国民党军舰的攻击，因此起义军将后勤机关及供应基地设在潮州城，由贺龙部队的二十军第三师驻守，师长周逸群兼任潮州警备司令，党代表徐特立兼政治部主任，周逸群的师部和教导团及第六团的1个营共700人驻守潮州，第六团的2个营400人开往汕头为中共前敌委员会和革命委员会担任警卫任务。

驻守潮州的起义军主要任务是负责筹集物资，师长周逸群和党代表徐特立（毛泽东和田汉的老师）带领政工人员在城内组织宣传和动员群众，中共潮安县委与新成立的县革命委员会则组织工、农、商、妇、学等协会，积极配合第三师筹措粮饷。潮安商会动员城内的粮行和粮店，将库存的粮食取出运往揭阳和三河坝前线，积极帮助购置一大批军用物资和多方筹集资金支持起义军，两次共为起义军筹集军饷约10万光洋。

在中共潮安县委和工会组织、学生会组织等的帮助下，起义军筹集物资大有成效，除了潮安商会捐款外，全县各群众团体也积极地帮助起义军筹粮筹款，各界人士踊跃捐钱捐物，没收地主土豪劣绅财产。通过努力，起义军仓库里面有本地和从潮汕各地筹集到的几十万元军饷、数千条步枪、刚刚制备好的上万套冬装以及其他大批军用物资，这是一笔非常可观的战略物资，都是为了起义军在潮汕经营根据地而准备的。这个仓库由师警卫队在驻守，警卫队的班长就是后来被称为"百战神将"的粟裕。

9月28日，贺龙和叶挺率领的起义军主力部队在丰顺与揭阳交界的汾水阻击3个师的国民党军队，由于敌众我寡，起义军先胜后挫，激战数日后，伤亡近半，弹药将尽。为此，贺龙和叶挺决定于29日午夜撤出战斗，向普宁方向撤退，同时发电报命令周逸群死守潮州，并令第二十四师派1个营来协助守城。由于第三师进驻潮州后大部分时间都在附近的乡村协助潮安的工农武装消灭反动民团，实际上留在城里负责警卫工作的只有1个总队，百十号人而已。他们除了站岗放哨，别的事情根本无暇顾及。而进攻潮州的是国民党2个师共9000人的兵力。第二十四师前来支援的那个营又迟迟未到。第三师军官教导团和第六团第六连以及师部炮兵连的将士们，只好驻防在潮州城北面的竹竿山一线。29日，师参谋长苏文钦来到竹竿山了解部队的布阵情况及工事构筑进展情况。这时突然接到前方情报，说敌人离潮州只有十几里路的距离，苏文钦立即派出部分兵力去牵制敌人，让起义军防守部队及时构筑好工事。中共潮安县委书记林务农根据当时的严峻形势，紧急通知各区的农民自卫军、赤卫队火速赶往潮州城及城北的竹竿山增援起义军；命令县总工会发动意溪轮渡工人，把韩江上的所有船只沉没到江中，防止国民党军队从东面渡江进攻起义军；召集工人纠察队配合起义军做好守城的准备工作；战斗打响后，城内人民群众和工农武装纷纷配合起义军投入到守卫潮州城的战斗，县总工会发动城内的工人挑水送饭给坚守阵地的起义军，潮州金山中学等学校的学生积极支援前线，送水、送饭，帮助部队把西湖山下弹药库里的弹药搬上山，妇女们则煮饭、烧水和运送伤员到各医院。

潮安县各区增援起义军的农民自卫军和赤卫队，有效地牵制了敌人的兵力，为起义军突围赢得了时间，减轻了压力。

面对严峻的形势，周逸群心急如焚，昨天接到总指挥部"死守潮州"的强硬命令并答应派第二十四师的一个营来增援，可到现在援兵还没等到。大兵压境，形势危急，只能调动现有的力量来守城。周逸群一面命令部队和工人纠察队坚守市中心和火车站，一面向汕头紧急求援。求援的电报打到汕头，可汕头守城的部队也只有第六团的400多人，最大限度也只能抽1个连来援助潮州。

9月30日早晨，主力部队在汾水打了败仗，撤往普宁。黄绍竑率领的国民党军第四师和第六师共9000人三面围攻潮州城，黄绍竑作战经验极其丰富，是个打仗的老手，被称为"桂系三杰"之一（其余"二杰"为白崇禧、李宗仁），桂系部队凶悍是十分有名的，在广西军队到达潮州城以前，黄绍竑为鼓舞士气，向官兵们渲染潮州城内屯集着大量的财物，发财的机会到了，因此，敌兵进攻起来也就特别的卖力。

周逸群正在和潮安商会及商界代表商谈之时，突然听到城门外的枪响，知道情况不妙，急忙返回师部，才知道敌人已经在城外三面围了上来。30日上午9时，国民党第四师的前锋部队2000余人已经到达竹竿山阵地，与起义军接上火。起义军将士们守卫在各自的阵地上，英勇阻击数倍于己的敌军，拼死抵抗。炮兵连仅有的两门山炮此时充分发挥了威力，向敌军的密集队形展开了轰击，使来犯之敌伤亡惨重，多次进攻均被起义军击退。午后1时多，国民党军队全数到达后，以第四师的全部和第六师的一部，向竹竿山阵地发起全面进攻。敌军一再组织敢死队在猛烈炮火的掩护下，整队整队地向山头发起冲锋。起义军的阵地多次被突破和分割，工事被重炮轰垮了，战士们便躲在山石后面继续抵抗，轻伤的包扎一下再打，没有子弹了，便从烈士的身上翻拣子弹，有的则用石头与敌人搏斗，战斗打得非常激烈。由于士兵大多是刚参军不久的进步青年学生和逃避国民党右派屠杀的工农运动积极分子，缺乏战斗经验，且敌我兵力悬殊，虽然他们革命意志坚定，不怕牺牲，英勇抗敌，但难以抵挡凶悍的国民党军，战斗进行到下午3时多，竹竿山阵地上有的地方已经被敌人突破，起义军部队伤亡达三分之二，弹药消耗殆尽，面对数倍于己的敌人的疯狂进攻，教导团第一总队总队长冷相佑身先士卒，率部抱定与竹竿山共存亡的决心，坚守到底，直至弹尽援绝，阵地被攻破。他腹背中弹，多处受重伤，在弹尽援绝的情况下，仍坚持指挥战斗，这位山东硬汉顽强支撑到生命的最后一息，壮烈牺牲。

第六连连长杨至成发现左前方的山头阵地已遭敌人包围切割，枪声也慢慢地稀疏了。杨至成以为，那边的部队不是全部牺牲就是已经转移了。突然，一阵枪声在杨至成背后响了起来，原来敌人除了在正面猛烈进攻外，又以1个团的兵力绕到了城西的火车站，并突破了起义军在西湖山的阵地，切断起义军与汕头的联系并从背后发动攻击。连长杨至成在众寡悬殊、伤亡过半、腹背受敌的情况下，带领剩下的十几位战士撤离了阵地。

这时，竹竿山阵地上留下的是一幅幅壮士视死如归，英勇搏斗，催人泪下的场面：他们个个遍体枪伤、刀伤，而僵硬的手里还抓着刺刀，拿着石头；一个脑袋被打破、流出了脑浆的战士躺在了一个死去的敌人身边，双手还紧紧掐住敌人的脖子；一个胸口被刺刀捅了好几个窟窿的战士，嘴巴里还咬着敌人的半块耳朵，他的枪已经断成两截，丢在一边，而一个被打破了脑袋的敌人就躺在他身边……他们为城内守军顺利转移赢得了时间；他们为保卫潮州的第一个红色政权，用鲜血和生命谱写了一曲曲悲壮的诗篇；他们的英雄壮举令韩水悲歌，青山垂泪。

直到当天下午，潮州的情况越来越紧急，周逸群师部打电报给驻守在汕头的第六团团长傅维钰，要他赶快增援潮州。

下午3时，国民党第六师的1个团分两翼进攻城西的西湖山阵地，起义军第三师参谋长苏文钦急令师部特务连前去阻击敌人，特务连没有机枪，根本没办法压下敌人的火力。敌兵很快就绕过特务连的防守阵地，直扑西湖边涵碧楼的第三师师部和警备司令部。敌军从山上朝他们冲过来，居高临下用机枪向师部工作人员扫射，师政治部科长叶声等同志中弹牺牲，许多人在奔跑中倒地，伤亡惨重，西湖水瞬间被染成了红色。

敌军攻入潮州城后，四处展开攻击，分割了城内主要街道。周逸群在城中指挥着教导团的3个总队，利用街巷盘桓的地形与入侵之敌顽强地抵抗。随后，起义军的师部和教导团以及各总队失去了联系，城内的官兵只好小股地聚到一起，依托着复杂的街巷和房屋各自为战。虽然士兵们没有受过正规的军事训练，作战经验少，战斗力不强，但他们政治上很坚定，尽管伤亡很大，仍然艰难地和敌军展开拉锯战。

潮州城内的巷战坚持了4个多小时，周逸群从各方面传来的消息，得知各总队的军事主官几乎阵亡，接着，又传来了火车站失守的消息。而恰在这个时候，从汕头来的一列火车载着第六团的1个连才到达潮州城外，战士们刚要下车就遭到了大队敌军的围攻，在与敌军激战中，多数人牺牲或者失散了，剩下的少数官兵不得不突围，沿着铁路线向南撤退。

30日下午，起义军多数人已经打光了子弹，而涌进城来的国民党军却是越来越多；反动民团也火上浇油，趁机从城外冲了进来；城内的反动分子也从高楼上对起义军开枪，敌人的火力越来越厉害。为保存南昌起义的革命火种，在万般无奈之下，周逸群只好派手下几名卫兵，迅速通知城内的其他部队想办法突围。自己则带领一些特务连卫兵与第二总队的部分战士，打开一个缺口，从东门突围后，沿江边向汕头方向撤退。

周逸群带领幸存的官兵从潮州城撤出来后，清点了一下身边几十个人的武器装备，结果总共只有22条长枪，14支驳壳枪，大部分枪没有了子弹。他们走到离汕头不远的地方，才得知国民党军队已经占领了汕头，中共前委和革命委员会不知去向。在潮汕的农村转悠了几天，连续被当地的国民党民团袭扰，因他们大多是在湖南、湖北参加革命的，没有人能听懂潮州话，无法与当地人沟通，与当地党组织又联系不上，最后决定去上海找党组织。

第三师教导团团长谢独开在巷战中左脚负重伤，与部队失去了联系，潮州民众将其隐蔽和治疗，康复后与党组织接上联系。第三师教导团党代表段德昌在城内与敌军展开激战，在巷战中与部队失去了联系，后经潮州民众将其隐蔽并协助转移找到了党组织。

第三师军官教导团第二总队第八大队大队长赵辀，30日在巷战中负伤，被潮州民众掩护治疗，后转移至上海。胡毓秀、王鸣皋、谭勤先等5名南昌起义军女战士和其他二三十位负伤的起义军官兵也是在潮州人民的掩护下脱险。与此同时，教导团的第一总队、特务连及幸存的师部政工人员在第一总队第一大队长傅杰的带领下，从潮城南门撤退后，转到普宁县流沙与董朗率领的起义军第二十四师会合。

第三师党代表徐特立带着警卫员，9月29日上午，离开潮州去汕头向中共前委汇报物资筹集情况及确定物资发放方案。30日返回途中，得知潮州城被敌人攻占，于是又折回汕头，途中又得知起义军领导机关及所有官兵已撤出汕头。徐特立只好沿着前委撤退的方向摸索着走。10月2日，徐特立率领沿途收拢到的从潮州突围和揭阳退出的起义军部分失散人员来到普宁流沙，与从汾水撤出的贺龙、叶挺部队会合。

第三师教导团参谋长周邦采接到了周逸群立即突围的命令后，率领身边的部分战士，边打边往韩江方向跑。此时，东门外挤满了急于渡江的起义军将士，可是江边码头上却连一条渡船都没有，就在大家万分焦急的时候，县总工会的领导带领了一帮船工跑到江边，他们纷纷潜入水中，将原来沉没在韩江里的渡船重新拉出水面，冒着大雨在昏暗的夜色中，将起义军接上船。追到江边的国民党军边开枪边喊话命令停船，子弹嗖嗖地从他们头上飞过，快到对岸时，有的船被子弹打穿后沉没入江，大家就纷纷往江里跳，蹚着没过胸部的江水奔向对岸。由于天色已晚，且江边没有渡船，又赶上大雨滂沱，国民党军一时没办法过江追赶。因此，这支多单元组合的部队总算缓了一口气，他们在一个山坳里集合了一下，经清点，里面包括第三总队和第六连及师部警卫队的官兵，约有两百多人。稍事休息后，大家便在周邦采的带领下，乘着夜色沿韩江东岸南行向澄海方向前进。

周邦采带领的这支队伍撤出潮州城后，大家首先想到的是赶到汕头去，与中共前委和革命委员会汇合。可是还没到汕头，就得知敌人已经占领了汕头。

汕头不能进了，潮州又回不去，起义军总指挥部也不知道转移到哪里去了，正在大家迷茫之际，周邦采突然想到了三河坝，那里有朱德和周士第带领的第二十五师呢！他高兴地对大家说："同志们，到三河坝去吧，找我们的二十五师去！"这提议立即得到大伙的赞同。于是，这支二三百人的队伍，拖着疲惫不堪的身子，趁着拂晓前的微明，返过头来沿着韩江东岸向北前进。他们历经几天的风餐露宿，艰难困苦，10月6日早晨，终于来到饶平县上饶茂芝圩，会同朱德率领的第二十五师和第九军教育团在三河坝与敌人激战了3昼夜，完成了阻击敌人的任务。得知主力在潮汕失败后，战士们思想情绪很低落，朱德通过加强战士们的思想工作，增强了革命信心和决心。随后，周邦采、陈兴霖等参加了由朱德主持的茂芝军事决策会议，起义军两部合一，汇成一支2500人的队伍，在饶平党组织和革命武装的支持帮助下，安全撤出，转战湘南，到了井冈山，与毛泽东领导的秋收起义工农革命军会师。

起义军撤离潮州后，潮州城又陷于国民党统治的白色恐怖之中。中共潮安县委被迫重返江东，部分工农骨干也相继离开潮州城，途中，他们冒着生命危险收容了一些起义军失散人员和伤员，安置在各村农会骨干家中进行掩护和治疗。

潮州人民对起义军的一片真情和不怕牺牲的革命精神，掩护和保存了一批南昌起义的革命火种，为中国革命事业作出了卓越的贡献。10月底，中共潮安县委根据广东省委指示，把县农民自卫军扩编为工农革命军东路第二独立团，主要官兵包括留在潮城的南昌起义军失散人员和伤病员以及潮城的武装骨干，起义军留下来的武装干部李英平任参谋长，继续开展反抗国民党统治的武装斗争。潮安县的党、团组织和革命武装在南昌起义光辉旗帜的照耀和"潮州七日红"精神的鼓舞下，开展了轰轰烈烈的土地革命战争，取得了辉煌的成果，使潮州成为中央苏区强有力的南方屏障、安全走廊和后方基地。

在国民党新军阀的联手镇压下，英勇顽强的南昌起义军虽然在潮汕失败了，但"潮州七日红"这段光辉的历史，在潮州人民心中留下了深远的影响。起义军与潮州人民碧血洒韩江，保存了南昌起义的革命火种，使星星之火撒遍神州大地，一批革命精英汇入朱德、毛泽东领导的井冈山革命洪流，开启了中国革命胜利的航程。茂芝会议后，周邦采被派回家乡河南，组织领导武装斗争，开辟豫皖边革命根据地。段德昌与周逸群、贺龙一道，成为湘鄂西革命根据地的主要创始人。

三、轰动一时的《罡风世界》事件

1932年四五月间，广东省省立二师（韩师）发生了轰动一时的《罡风世界》事件。

1931年"九一八"事变时，二师高中师范二年级学生郑淳积极投身校内外各项抗日救亡活动，担任学校的学生自治会主席。9月28日，学校召开反日救国大会，发出反日通电及宣言，刊印《反日旬刊》，并组织宣传队，分赴各处宣传。10月7日，全校师生参加潮安各界抗日运动大会。10月9日，二师学生义勇军及救护队成立，举行宣誓典礼。12月1日，该校与省立金中、潮安县中的进步同学一起，成立潮安县学生抗日救国联合会，并与汕头市及各县共同筹建岭东抗日学联。郑淳当时是潮安学联的文书部长、岭东学联的筹委，投身于校内外各项抗日救亡运动。1932年1月，二师原教务主任李芳柏升任校长。李芳柏校长关心学生的进步，支持学生的爱国行动。"一·二八"淞沪抗战发生后，2月6日，在李芳柏校长支持下，学校义勇军派郑淳等3人赴汕要求驻军发给枪支，以便上前线杀敌。

当时，学生们热情参加抗日救亡活动，却面临越来越严峻的形势：蒋介石的不抵抗主义使东北沦入敌手，各地国民党当局限制、破坏抗日救亡运动。学生们为此感到十分愤慨。李芳柏看到形势日趋恶化，担忧爱国热情高昂的学生在校外活动碰到问题，便说服他们放弃学联工作，转向研究日本侵华史，郑淳和同班同学詹竟烈（潮安学联三主席之一）、陈贤学一起商量，决定出版一个刊物，由郑淳和詹竟烈向教师募款，由陈贤学负责编辑、出版事务。募款进行得很顺利，李校长自己便捐了30元。刊物的名称请国文老师詹安泰拟定，名叫《罡风世界》。这个名字出自佛经，是天上的狂飙。郑淳当时写了两篇文章：《学习〈经济学大纲〉的心得》和《评淞沪抗战》。陈贤学说过，排字工人看到文章很高兴，说没有见过这么敢说真话的好文章。

4月底出事那天，上午上第一节课前，陈贤学、詹竟烈两人将印好的刊物搬到教室，几个人立即分头散发给全校师生。上两节课后，李芳柏把他们3个人叫到他房里，问："这个刊物是你们搞的？"他们承认了。他批评道："怎么连拥护苏维埃政府都公开写出来了？"当李芳柏弄清还没有把刊物发到校外后，劝说他们马上到乡下避一避，等将在校内散发的刊物都收回，再通知他们回来。吃完午饭后不久，李芳柏又把郑淳等3人找去，说刊物好多收不回来，训育主任陈伟烈要报告驻军第三军政治部，因此要他们赶快逃走。他们不想走，李芳柏叹了口气，说道："你们如果真的要革命，就不应该轻易去死！"这句话把他们警醒了。于是指点他们到上海去。为了帮助筹措路费，李芳柏让会计把剩下的膳费退还他们，另外送给他们50元。这样，这几位同学就走上了逃难的道路，不，应该是走上了寻求革命的道路！他们当天下午往汕头，隔天乘船赴上海，投身于革命洪流之中。

他们走后，学校于5月2日出布告，并上报省教育厅，以"思想不纯，违反校规，错误严重"为由，把他们3个人开除（实际上这是李校长应付当局、保护学生的做法）。当局抓不到人，即下密令进行通缉。

　　《罡风世界》事件的发生，轰动了潮汕学界，也引起了共产党的重视。中共潮澄澳县委派人到韩师，通过林大观、吴显模、陈贤馥（陈初明）等进步学生，在韩师秘密开展抗日反蒋宣传活动，使韩师学生的革命斗争持续开展下去。

　　（《罡风世界》事件的当事人郑淳，中华人民共和国成立后任韩师军管代表、校长，后任广州教育学院院长；陈贤学中华人民共和国成立后任《南方日报》党委副书记；詹竞烈参加革命后变节，曾任国民党县党部书记长。）

附录四 **革命遗址**

中共潮安县特别支部机关旧址

1925年10月，以蒋介石为总指挥、周恩来为总政治部主任的国民革命军第二次东征进入潮州，潮安的工农革命运动迅速发展。东征军总政治部驻潮安特派员、中共党员郭瘦真，按照周恩来的指示，开始筹建中共潮安支部。11月，中共潮安县支部成立，属中共汕头特支领导。郭瘦真任书记。

1926年2月，郭瘦真调汕头工作，由黄法节接任中共潮安县支部书记。春，先后有一批共青团员转为中共党员，并吸收一批工农优秀分子入党。随着党员人数的迅速增加，中共潮安县支部扩展为特别支部，书记朱叟林，隶属汕头地委（由中共潮梅特委改称）领导，机关设于潮州城西马路十八曲巷头一座两层的小楼房。

该旧址位于西马路十八曲巷头。

黄埔军校潮州分校旧址——李厝祠

1925年11月国民革命军第二次东征抵潮州后，于12月创办了陆军军官学校潮州分校。1926年5月1日改称中央军事政治学校潮州分校，这是黄埔军校最早创办的一所分校。校址设在李厝祠。

分校自1925年12月18日创办，至1926年12月底结束，共办二期。除招收参加东征的黄埔军校学员（称"学员生"）外，还在惠潮梅、海陆丰各地中学生中招收"入伍生"，先后招收学员990余人。学员毕业后均分配到国民革命军各部担任下级军官。

该旧址李厝祠位于中山路44号，坐北朝南，面宽三间，纵深二进，斗拱抬梁式木结构。于1987年被列为潮州市文物保护单位。

国民革命军政治部、黄埔军校潮州分校学生军办事处、南昌起义军二十军三师指挥部旧址——涵碧楼

1925年3月，国民革命军东征军进驻潮州时，政治部主任周恩来在此办公。第二次东征的国民革命军再克潮州，涵碧楼仍是东征军领导人活动的重要场所。

1925年12月，黄埔军校潮州分校成立，黄埔军校潮州分校学生军办事处设在涵碧楼。

1927年8月1日，南昌起义军占领南昌后，随即南下，9月23日，占领潮州，期间二十军第三师（师长周逸群、政治部主任徐特立）司令部亦设于涵碧楼。9月30日，起义军撤出潮州城。占领潮州期间，起义军建立了7天的红色政权——潮安县革命委员会，史称"潮州七日红"。

该旧址涵碧楼位于西湖公园西湖湖畔，是一座两层小洋楼。

涵碧楼建于1922年，抗日战争期间被日军炸毁，1964年重建，并辟为潮安县革命历史文物陈列馆，全国人大常委会副委员长郭沫若为涵碧楼题写楼名。

1987年涵碧楼被公布为潮州市文物保护单位。2002年7月被公布为广东省文物保护单位。涵碧楼既是革命传统教育场所，也

是广东省爱国主义教育基地。

李春涛、李春霖烈士故居

李春涛，1897年生，大革命时期参加革命。1927年在汕头被国民党反动派杀害。（其生平事迹详见本书附录二）

李春霖，1912年生，中共党员，李春涛的堂弟，1931年参加红军，在长征途中任红四方面军政治部秘书长，西路军政治部秘书长，1937年4月在甘肃安西县红柳园战斗中牺牲。

该故居位于刘察巷15号，建于中华民国期间，坐南朝北，总体布局为二进带一后包，平面布局呈长方形，面宽13米、进深40米、面积520平方米；夯土抹灰墙体，硬山顶灰瓦屋面。该故居属潮州市文物保护单位。

柯国泰故居

柯国泰，1924年出生在潮州市区羊玉巷，1935年迁居至上西平路刘察巷12号居住。（其生平事迹详见本书附录二）

该故居位于刘察巷12号，建于民国时期。坐南朝北，总体布局为二进带一后包，平面布局呈长方形，面宽11.6米、进深23.6米、面积273.76平方米；夯土抹灰墙体，硬山顶灰瓦屋面，主体为分心柱月樑构架。

潮安第一次工人代表大会旧址、潮安青年救亡同志会会议旧址——扶轮堂

1926年7月，以潮安劳动同盟为基础，潮安32个工人团体

联合成立了潮安总工会。7月11日，全县第一次工人代表大会在"扶轮堂"开幕。县城及各乡、镇代表共267人参加大会。会上作了政治报告和省港大罢工、本县工人运动等报告，并讨论了工会章程，选举了总工会执行委员13人。

1937年7月7日"卢沟桥事变"之后，抗战全面爆发。1937年3月，在广州中山大学读书的共产党员钟骞回到潮安，与从北京回来的中共党员杨家龙等"抗先"队员，发起组织公开的群众团体"潮安青年救亡同志会"。会址设于潮州城英聚巷扶轮堂内。同年冬，"潮安青年救亡同志会"改名为"潮安青年抗敌同志会"。

"扶轮堂"始建于清嘉庆年间，原为海阳县知县谢邦基倡建的民间助学机构。该址坐北朝南，二进带左右各一从厝，面宽32.7米，进深31.5米，占地面积1030.05平方米。夯土抹灰墙体，硬山顶灰瓦屋面，正座五开间格局。门楼肚有石刻博古图，后座瓜柱台梁，建筑主体装饰有精雕细刻的金漆木雕。

该旧地位于英聚巷20号（又名扶轮堂）。扶轮堂属革命文物。

潮州交通旅社

潮州交通旅社是土地革命战争时期中共中央开辟的从上海—香港—汕头—潮州—大埔—青溪—永定，进入瑞金中央苏区的红色交通线潮州段的地下交通旅店，其老板吴寿庆，为大埔县印尼归侨。从1930年至红军长征前，由上海经潮州、大埔的中央秘密交通线进入江西苏区的中共中央领导干部共计200多人，第一次较大规模转移是在1930年冬天和1931年春天，任弼时、刘伯承、项英、左权、徐特立、张爱萍、伍修权等在内的大批干部经潮州交通旅社转大埔、青溪进入苏区；第二次是在1931年4月顾顺章叛变之后，周恩来、邓小平、聂荣臻、李富春、邓颖超、董必武等人也经此秘密交通线进入苏区；第三次是在1933年1月，由于中共临时中央政治局在上海无法立足，博古、陈云、李维汉、谢觉哉、瞿秋白、李德等人最后也经潮州交通旅社转移进入苏区。这是唯一一条自始至终不被破坏的交通线，除了是白区进出中央苏区的重要渠道，还是中央苏区对外通信的重要窗口和物资及活动经费的补给线。

"中央秘密交通线"潮州交通旅社在中华人民共和国成立后被改建为居民住宅区。经查证，其地点在潮州市区卫星二路水晶西巷对面住宅楼所在地方，此地原有一小街贯通白日路和上东平路，小街北侧西端有一座四层楼房，即是交通旅社。

中共地下党组织联络点——陈超凡家

陈超凡，1928年参加中共的组织活动，积极进行抗日救国的爱国宣传工作。1937年4月在普宁由陈初明（中共潮普惠南分委书记）、王让余介绍加入中国共产党。1938年3月，陈超凡与陈初明等从普宁回家乡，成立中共黄金塘村党小组，在村中组建起"青抗会"，使抗日救亡运动在全村蓬勃发展。
1939年6月，潮汕沦陷后，与陈初明等奉调中共潮普惠揭中心县委，以教书为掩护，参加中共领导的地下抗日斗争，一直到抗战胜利。1946年1月，中共潮安县工委成立。上级党委调陈超凡回家乡开展工作。9月，陈超凡回到家乡，以村小学校长的身份为掩护，担任中共黄金塘村支部书记。他以保长的合法身份又组建了一支20余人的地下民兵组织，陈延国（中共党员）担任队长。

村党支部积极发动群众抗"三征"（征兵、征粮、征税）。1948年2月、3月，先后与潮澄饶丰人民抗征队独立中队一起参加攻打店市（隆都）警察所、自卫队，破前美谷仓，向潮州桥东资本家米店借粮借款，处决警察所巡官等几次较大的战斗。

黄金塘村陈超凡家作为中共重要的交通站，接送南来北往的武工队、部队转移的战士，接送地下党员、海外侨胞、进步人士、青年学生上凤凰山参加革命。1948年5月20日凌晨，陈超凡、陈延国、陈宽隆3位中共党员正在陈超凡家召开支部会议，国民党洪之政"剿匪"第四中队突然包围黄金塘村，拘捕陈超凡等3名党员和进步青年15人（后党组织多方设法赎出进步群众15人）。约半个月后，国民党当局把他们押到饶平钱东埔美村附近，惨无人道地把他们活埋了。

该故居位于桥东黄金塘村后花园5号。

"红三连"居住地——双过山老虎祠堂石洞

1934年，中国工农红军东江独立师第二团第三连（红三连）近30人深居于西坑村双过山老虎祠堂石洞，日伏夜出转战于潮澄饶澳各县间。西坑村苏维埃农会组织妇女会员舂米备粮，派妇女骨干林玉枝、陈如莲、赖三妹等五六人以种田为名，将米盐油装于尿桶，上面用草木灰盖上，挑担到双过山后以供红军战士伙食之用。此次战斗历经近1个月。

"红三连"居住地"双过山老虎祠堂石洞"，位于磷溪镇西坑村双过山山窝。

革命烈士陈维扬执教的西坑中心小学——永德堂

抗日战争时期，陈维扬执教的西坑中心小学（永德堂），

1943年至1944年期间，为革命活动地点之一。

期间，中共党员、校长陈维扬及妻子李秀春、教员许云勤、蔡润钿等5人以隐蔽身份执教于西坑中心小学，暗中进行革命活动。后因"风声紧"，一天夜里，陈维扬与教员一帮人连夜撤离学校。

1948年2月28日夜晚，陈维扬等4人在东溜陂肚村开展群众工作，由于叛徒告密，29日晨遭国民党军队包围。陈维扬在掩护战友突围时英勇牺牲，时年26岁。

该旧址位于磷溪镇西坑村张厝阁永德堂祖祠。

革命母亲李梨英出生地——西坑村古寨内

李梨英，1888年11月25日出生于西坑村古寨内，后嫁到铁铺镇大坑村。（其生平事迹详见本书附录二）

革命母亲李梨英出生地位于磷溪镇西坑村古寨内，该址始建于清朝中期，在20世纪80年代进行重修。

许若愚烈士牺牲地——陈乌爹山岗

1932年至1933年国民党邓龙光部队驻扎西坑村张厝阁，西坑村成为"红白"插花地。1935年8月，中共潮澄饶县委派许若愚回秋溪恢复工作。不久，许若愚和另一同志外出寻找粮食时，被邓部发现，并派兵追杀，许若愚经西坑村崩坑田登上陈乌爹山岗被邓部官兵击中牺牲。邓部还放火烧山，以防万一。另一同志隐于山下田沟里，得以脱险。

该地位于磷溪镇西坑村陈乌爹山岗。

北坑村农会活动旧址——明德堂

1926年，全县农民运动发展迅速。2月间，共产党员许经天、许千英、陆万杰等到北坑村串联，宣传发动组织农会，青壮农民在明德堂集会成立北坑村农会。农会主席许经天，委员许千英、陆万杰、陆亚芝、陆添涌、陆位农、陆梁成，会员100多人，农会会址设在明德堂，农会成立以后还组织本村农民暴动队。农会成立后，在本村掀起减租减息斗争。新民主主义革命斗争时期，明德堂一直是革命组织活动之地。

北坑村农会活动旧址——明德堂位于磷溪镇北坑村东北面，面积450平方米，因年久失修，部分已倒塌。

中共潮澄饶县委筹建工农红军革命活动旧址——东厝书斋

1932年，中共潮澄饶县委派傅尚刚带领来自革命根据地大南山的贝必锡、李金盛、罗金辉、速仔等进驻东厝书斋，由中共秋溪区委许若愚等在北坑及其他各村串联，发动青壮农民参军入伍，北坑村党支部、农会配合活动，不久，中共潮澄饶县委在大涵埔成立中国工农红军独立师第二团第三连。

该旧址位于磷溪镇英山村东厝书斋与大涵埔相邻处，现已倒塌。

中国工农红军东江独立师第二团第三连（红三连）成立旧址——大涵埔

1932年冬，中共潮澄饶县委在秋溪区北坑村大涵埔正式成立中国工农红军东江独立师第二团第三连。北坑村陆振池、陆位免、许金瑞、陆世妹、陆湘潮、陆林春、陆舜然、陆在尚等参加红三连。红三连成立后到1933年底，休整扩员短时整训驻在大涵埔。

位于磷溪镇英山村的中国工农红军东江独立师第二团第三连（红三连）成立和驻地旧址原厝屋已倒塌。

陆位保烈士故居

陆位保，1908年生，1932年，陆位保参加农会革命活动，是北坑村首批参加革命活动的进步人士。1933年加入中国共产党，任中共秋溪区委委员。下半年被中共潮澄澳县委派往凤凰山开展革命活动。1933年，中共潮澄澳县委为加强浮凤区的力量，先后派陆位保、叶淑兰等一批干部进入浮凤区。1935年1月，中共潮澄饶县委划分为潮澄饶、潮澄揭两个县委。中共潮澄饶县委下辖浮凤区委，书记陆位保。1935年10月，陆位保、蔡湖以及柯良率领的区联队10多人，也先后转移到坪路。

1935年11月，中共闽粤边特委重新组织潮澄饶县委领导班子，陆位保为书记，陈耀潮为组织部长，蔡湖为宣传部长。

1936年4月，中共潮澄饶县委书记陆位保及常委蔡湖由交通员张两保带路，先后到澄海岛门乡，与继续在平原坚持斗争的隆澄、苏南两区取得联系，并在这里进行活动。6月，由于交通员叛变，敌人包围汕头市金山街县委机关，县委书记陆位保、隆澄区妇委刘碧花和到县委汇报工作的隆澄区委书记陈锦裕被捕，秘密设在汕头的县委机关被破坏。翌年春，陆位保、刘碧花、陈锦裕三人被杀害于潮州竹竿山，陆位保牺牲时年仅29岁。蔡湖因常委身份没暴露，被判了7年徒刑。

陆位保烈士故居位于磷溪镇北坑村祖厝，故居现已破旧。

秋溪游击区革命活动旧址——陆益家

1931年冬，中共潮澄澳县委派亚莫（林苏）和傅尚刚（江宁）先后到北坑村秘密活动，住在陆益家，以做买卖杂货为掩护，在北坑村秘密串联，发动群众参加革命。陆益、陆位保、陆在尚、陆添涌、陆广祥、许若愚、许金瑞、丁梅、陆泉顺、陆位勉、陆亚尾、陆芝利等首批参加革命活动，为成立北坑村农会、党支部等革命组织打下基础。

1931年，陆益任北坑村农会主席。1932年春，加入共产党组织，下半年被县委派往浮凤区开展革命活动。1933年后被调回秋溪区工作。1935年春在北坑村许厝书斋被捕，家人卖田赎人，出狱后送往泰国疗养身体。1937年抗战爆发，陆益和林清佐、吴峰一起回国抗战，1938年在广州受党组织护送到延安抗大学习，后任八路军某营营长，在百团大战中牺牲于河北省阜平县，时年33岁。

位于磷溪镇英山村的陆益烈士故居是秋溪游击区革命活动旧址，在北坑自然村柿园，土木结构，现已破旧。

革命烈士许若愚、李婵香故居

许若愚，1910年生，1931年参加革命，1932年加入中国共产党，1933年任中共秋溪区委委员，1934年任中共秋溪区委书记，1935年任中共潮澄饶县委常委。1935年8月，潮澄饶县委派许若愚回秋溪区恢复工作。这时，秋溪区的环境十分险恶，到处是国民党的驻军和后备队，敌探密布，群众被围篱打栅，工作很难开展。许若愚在一次外出寻找粮食时，在陈乌爹山坳遇敌被围。他藏在荆棘丛中向敌人射击，孤身与敌军奋战，敌人集中机枪、步枪向荆棘丛中扫射并放火烧山，许若愚最终在枪弹和烈火中壮烈牺牲，年仅25岁。

李婵香，1913年生，许若愚之妻，1932年参加革命活动，同年加入中国共产党。1933年任秋溪区妇委，1934年任宣传委员。1935年8月，时任登荣区特派员的李婵香在文祠鸭背村因叛徒告密不幸被捕，后被国民党反动派杀害，年仅22岁。

该故居位于磷溪镇英山村。

潮安地下革命交通线交通站旧址——林畔书斋

1948年，革命武装斗争迅猛发展，为开辟革命新区，6月间，韩江纵队游击队员余锡渠、李四海到北坑村，建立凤凰到李工坑、陂坑，越后径、赤米埔，跨南山后至北坑村的延伸交通线，组建林畔书

斋交通站，负责人为陆添涌。

潮安地下革命交通线交通站旧址位于磷溪镇北坑村西北面，现已被改建成民居。

秋溪区革命委员会旧址——牛纡岭

1933年春夏，秋溪区游击队及各村游击队、农会、党支部相继建立，形成连片革命区域，革命斗争不断发展。9月，中共秋溪区委在北坑村牛纡岭成立秋溪区革命委员会，主席傅尚刚（又名江宁），秘书李可。北坑执委许若愚，委员陆炎裕、陆有志、陆益、陆泉顺、陆亚贵、丁梅等，领导群众开展革命斗争。

秋溪区革命委员会旧址位于磷溪镇北坑村的柿园厝后山岽。

秋溪游击区革命活动旧址——柿园书斋

1931年秋冬，中共潮澄澳县委派彭莫（林苏）和傅尚刚（江宁）先后到北坑村秘密活动，发展了陆益、陆位保、许若愚、丁梅等一批骨干参加革命，经常在柿园书斋开会，部署革命工作。1931年12月，成立北坑村农会，会员60多人，农会主席陆益。

1932年4月间，又吸收了陆益、陆位保、许若愚、陆在尚、陆添涌、陆广祥、陆芝利等9人加入中国共产党，建立北坑村党支部，书记许若愚。

随后，北坑村一批革命骨干被县委派往秋溪区各村及浮凤区一带进行开辟游击区的活动。

柿园书斋位于磷溪镇北坑村西南面，土木结构，现已倒塌。

秋溪区、北坑村革命组织革命活动旧址——许厝书斋

许厝书斋是革命组织活动地
点之一，1934年春，秋溪区革委会
委员和北坑村农会骨干陆益、陆亚
龟、陆炎裕、陆添涌等10多人在许
厝书斋召开秘密会议，会议间，遭
国民党军黄德明部侦缉队包围，大
部分人突围，陆益、陆广祥不幸被
捕。敌人搜捕后还放火烧厝。

秋溪区、北坑村革命组织革命活动旧址，位于磷溪镇北坑村
西南面，土木结构，现已破旧。

江秀卿革命烈士活动遗址

江秀卿，1926年生于澄海县梅州
村。（其生平事迹详见本书附录二）

1948年2月10日上午10时，国民
党饶平县保警第四中队林追光部和吴
思义的清剿队共200多人包围在铁铺
镇棕尾店一带活动的游击队。敌人先

占领各山头，插旗擂鼓，然后乱开机枪扫射。江秀卿听到枪声，
立刻叫醒同志突围。江秀卿自己走在最后，因被山藤绊倒，脚部
扭伤而掉队，在棕尾店书斋仔对面伯爷宫后的小山丘上不幸被
捕。敌人把江秀卿押到设在澄海隆城的指挥部审问。

2月19日下午，江秀卿、李泽蔚两人被押到潮州城外的竹竿
山，推进早已挖好的两个土坑活埋，英勇就义。年仅22岁的江秀
卿虽然光荣牺牲了，但她为了革命事业临危不惧、坚贞不屈的大

无畏精神，永远活在潮汕人民心中。

该遗址位于铁铺镇棕尾店。

中共潮澄饶中心县委旧址——铺埔村陈作征家

1939年10月，由于日军入侵，潮汕地区被分割为两片，中共闽西南潮梅特委按照原定部署，在潮汕地区成立潮普惠揭、潮澄饶两个中心县委。潮汕中心县委改为潮澄饶中心县委，其原辖的潮揭丰边县委由特委直接领导。机关驻地由葡萄园迁至潮安四区（今湘桥区官塘镇、铁铺镇）铺埔村陈作征家（陈作征时任潮安四区区委宣传委员）。

该旧址位于铁铺镇铺埔村，由一座坐北朝南的"儒林第"式小院和两侧各一排从厝组成。

潮安青年图书社旧址——开元寺崇行堂

潮安青年图书社成立于1917年。开始时社址设在潮城竹木门外柴炭行"发成行"二楼，定名为"城东青年图书社"，后因书社发展扩大，社员遍及城内各处，于是迁往开元寺内的崇行堂（在大雄宝殿西侧，现已塌）。

庆祝革命军东征胜利祝捷大会会场旧址——西湖广场

（详见本书第二章）

"八一"南昌起义军贺龙部第三师政治部驻地旧址——叩齿庵

1927年9月23日，周恩来和朱德、贺龙、叶挺、刘伯承等领导的"八一"南昌起义军从福建进入广东，在潮汕驻军7天，当时起义军贺龙部第三师政治部设在叩齿庵，师长周逸群、政治部主任徐特立曾在此办公。

1980年12月潮州市人民政府将该庵列为文物保护单位。

该旧址"叩齿庵"位于潮州市区西平路南段，今城南小学东侧。

英山农民协会旧址——陆氏宗祠

1927年9月23日下午，南昌起义军进入潮州城。虽然时间只有7天，但潮州各地农民运动的革命烈火已经熊熊地燃烧起来。英山农民协会就是"七日红"期间所建立起来的红色政权之一。

该旧址陆氏宗祠位于磷溪镇英山村（北坑村）。陆氏宗祠至今保存完好。

潮安县军事管制委员会旧址——潮州城区昌黎路原市政府办公所在地

1949年10月22日，闽粤赣边纵第二支队和第四支队联合解放了整个潮汕。23日第四支队在意溪镇集中后开进潮安县城，受到全城人民的欢迎，即日，潮安县军事管制委员会和中共潮安县委员会宣布成立，地址为潮州城区昌黎路原市政府办公所在地（今

为文化公园）。军管会主任李习楷、副主任许士杰、许杰。县委书记李习楷（11月后为吴健民），组织部长郭奕群，宣传部长刘斌。

（图为军管会大门）

附录五 革命文物的保护及利用

湘桥区现存革命文物

潮安工界救国联合会演讲活动讲台

1919年5月9日，是袁世凯承认"二十一条"的国耻纪念日，潮安各界派出讲演队上街演说。反动军阀洪兆麟、县长陈友云指使特务营长姜寿南派兵逮捕演讲员和工会干部，并查封了青年图书社和工界救国联合会。潮城工人商人随之罢工罢市，集会抗议，列队请愿。经过100多天的斗争，当局不得不将工会干部无条件释放。

（图中的活动讲台，就是当年爱国运动中潮安工界救国联合会演讲团在街头演讲时使用的讲台）

欢迎东征军进入潮汕的红色传单

1925年11月5日，东征军第二次到达潮州城。11月7日，潮安县农民协会、潮安庵江农船工会、潮安大寨工会暨各工团，分别印发欢迎东征军的红色传单（如图）。传单内容如下：

欢迎东征军入汕

欢迎！拍掌高呼的欢迎！欢迎帮助农工的国民革命军！欢迎

拯救潮梅的东征战士！

革命同志们！我们衣食不给的农夫，在这帝国主义压迫底下，又加上一重帝国主义走狗陈炯明的严重践踏，我们早已感觉到求生无望了！在这奄奄一息中忽然得到东征军的拯救，我们不能不感谢诸革命同志之努力！我们在这狂热欢喜中，谨率全体的农民，表示万分诚恳的欢迎！国民革命万岁！中国农工阶级解放万岁！

潮安县农民协会
十四、十一、七

中央军事政治学校潮州分校手册

中央军事政治学校潮州分校手册，为铅印16开直排本，全书计112页（其中部分残缺，见图）。内容包括总理训词、总理遗嘱等42项。

黄埔军校潮州分校手册是1982年文物普查中所发现，几十年来一直保存在龙湖镇阁二村村民林素娥家中。林素娥的丈夫许日佩（已故）是当时黄埔军校潮州分校第二期第二队学生。该手册现已严重残破，封面封底已失，出版具体时间不明。

周恩来题词条幅

1925年11月22日至1926年3月，周恩来任广东东江各属行政委员会主任，曾题词一幅，内容为："扰乱中国的两大障碍物，一个是国际帝国主义，一个是国内武人政治。我们民众要期统一与和平，须要打破这两大障碍物。"条幅上有周恩来之落款及"广东东江各属行政委员"印。

这幅题词于战争年代流失，20世纪50年代被发现（见图），为潮州市博物馆珍藏。

《革命周报》

《革命周报》是汕头国民外交后援会宣传部出版的革命刊物，发表过许多革命檄文。

（图为1926年1月25日《革命周报》第四期为纪念列宁逝世二周年而发表的社论：《列宁逝世二周年纪念后的工作》）

义卖筹款工艺品——"涵碧楼"模型

1926年7月，北伐战争开始后，潮安总工会和农民协会号召工农群众，积极行动支援北伐战争。当时各界还举办游艺、展览会、义卖等活动，筹款支援北伐战争。涵碧楼模型为义卖筹款之工艺品。

（图为义卖筹款之工艺品——涵碧楼模型）

蔡英智烈士秘藏宣传品的呷哔（皮箱）

蔡英智烈士，潮州市区人。（其生平事迹详见本书附录二）

〔图为蔡英智烈士的遗物：呷哔（皮箱）〕

国民革命军第二方面军告示

1927年9月23日，南昌起义军进驻潮州城后，即以贺龙总指挥名义贴出安民告示，起义军军纪严明，秋毫无犯，军民关系水乳交融。

（图为告示）

红三连使用的军号

1932年冬，中国工农红军独立第二师第二团第三连（简称红三连），在秋溪区大涵埔宣告成立。红三连成立后，首战隆城告捷，缴获隆城警卫中队枪械一批。此后还连续攻打溪口大宗祠警卫队、店市警察所、意溪河内、沙溪市富商，缴获一批长短枪枝和富商财产。当年红三连战士使用过的军号为革命文物。

（图为当年红三连战士使用过的军号）

红军标语

土地革命战争时期，红军开展过大规模的宣传工作，这些标语至今仍保留在白水湖村的墙头（见图）。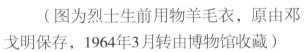

石辟澜烈士的遗物——在陕北时穿的羊毛衣

石辟澜烈士，潮州城区人，抗战初期为中共在华南的刊物《新华南》主编，南委事变后去延安，在中共中央党校二部学习，抗战胜利后随解放大军南下大别山，在大别山被反动武装所杀害。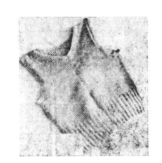

（图为烈士生前用物羊毛衣，原由邓戈明保存，1964年3月转由博物馆收藏）

钟骞烈士家书

钟骞烈士为革命鞠躬尽瘁，把一切都献给党的事业，他在写信给他的母亲时，说他"不能够好好地来补偿妈妈毕生的心血"，又不能够"解消妈妈留在额角上几十年来的苦难与忧烦所堆积起来的皱纹"是不孝的，但是，他所做的事业，是"站在人群与国族的事业上，妈妈的乳汁毕竟不会白喂了我的"。为了弥补自己的不孝，"今天他只能用革命来报答妈妈"，充分体现他为国为民的赤子之心。

（其生平事迹详见本书附录二，图为钟骞家书手迹）

边纵第四支队臂章

解放战争时期，边纵第四支队同志佩用的布章，正面为蓝色"中国人民解放军"七字，背面有"中国人民解放军闽粤赣边区纵队第四支队"方印。

（图为四支队臂章）

边纵第四地委财经会工作人员零用费支领证

解放战争时期，坚持在敌区游击战的同志们，由于国民党的层层封锁，人民群众处于水深火热之中，战士们过着艰难困苦的生活。当时每人每月只有二三元的零用费。

（图为边纵第四地委财经会工作人员零用费支领证）

革命文物的保护和利用

郭沫若重访涵碧楼

1965年夏，全国人大常委会副委员长、当年南昌起义革命委员会总政治部主任郭沫若偕夫人重访涵碧楼，抚今思昔，激情满怀，挥笔写下这首诗："弹指光阴卅八年，潮安每在梦中旋。楼台倒映涵虚碧，旗帜高扬似火燃。一夕汤坑书附羽，千秋英烈血喷烟。今来重到金山望，日月更新别有天。"

楼名"涵碧楼"三字，也是郭沫若所题。

举办纪念周总理及南昌起义图片展览

1977年1月8日，经中共潮安县委决定，在潮州西湖涵碧楼举办《敬爱的周总理永远活在我们心中》及《八一南昌起义》照片展览。至当年12月14日止，共接待观众34523人次。

唐天际参观涵碧楼并题词纪念

1977年，"八一"南昌起义参加者、中国人民解放军总后勤部副部长唐天际到潮州视察，参观涵碧楼时对管理人员说，50年前（1927年）他随起义军由南昌打到潮州，当时任起义军某部的特务连连长。50年后的今天又来到潮州，非常高兴。即席挥毫书写大字中堂一幅，内容是："一九二七年八月一日南昌起义是我党独立领导武装部队向国民党反动派打响第一枪，从此建立了工农红军，这是永远值得发扬的革命光荣传统。唐天际南昌起义五十周年于潮州涵碧楼。"

举办新民主主义革命史展览

1979年7月，潮安县博物馆在开元寺大殿举办新民主主义革命史展览。内容分5大部分。展出的内容其时限自1919年马列主义在潮安的传播时起，至1949年10月潮安县全面解放为止各个革命时期的潮安历史。展览至当年底结束，5个月间参观人数约5万人次。

粟裕莅潮调查革命史并为涵碧楼题词

1979年12月，中央军委领导人粟裕到潮州调查革命史料，在涵碧楼举行座谈会，回顾1927年八一南昌起义军到潮州的情况。粟裕谈到当年他在起义军教导团，后派出为警卫连的排长，专门负责保卫后勤部门，驻潮州城内一间大祠堂内，10天没有出门，最后撤退时随军过江北上。当时有为数甚多的光洋和物资无法运走，只得丢弃当地。粟裕参观了几处祠堂都无法确定哪一座是当时的驻地。

粟裕在竹竿山住地挥毫题诗二幅，送涵碧楼收藏。其一为《竹竿山头望》："南昌风雷震大地，潮州七日红南粤。碧血洒韩江，激流汇井冈。重来已过半世纪，地覆天翻今非昔。竹竿山头望，无限好风光。 南昌起义五十二周年后重来潮州。 粟裕一九七九年十二月。"

潮州市公布文物保护单位

1980年12月12日潮州市人民政府发出布告，第一批重点文物保护单位中有革命文物单位如下：

涵碧楼 一九二七年"八一"南昌起义军领导人在潮州的驻地。

黄埔军校潮州分校旧址 位于中山路李厝祠及对面黄氏大宗祠。

叩齿庵 "八一"南昌起义军第三师政治部曾设在这里。

学宫（孔庙）在昌黎路。明洪武二年（1369）重建。一九二七年起义军军官教导团驻地。

潮州革命烈士纪念碑 坐落西湖山。一九五五年清明节建成。

潮州成立文物名胜古迹修建筹委会

1981年8月28日中共潮州市委发出州委（1981）20号文《关于成立潮州市文物、名胜古迹修建筹委会的通知》，宣布成立潮州市文物、名胜古迹修建筹委会，委员23名，办公地点设在市文化局。

肖克视察涵碧楼

1992年冬，当年（1927）曾参加八一南昌起义军来到潮州的肖克上将，视察了涵碧楼，并题词："八一功在第一枪 六十五周年重返潮州涵碧楼留念 壬申冬 肖克。"

革命纪念场馆

春涛亭

李春涛（1897—1927），潮州城区
（今湘桥区）刘察巷人。（其生平事迹详
见本书附录二）

1955年4月5日，潮州建立革命烈士纪
念碑，李春涛名列首位。

1987年2月，于西湖公园涵碧楼西北
侧奠基兴建春涛亭，为两层六角亭状建
筑。亭中竖有一座石碑，镌邓颖超题写的
"李春涛烈士永垂不朽"9字；背面镌中共潮州市委、潮州市人
民政府撰写的碑记。该亭匾额上书"春涛亭"，有楹联"春色来
天地，涛声壮山河"，均为时任广东省政协主席吴南生撰并书。

该场馆位于西湖公园涵碧楼西北侧。

"革命母亲"李梨英故居

李梨英是一名从普通农村
妇女成长为坚强的中共党员和
无产阶级革命者的典范。（其
生平事迹详见本书附录二）

为纪念"革命母亲"李
梨英的功绩，缅怀革命先烈，

发扬爱国主义精神，铁铺镇积极筹措资金，对李梨英故居遗址进行初步修复。2009年9月16日，"革命母亲"李梨英故居被潮州市政府授予"爱国主义教育基地"称号。2010年和2014年，为更好地开展爱国主义传统教育活动，铁铺镇两次对故居进行主体修缮，完善配套设施，包括修筑通往故居的水泥路、修建停车场以及购置课桌椅等。自李梨英故居对外开放以来，共接待社会各界人士及中小学生超过5万人次。

2014年，中共潮州市委党史研究室授予"革命母亲"李梨英故居为"潮州市中共党史教育基地"的牌匾，并举办了"革命母亲李梨英故居革命史迹图片展"。

"革命母亲"李梨英故居位于铁铺镇大坑村，原为一间瓦房，已倒塌。2008年9月在原遗址上重建，修旧如旧。

黄埔军校潮州分校旧址——李厝祠

（详见本书附录四）

涵碧楼"潮州七日红"陈列馆

（详见本书附录四）

人民艺术家陈波儿雕塑

在潮州西湖广场中，有座人民艺术家陈波儿的汉白玉雕塑像，还有1块巨大的大理石，前面镌刻着著名艺术家夏衍的题词："人民艺术家陈波儿同志不朽。"背面刻有阳翰笙撰、吴南生书的陈波儿生平事迹。这座塑像是1995年为纪念陈波儿从事革命文艺工作65周年而建的。当年元宵节期间，来自北京、上海、广州、汕头等地的电影和文艺界知名人士于蓝、于洋、田华、陶玉玲、陈播、唐大禧等人和潮州党政领导人及有关代表数百人，参加了陈波儿雕塑像揭幕仪式和纪念活动。

陈波儿雕塑像园地，被潮州市人民政府定为"爱国主义教育基地"。20多年来，一批批青少年到这里参观，瞻仰先烈风采，缅怀先烈业绩。

陈波儿（潮安籍人）的一生，叱咤风云，献身革命事业，鞠躬尽瘁。她的业绩和风范，是潮州人民的骄傲。

潮州革命烈士纪念碑

潮州革命烈士纪念碑高9米，1955年清明节为纪念新民主主义革命时期为革命事业献出生命的烈士而建。

纪念碑四面皆有镌字，正（南）面题："潮州革命烈士纪念碑。中国共产党潮安县、潮州市委员会，潮安县、潮州市人民委员会，中国新民主主义青年团潮安县、潮州市委员会，潮安县、潮州市工会联合会，潮安县、潮州市民主妇女联合会，一九五五年四月五日建。"北面刻有李春涛等25位烈士的姓名、性别和牺牲时间。东面刻："永垂不朽，中国共产党潮安县委员会立。"西面刻："万古长青，中国共产党潮州市委员会立。"

该纪念碑位于西湖公园凤栖泉和芙蓉池之间。

潮州革命烈士纪念碑现为潮州市重点文物保护单位，是革命传统教育基地。

抗战阵亡将士纪念碑

纪念碑始建于1949年1月，系民国潮安县政府为纪念潮汕抗战阵亡将士而建。正面镌刻着"抗战阵亡将士纪念碑"9个楷书大字，碑座四周石栏刻着国民党中将部员、潮安籍人陈克华撰写的碑记《潮汕抗日战纪》。

纪念碑在"文化大革命"期间被改

建为"忠字塔"，1986年被拆除改建为儿童公园，1999年4月儿童公园拆迁，遂在原地按原貌重建起"抗战阵亡将士纪念碑"，于2000年元旦竣工。纪念碑碑记《潮汕抗日战纪》，记述了抗日战争时期潮汕军民英勇抗击日军的史迹，是开展爱国主义教育的教材。

"抗战阵亡将士纪念碑"位于西湖公园入口处正面，松柏常青，庄严肃穆。

附录七 红色歌谣、歌曲、诗歌

红色歌谣是革命传统的珍贵遗产，它来自革命斗争，来自生活，来自革命者和工农大众；它鼓舞和推动着革命斗争，具有强烈的时代精神和艺术魅力。革命年代流传于潮州地区（含今湘桥区）的红色歌谣、革命歌曲数不胜数，仅2004年由潮州市关心下一代工作委员会收集、整理、编辑出版的《潮州革命歌谣集》就有200首，其中大革命时期和土地革命战争时期的有83首，抗日战争时期的有49首，解放战争时期的有58首。这些歌谣是宣传群众、发动群众的有力武器；是革命的号角和克敌制胜的投枪匕首；是教育青少年的优秀教材。

除了《潮州革命歌谣集》之外，还有《潮州歌谣集》《全本潮汕方言歌谣评注》《潮州歌谣集成》以及丘玉麟选编的《潮州歌谣》等书中辑录的革命歌谣；再有一些杂志和有关镇志中零散的作品。

红色歌谣、革命歌曲、进步诗歌浩如烟海，本书所收录的一是记录革命时期在潮州工作及籍贯属今湘桥区的革命志士创作的代表性作品，二是记录在今湘桥区域广泛流传的代表性作品。

大革命时期和土地革命战争时期

田仔骂田公[①]

彭湃[②]

咚咚咚！田仔骂田公。田仔做到死，田公吃白米。咚咚咚！田仔打田公。田公唔（不）知死，田仔团结起。团结起来干革命，革命起来分田地。你分田，我分地；有田有地真欢喜，免食番薯食白米。咚咚咚！田仔打田公。田公四散走，拿包斗[③]，包斗大大个，割谷免用还。

纪念庄淑珍同志[④]

方方

白云白水白目洲[⑤]，云在飞兮水在流。

云水多情君莫恋，归仁群众慰君休。

注：这首诗见汕头地区中共党史资料1981年第2期，原注说本诗最后三个字记不太清楚，有待再查核。

方方（1904—1971），原名方思琼，普宁县人。1927年潮汕"四一五"反革命政变后，他在潮安参与领导潮汕革命武装——农军。后在东江建立革命根据地，组建红军。红军长征后，他与

---

① 田仔：即佃户。田公：即地主。

② 彭湃，海丰县人。中国共产党最早从事农民运动的领导者和卓越的革命家，海陆丰革命根据地的创始人。曾任中共中央委员、中央政治局委员。1929年8月在上海被捕，8月31日被国民党当局在龙华监狱杀害。

③ 包斗：麻布袋。

④ 庄淑珍（1912—1928），湘桥区人，大革命时期参加工作，曾任中共潮城区委委员。1928年4月在归仁乡开展妇运工作时被捕，7月13日被杀害于潮城南校场，时年仅16岁。

⑤ 白目洲——地名。归仁——地名（现古巷、凤塘、登塘一带）。

张鼎丞、邓子恢、谭震林一起领导3年游击战争。抗日时期担任中共闽粤赣省委书记、南方工委书记。解放战争时期任中共中央香港分局书记。中华人民共和国成立后，任中共华南分局第三书记、广东省副主席。1955年调任中央侨委副主任、党组书记。"文化大革命"中被"四人帮"残酷迫害，含冤去世。

高山顶上一株松

钟骞

高山顶上一株松，唔怕霜雪唔怕风，

志士好比松柏样，再大霜雪唔退冬。

注：钟骞（1916—1944），湘桥区意溪人。（其事迹详见本书附录二）

诗二首[①]

钟骞

韩江边上好儿郎，大好河山仔细看。

韩江不在东三省，三省却有松花江！

天外有天山外山，老鹰穷计图饕餮[②]。

覆巢那得有完卵，祖国匹夫怀兴亡！

---

① 1934年春在潮州城东北岸登"别峰山"作（见《闽西文化》1982年第1期）。

② 饕餮：读"哮剪"，指凶恶的人。

缇骑纷纷街上驰

陈府洲①

缇②骑纷纷街上驰，满城风雨尽凄凄。

行人回避居民惧，正是逆军反动时。

金钱万恶又万能

陈府洲

金钱万恶又万能，此番阅历更分明；

推翻政制岂容缓，歼尽恶人气始平。

注：此诗系1927年"八一"起义军撤离汕头后，陈府洲到香港时作。

书　怀

陈府洲

身多疾病心偏暇，事有未成恨难平，

飘蓬本是平生惯，瞻念前途是斗争。

七日红③

陈添

西湖广场闹猜猜，欢迎义军潮州来，

红旗遮天歌震地，工农兄弟喜扬眉。

涵碧楼前闹猜猜④，工友农友把头抬。

---

①　陈府洲，曾任中共潮安县委组织部长。

②　缇（ti，音提），义：橘红色。

③　七日红详见本书第三章。

④　周恩来同志率起义军来潮州时，曾住在西湖涵碧楼，现该楼是革命文物保护单位。

跷起脚跟望呀望，欲见俺个周恩来。

起义军中有贺龙

佚名

起义军中有贺龙，北伐东征上出名。

雄师到处无敌手，武艺超过赵子龙。

当代名将叶将军

佚名

当代名将叶将军，百战百胜称"铁军"。

广州起义有架势，北伐英名震乾坤。

注：叶将军——指叶挺。

方方名字盖潮汕

佚名

方方名字盖潮汕，白派听见心胆寒；

武装斗争点烈火，烈火烧红凤凰山。

指甲花

佚名

指甲花，脚青青，地主是俺大冤家。农民兄弟团结起，一定掠伊来斗争。

指甲花，脚红红，地主是俺大仇人。一定将伊来斗倒，农民正能分好田。

送郎当红军

佚名

送郎当红军，坚决杀敌人。消灭反动呀！都是为穷人。

送郎当红军，切莫挂家庭。家中田园呀！政府帮耕种。

送郎当红军，政治要坚定。不开小差呀！要把模范当。

送郎当红军，亲郎慢慢行。革命成功呀！亲郎回家庭。

农民自叹曲（潮曲）

叹想起，当初时，俺乡农会组织起，大家团结举红旗。打倒豪劣共地主，"乜事"①由俺来主意；抗租抗债又抗税，称心快意过日时！有谁知，国民狗党起祸机，帮助劣绅共地主，奸淫烧杀惨无天！还欲百般来欺骗，叫俺守份服从伊。枪枝子弹警卫费，点点滴滴欲俺出钱。膏血被他吸尽去，受冤受屈受尽寒饥！到今日，家破财已尽，"嫁嫲"②又卖儿，骨肉从此拆离散，上天无路，入地无门，含羞忍耻！倒不如，回头来，参"赤派"，跟土劣，拼生死！拼生死，卸了苦气，出了头天！出了头天，越思越想越坚决，速速进行勿延迟，组织全乡大暴动，杀尽豪劣莫容伊！（重句）

劈呖劈呖拍（歌词）

佚名

劈呖劈呖拍，对着反动派，我们的枪口瞄准他。民族革命战争已经开展啦，工农兵快快联合起来啦。

劈呖劈呖拍，杀尽刮民党，我们的枪口瞄准他。向前杀，建

---

① 乜事——什么事。

② 嫁嫲——卖妻。

立苏维埃政权啦，工农兵快快联合起来啦。

劈呖劈呖拍，枪枝在俺手，定叫敌人脑袋开了花。杀杀杀！
完成中国革命啦，工农兵快快联合起来啦。

抗日战争时期

妇女歌

周礼平[1]

全国诸位姐妹们，一齐静心听歌文。

自古至今个制度，压迫妇女罪万分。

重男轻女真不该，丈夫看嫲如奴才，

欲打欲骂由伊做，因为钱银伊赚来。

父母遗产有万千，全部全归兜仔个，

生着走仔人人卤，落涂打死如刣鸡。

农夫农妇终日忙，烤风曝日惨难当，

所食所穿无件好，所住破屋不像人。

村头惨景

许士杰[2]

腰粗脸胖露凶光，跐跌坎坷入鬼乡。

饥饿能医怯懦病，从来冻馁出豪强。

---

[1]　周礼平（1915.7—1945.8），澄海区人。抗日时期任中共潮梅特派员兼任抗日韩江纵队第一支队政委、支队长。1945年8月国民党军大举围攻潮、揭、丰边区根据地时，在居西溜战役英勇牺牲。

[2]　许士杰，澄海区人。曾任中国人民解放军闽粤赣边纵队潮安县军事管制委员会副主任。

九月十八秋风凉

佚名

九月十八秋风凉，日本起兵打沈阳，沈阳当时不抵抗，东北三省就沦亡。

沦亡到今已八年，东北插着日本旗，刽人放火日本狗，害俺三千万同胞受惨凄。

日本倭奴真野蛮①

（仿风流子调、轻六）

佚名

日本倭奴真野蛮，杀死俺个中国人，实在真凄惨！北平许城边，有一个小乡里，撮人"分伊"②刽刽死。你岂知伊"做呢"③刽？你岂知伊"做呢"刽？叫伊全乡里，"拢总"④走出来。又再强迫着，扛出火油来。淋火油，放火烧，烧"胶己"⑤，个家乡；火一"夺"⑥，火光满天照。用机关枪扫射，死到"冷了了"⑦！大家伙，快起来，打倒日本仔！

抗日歌谣

佚名

鬼子带枪刀，个个戴铁帽，

---

① 这一首民歌是"潮汕青抗会"的宣传品，流行地域颇广。

② 分伊——给他。

③ 做呢——怎样。

④ 拢总——全部。

⑤ 胶己——自己。

⑥ 夺——燃。

⑦ 冷了了——全部死光。

嘴边留二撇，个面似妖魔。

到处淫杀人，好象老猪哥。

欺侮我民族，践踏我山河。

叔伯兄弟伙，血债要记牢。

菜刀磨利利，杀伊见阎罗。

一只鸡仔频呀频

佚名

一只鸡仔频呀频，频到砻脚啄米仁。

中国如再唔抗日，永世免想会翻身。

一只鸡仔喔喔啼，亡国凄凉话难提。

国亡才想来救国，许时欲救已太迟。

灯

卢叨[①]

1941年6月25日晚于狮山茅林里掩蔽。黑夜风起，写一指示信，苦烛为风灭。警卫员糊一纸灯给我工作，有感。

灯！

可爱的灯，你冲破了黑暗，

带来了鲜亮的光明。

在这荒山的黑夜里，

不但，

给我能够工作，

而且，

---

① 卢叨（1915—1993），湘桥区意溪人。（其事迹详见本书附录二）

藉着你的帮助，

一定要把漳属的反动派，消灭、肃清。

灯，

可爱的灯，

你冲破了黑暗，

给我带来鲜亮的光明。

解放战争时期

欢迎老大哥

方方

老大哥，老大哥，您威名大呀功劳多。蒋介石这个活阎罗，见你一来就打哆嗦。您过了渤海跨长城，越过了黄河渡长江。到处解放人民笑呵呵。

老大哥，老大哥，又要您南征来奔波。我这个小弟弟，三年的游击虽无错，要是没有您老大哥，解放广州，解放华南就还得再拖。

欢迎呀，欢迎呀，欢迎我们的老大哥，一齐打到广州去，一齐活捉活阎罗！解放全广东，解放全中国，我们一齐来欢舞高歌。

注：老大哥是指中国人民解放军。这首歌谣由玛原配上潮州曲调，流行于广大游击区。

纸票[①]

万年青（曾应之）

衫袋冷胀胀，到叠净纸票。数到手酸死，粜无一斛米[②]！横

---

① 纸票——指当年的钞票。

② 斛——量器。当时每斛米重二十斤。

直"土哩印"①，"道行"②真正深，免艰免苦"剥糕粿"③，抢到人人光淋淋！

注：曾应之（1918—1949），原名陈烈丰，潮安区浮洋人。1936年参加潮汕义勇军，任大队长。同年12月参加中国共产党，1937年任韩江工委宣传部长，1939年调闽西潮梅特委任青委委员，1946年潮安办《复兴报》和《路报》，曾应之以万年青等笔名撰写文章刊于副刊。同年秋回家乡养病，1949年3月病故。

收起冬，米瓮冷空空

佚名

收起冬，米瓮冷空空，驴生拼死白白歇。一担一担上门担去还富人。

收起冬，米瓮冷空空，一家大小嘴阔阔；全靠担炭度日难上难。

收起冬，米瓮冷空空，"白胶村"（注）五月来烧厝，衫裤烧尽无食无穿受饥寒。

收起冬，米瓮冷空空，今日只存条生命，单靠拥护共产党成功来分田。

注：白胶村指国民党军队。

---

① 土哩印——拼命印。

② 道行——本领。

③ 剥糕粿——抢劫。

望你来①（陈玛原谱曲）

宜尔②

望你来，望你来，正月旱园望雨落，
二月桃园望花开，四月大军渡江到，
九月大军广东来，望你来，望你来，
大军到来庆解放，四处欢笑闹猜猜。

新十二月歌

阿振

正月正，蒋匪朝廷大调兵；二月二，蒋贼想欲作皇帝；三月三，蒋贼害民打内战，认了美帝做阿爸。四月四，蒋介石实行假民主，放屁说民意。五月五，共产党，为人民，上可靠。六月六，人民团结打蒋贼。七月七，农会、民兵猛猛来组织。八月八，打倒蒋贼好过节。九月九，全国人民大怒吼，打倒美帝大走狗。十月十，消灭封建害民贼。十一月十一，建立人民个政府，"硗仔"正会好过日。十二月十二，共产党领导人民开辟新天地。

天顶一点红

端

天顶一点红，大军炮声如"雷同"③。解放南京甲④上海，又来解放俺广东。大家兄弟姐妹伙，猛猛相辅勿放松。组织运输

---

① 此歌谣是为迎接解放大军南下解放潮汕而作，在潮汕地区广泛流传。
② 此歌谣作者宜尔，为南下大军随军工作队队员。
③ 雷同——雷鸣。
④ 甲——和。

队，大细拢总①来相帮。大家一齐来出力，迎接大军来广东，打倒反动派，歼灭潮汕蒋匪帮！打到台湾去掠蒋介石，许时大家正平安！

莉仔花

阿鸟（林淑芳）

莉仔花，白披披，
细妹送兄到路边，
吩咐阿兄着出力，
打倒蒋匪来团圆！

莉仔花，白茫茫，
细妹送兄到路旁，
牵紧衫裾共兄咀，
革命"四直"②来收冬。

日出东畔红

佚名

日出东畔红，老蒋唔是人，抽兵打内战，物件日日贵，地税日日重，害俺无好食，种作又无田。到这时，走无路，不反也着反，加入解放军，来与老蒋拼，老蒋不除心不甘。

---

① 拢总——一起。
② 革命"四直"——意指解放战争胜利。

苦瓜苦

佚名

苦瓜苦，苦瓜唔如猪胆苦。解放前，农民实在苦。三座大山压头顶，驴生拼死饿屎肚。农民怎会苦，只因田厝地主估。

甜瓜甜，甜瓜有如蜜糖甜。解放后，农民有党好领导，生活如蔗节节甜。年年丰收粟笃满，三顿干饭"在在检"①。

以上收集记录的作品，只是众多作品中的一部分，难免有挂一漏万之嫌。然而这些作品充分运用潮州话特有的音韵和民谚俗语，使之琅琅上口，明白如话。它们是传世之作，2015年，潮州歌谣（含红色歌谣）被列入广东省第六批省级非物质文化遗产名录。

---

① 在在检——意思是慢慢地吃。

本书在编修过程中，除了到档案馆、图书馆查阅资料及通过有关部门提供的材料外，还参考了大量文献，计有：

中共中央党史研究室著：《中国共产党历史》第一卷（1921—1949），中共党史出版社2011年版。

中共广东省委党史研究室著：《中国共产党广东历史》第二卷（1949—1978），中共党史出版社2014年版。

中共汕头市、潮州市、揭阳市党史研究室编：《中共潮汕地方史·新民主主义革命时期》，中共党史出版社1998年版。

中共潮州市委党史研究室编：《中共潮安党史·新民主主义革命时期》，1993年版。

中共潮州市委党史研究室著：《中国共产党潮州历史》第二卷（1949—1978），中共党史出版社2017年版。

郑洪主编：《中国青年运动六十年》，中国青年出版社1990年版。

共青团潮州市委员会、中共潮州市委党史研究室著：《共青团潮州历史（1921—2015）》，2017年版。

潮州市地方志编纂委员会编：《潮州市志》，广东人民出版社1995年版。

潮州市地方志编纂委员会编：《潮州市志（1992—2005）》，岭南美术出版社2014年版。

潮州市湘桥区地方志编纂委员会编：《潮州市湘桥区志》，岭南美术出版社2013年版。

意溪镇人民政府编：《意溪镇志》，2010年版。

磷溪镇志编写组编纂：《磷溪镇志》，1988年版。

官塘镇志编纂委员会编：《官塘镇志》，2015年版。

铁铺镇人民政府编：《铁铺镇志（1986—2012）》，2013年版。

凤新街道志编纂委员会编：《凤新街道志（ —2010）》，2012年版。

桥东街道办事处编写组编：《桥东街道志》，1987年版。

城西街道志编纂委员会编：《城西街道志》，2010年版。

中共潮州市委主管、主办，潮州日报社出版：《潮州日报》。

中共潮州市委党史研究室主办：《潮州党史与党建》杂志。

潮州市地方志办公室主管主办：《潮州》杂志。

政协潮州市委员会文史编辑组编：《潮州文史资料》。

中共潮州市委党史研究室编：《潮州八年抗战》，2005年版。

中共潮州市委党史研究室编：《潮州英烈传》，2011年版。

潮州市地方志办公室编：《新韩江闻见录》，汕头大学出版社1995年版。

潮州市地方志办公室编：《新韩江闻见录·续编》，1999年版。

潮州市关心下一代工作委员会编：《潮州革命歌谣集》，2004年版。

潮州市老区建设促进会、中共潮州市委党史研究室主编：《潮州革命史迹选编》，2016年版。

潮州市文物志编纂委员会编：《潮州文物志》，1985年版。

潮州市湘桥区委宣传部编：《湘桥风采》，2012年版。

中共潮州市委党史办公室编：《中共潮安党史大事记1919—1949》，1987年版。

中共潮州市委党史研究室、潮州市社会科学界联合会、中共潮州市潮安区委编：《红色潮安记忆》，2016年版。

后记

　　《潮州市湘桥区革命老区发展史》出版发行了，这是湘桥区向祖国母亲献上的一份厚礼！也是湘桥区的一件盛事！

　　本书记述了革命老区的发展变化，是历史的印痕。其目的在于追根溯源，不忘初心，继往开来，砥砺前行。祈能弘扬革命老区精神，艰苦奋斗，再创辉煌；在习近平新时代中国特色社会主义思想指引下，为实现"两个一百年"（2021年建党一百周年时，全面建成小康社会，2049年建国一百周年时，进入世界中等发达国家的行列）的伟大目标谱写新的篇章。

　　在编修本书的过程中，我们对革命老区人民所作的巨大贡献至为钦佩，对为革命而牺牲的先烈崇敬之情油然而生，对湘桥区域拥有如此之多的红色资源深为自豪，对由于战争和动乱造成革命文物的湮灭倍感痛惜，对保存完好的革命史料、史迹及文物极感欣慰，对今后开发和利用红色资源寄予厚望，等等。正是基于这些发自肺腑的认知，成为我们编修好本书的动力。我们为能参与编修工作而殊感荣幸。

　　然而由于我们的学识、阅历、能力所限，要做到各方各面都十分满意实是力有未逮，错漏之处在所难免。在此，敬请各位领导、硕彦名家及读者诸君多多批评匡正。

　　　　　　　　　　　　　　《潮州市湘桥区革命老区发展史》编修组
　　　　　　　　　　　　　　二〇一九年九月

352

广东人民出版社 党政精品图书

围绕中心，服务大局，做最具高度、深度和温度的主题出版物

中宣部主题出版重点出版物

《中华人民共和国通史》（七卷本）

· 全国第一部反映中华人民共和国70年光辉历程的多卷本通史性著作
· 中央党校、中央党史和文献研究院权威专家倾力打造

《账本里的中国》

一册册老账本，串起暖心回忆，讲述你我故事，体味民生变迁。

《全国革命老区县发展史丛书·广东卷》

· 挖掘广东120个革命地区的红色记忆
· 中国老区建设促进会牵头组织

《红色广东丛书》

· 广东省委宣传部重点主题出版物
· 传承红色基因，弘扬革命精神

本书配有智能阅读助手，为您1V1定制

《潮州市湘桥区革命老区发展史》阅读计划

帮助您实现"时间花得少，阅读体验好"的阅读目的

建 议 配 合 二 维 码 一 起 使 用 本 书

您可根据自己的学习需求，量身定制专属于您的阅读计划：

阅读服务方案	阅读时长指数	为您提供的资源类型	帮助您达到以下学习目的
1. 高效阅读	阅读频次 较低　每次时长 较短　总共耗费时长	总结类	快速学习和掌握红色精神。
2. 轻松阅读	阅读频次 较高　每次时长 适中　总共耗费时长	基础类	简单了解革命老区的历史。
3. 深度阅读	阅读频次 较高　每次时长 较长　总共耗费时长	拓展类	继承和发扬红色精神，推动老区发展。

针对您选择的阅读计划，您可以享受以下权益：

立刻获得的主要权益

▶ 专享本书社群服务：提供创造价值与私密的深度共读服务，群内分享阅读干货，发起话题探讨
▶ 1套阅读工具：辅助您高效阅读本书，终身拥有

每周获得的主要权益

▶ 专属热点资讯：16周社科文学类资讯推送，每周2次
▶ 精选好书推荐：16周文学社科热门好书推荐，每周1次

长期获得的主要权益

线下读书活动推荐：
精选活动，扩充知识
开拓视野
不少于1次

抢兑礼品：
免费抽取实物大礼
不少于2次限时抽奖

微信扫码

添加智能阅读助手

只需三步，获取以上所有权益：
1. 微信扫描二维码；
2. 添加智能阅读助手；
3. 获取本书权益，提高读书效率。

◎ 鉴于版本更新，部分文字和界面可能会有细微调整，敬请包涵。